Indeseable es, sin parangón, el mejor libro sobre la sexualidad rota que he leído. Su contenido, desgarrador y lleno de esperanza, recorre con una compasión inigualable territorios a los que la mayoría de las obras temen aventurarse. La investigación de Jay es pionera. Nadie ha incursionado en estas profundidades con tanta información y claridad. Aún más, Jay ofrece el corazón del Evangelio de una manera que no trivializa el pecado o la adicción, sino que más bien eleva esa batalla hasta nuestra ambivalencia en relación con la libertad. Este libro será un clásico que nos ancla en una investigación brillante, sinceridad esencial, y reflexión bíblica.

DAN B. ALLENDER, PhD, autor de *Sanando el corazón herido* y coautor de *God Loves Sex.*

Durante mis últimos veinticinco años de ministerio, he sido testigo de muchos hombres y mujeres que se hunden en un mar de desesperanza debido a su propio quebrantamiento sexual (o el de su cónyuge). Por eso estoy tan emocionada y agradecida por el trabajo de Jay en el campo de la adicción sexual y la recuperación. Si tienes hambre de una sanación profunda o buscas formas prácticas para asistir a otros en su proceso de recuperación de relaciones perjudiciales y problemáticas sexuales, ¡*Indeseable* será un instrumento increíblemente afilado en tu cinturón de herramientas!

SHANNON ETHRIDGE, MA, autora de *La batalla de cada mujer.*

Indeseable redefine el diálogo en torno al quebrantamiento sexual para esta generación de creyentes. Jay Stringer aborda el porqué de nuestra vergüenza sexual con una investigación innovadora y la sabiduría de un consejero.

JOSH McDOWELL, autor y conferencista.

Jay Stringer es uno de esos líderes excepcionales cuyas vidas dejan una huella indeleble en las generaciones venideras. En *Indeseable*, una asombrosa confluencia de historia, ciencia y teología hace al libro tan accesible que se convierte en transformador. Es el tratado más impactante que he leído para entender que nuestro dolor y quebranto son en realidad caminos hacia la curación y la recuperación plenas. Estoy convencido de que *Indeseable* aborda el origen del quebrantamiento sexual en nuestro mundo. Si queremos ver nuestros corazones restaurados y vencer las fuerzas que amenazan con corromper la belleza del sexo, este libro será nuestro mapa.

JASON PAMER, escri

T0054135

Indeseable

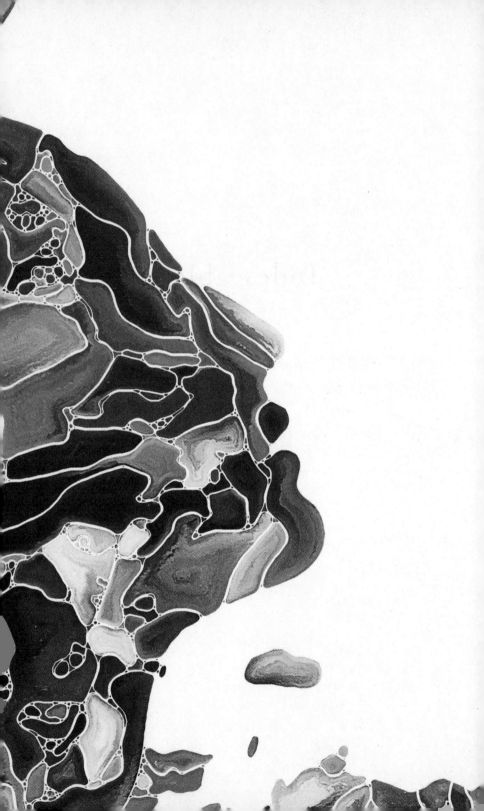

Indeseable

CÓMO EL QUEBRANTAMIENTO SEXUAL
NOS REVELA EL CAMINO HACIA LA SANACIÓN

Jay Stringer

ORIGEN

Penguin
Random House
Grupo Editorial

Título original: *Unwanted*

Primera edición: mayo de 2024

Copyright © 2018, Jay Stringer
Copyright © 2024, Penguin Random House Grupo Editorial USA, LLC
8950 SW 74th Court, Suite 2010
Miami, FL 33156
Publicado con permiso de NavPress,
representado por Tyndale House Publishers.
Todos los derechos reservados.

Traducción: Evelia Romano
Ilustración de cubierta: © agsandrew/Shutterstock

A menos que se indique lo contrario, todas las citas bíblicas fueron tomadas de la Santa Biblia,
Nueva Versión Internacional, NVI, ©1973, 1978, 1984, 2011.

Penguin Random House Grupo Editorial apoya la protección del *copyright*.
El *copyright* estimula la creatividad, defiende la diversidad en el ámbito de las ideas y el conocimiento,
promueve la libre expresión y favorece una cultura viva. Gracias por comprar una edición autorizada
de este libro y por respetar las leyes del Derecho de Autor y *copyright*. Al hacerlo está respaldando a los
autores y permitiendo que PRHGE continúe publicando libros para todos los lectores.
Queda prohibido bajo las sanciones establecidas por las leyes escanear, reproducir total o parcialmente esta
obra por cualquier medio o procedimiento, así como la distribución de ejemplares mediante alquiler o
préstamo público sin previa autorización.

Impreso en Colombia / *Printed in Colombia*

ISBN: 978-1-64473-950-1

24 25 26 27 28   10 9 8 7 6 5 4 3 2 1

ORIGEN es una marca registrada de Penguin Random House Grupo Editorial

A los tres mil ochocientos hombres y mujeres que participaron en mi investigación sobre conductas sexuales indeseables: que sus historias iluminen el camino hacia la libertad.

Índice de contenido

Prólogo

Nuestra sociedad se halla inmersa en una profunda crisis sexual. A pesar de que tenemos más conocimiento que nunca sobre las relaciones y el modo en que nuestro cerebro procesa y crea placer, y a pesar de entender que, en definitiva, Dios nos diseñó para el deseo sexual, el quebrantamiento sexual está en su punto más álgido. La belleza y la sacralidad de la sexualidad han sido corrompidas a un nivel inimaginable por la industria del comercio sexual, el crecimiento exponencial y la omnipresencia de la pornografía, y un código moral en decadencia que impide cualquier grado de santidad en el sexo. Muchos llaman a esta crisis un "tsunami", como el que azotó a Japón hace unos años. La radiación y los escombros están contaminando nuestros océanos.

En un momento como este, en medio de una crisis sexual en crecimiento, necesitamos este libro más que nunca. Aunque reconocemos la gravedad de las conductas sexuales indeseables en nuestro mundo actual, no nos afligimos como aquellos que han perdido la esperanza: En el corazón del Evangelio reside la creencia de que nuestro quebrantamiento no nos aleja del amor de Dios. Más bien, nos conecta con él.

Una de las respuestas cristianas habituales al quebrantamiento sexual ha sido simplemente la de intentar "apagar" la fantasía sexual o el comportamiento sexual problemático. A veces lo hacemos con buena intención: no queremos que nuestros corazones sean seducidos por las cosas de este mundo. La mayoría de nosotros desea honrar a Dios en todos los aspectos de nuestras vidas. No obstante, decir no a la perversión sexual no es un paradigma adecuado para la *recuperación*. En Romanos 12:2, el apóstol Pablo ofreció una visión más completa de cómo nuestros corazones y nuestras mentes pueden cambiar. Nos enseña a no conducirnos por los caminos del mundo, sino a ser transformados mediante la renovación de nuestras mentes. Renovar nuestra mente no significa apagarla. Se trata de volvernos hacia los profundos afectos que Dios nos ha concedido.

La investigación neurocientífica moderna ha demostrado la exactitud científica de la afirmación de Pablo al mostrar de hecho la plasticidad del cerebro. Es decir, puede crear nuevos caminos y nuevas asociaciones. Se trata de una dinámica fisiológica, no solo espiritual. Participé en un estudio de resonancia magnética cerebral en la Universidad de Vanderbilt en el que los investigadores pudieron observar una nueva vía en mi cerebro. Esta vía tenía la capacidad de anular, incluso a un nivel profundo, los poderosos efectos de toda la pornografía y la actividad sexual en la que había participado durante los años de mi propia adicción sexual. Ahora ya llevo treinta y un años en recuperación, y mi cerebro se ha transformado y renovado.

He visto a miles de personas con problemas sexuales emprender su propio camino hacia la transformación. Una de las formas en que esto ocurre es a través de un concepto del que fui pionero durante tres décadas de ministerio y asesoramiento. Esta idea, que Jay Stringer desarrolla plenamente en su libro, sostiene que nuestras fantasías sexuales no son algo de lo que debamos avergonzarnos. De hecho, son nuestros mejores maestros.

Muchas personas me han confesado su sorpresa cuando me escuchan hablar de esto. Lo que quiero decir es que las fantasías sexuales suelen nacer de la necesidad de satisfacer nuestros deseos emocionales y espirituales más profundos. Por ejemplo, no es de extrañar que muchos de los hombres a los que aconsejo fantaseen a menudo cuando se sienten solos o enojados. La fantasía es un intento de recomponer, por sí mismos, todo lo que parece estar roto a su alrededor. Cuando prestamos atención, las fantasías sexuales se convierten en mensajeras de nuestras almas, revelando nuestros anhelos más profundos. Y estos anhelos son buenos.

Esta es solo una de las muchas razones que me hacen sentirme agradecido por *Indeseable*. Se trata de un libro basado en una afirmación audaz: los detalles de tu quebrantamiento sexual pueden revelar tu camino individual hacia la sanación. Jay Stringer aborda el impacto negativo de nuestro pecado y nuestra adicción, a la vez que nos muestra cómo las particularidades de estas realidades pueden guiarnos hacia nuestra tan anhelada curación y liberación. Espero sinceramente que este libro sea muy leído, tanto dentro como fuera de la Iglesia.

Una de mis mayores alegrías es conocer a algunos de los brillantes pensadores líderes que han surgido en este campo. Uno de ellos es Jay Stringer. *Indeseable* rebosa de su habilidad clínica, su profunda comprensión teológica y su investigación innovadora que, estoy seguro, les resultará fascinante. Su aguda perspicacia y su amor por el Evangelio van a dar forma a este campo en los años venideros. Elegirán este libro porque están luchando con un comportamiento sexual indeseable, pero a través de sus páginas, descubrirán una visión de la sanación y el deseo más completa de lo que jamás imaginaron.

Este libro es una bendición de la que sé que se beneficiarán enormemente.

Mark Laaser, MDiv, PhD
Faithful & Truth
12 DE ABRIL DE 2018

Introducción

El joven que toca el timbre en el burdel
busca inconscientemente a Dios.

BRUCE MARSHALL, *El mundo, la carne y el padre Smith*

Cuando miras largamente un abismo,
el abismo también mira dentro de ti.

FRIEDRICH NIETZSCHE, *Más allá del bien y del mal*

UN HOMBRE AL QUE ESTABA ASESORANDO —lo llamaré Jeffrey—
se sentó en mi consultorio una semana antes de Navidad. Era
nuestra primera sesión juntos, después de que lo detuvieran por
solicitar servicios sexuales. Jeffrey es uno de los cientos de miles de hombres que pagan por sexo en los Estados Unidos. Me
contó que había pagado por sexo todos los sábados por la mañana desde su época de estudiante universitario en Pensilvania.
A mitad de nuestra sesión, comentó: "No entiendo todas las
razones por las que hago esto. Pero sé que me invade una sensación increíble cuando cruzo miradas con una mujer por la calle".

Le pedí a Jeffrey que me contara un poco cómo eran para él
los sábados por la mañana cuando era niño. Me respondió: "Mi
madre solía dejarnos a mi hermano mayor y a mí solos en casa
los fines de semana porque tenía un segundo trabajo. Siempre
estábamos al borde de la pobreza, y ella se ausentaba bastante".
Su padre había abandonado a la familia cuando Jeffrey tenía
once años. Continuó: "Mi hermano mayor era más solitario.
Podía quedarse en casa escuchando música o jugando videojuegos durante horas. Yo no era así. Solía salir a andar en bicicleta
por el barrio".

Le pregunté a Jeffrey si tal vez buscaba algo o a alguien cuando andaba en bicicleta regularmente. Él pensó un momento y dijo: "Recuerdo que recorría mi barrio en busca de chicas que conocía de la escuela. Daba vueltas durante horas para ver si conseguía 'esa mirada' de una compañera de clase".

Veinte años después, sin que él lo supiera, el ritual de Jeffrey los sábados por la mañana era básicamente el mismo. La bicicleta había sido reemplazada por un automóvil todoterreno. Ir a la caza de sus compañeras de escuela se transformó en su método para encontrar mujeres explotadas sexualmente. Una madre con un segundo empleo era ahora una esposa cuyo trabajo en una sala de conciertos la obligaba a trabajar los fines de semana. Ya adulto, Jeffrey estaba recreando la dinámica de su infancia. Sin embargo, como la mayoría de nosotros, no era consciente de ello.

Al final de nuestra primera sesión, era evidente que la estrategia de Jeffrey para huir de la soledad y la frustración de una infancia dolorosa se había convertido en el vehículo que ahora lo conducía a una vida en crisis. A menudo ocurre lo mismo con nuestra conducta sexual no deseada. Los comportamientos que nos ayudan a sobrevivir a nuestros exilios formativos se vuelven cada vez más problemáticos cuando esperamos que funcionen toda la vida.

Las caras que Jeffrey buscaba en la escuela secundaria, que le aportaban una sensación de aprobación e, incluso, de descanso, le estaban costando ahora más de decenas de miles de dólares al año, si sumamos todos los gastos asociados a la compra de sexo. Este costo financiero era solo un microcosmos de todos los demás daños que se producían en su vida: secretismo y aislamiento en su matrimonio, ansiedad por la posibilidad de perder su puesto en la empresa si lo descubrían y una creencia muy arraigada de que la vergüenza sería su mejor aliada. Cuanto más sexo compraba, más indeseable se sentía en todos los ámbitos de la vida.

¿Qué es la conducta sexual indeseable?

El comportamiento sexual no deseado es cualquier conducta sexual que persiste en nuestras vidas a pesar de nuestros esfuerzos por cambiarla. Podría ser el consumo de pornografía, las aventuras amorosas, el uso de aplicaciones para buscar pareja o pagar por sexo. Nuestro comportamiento podría ajustarse a los criterios de un comportamiento hipersexual o compulsivo, pero también podría implicar conflictos poco comunes que nos alejan de una vida sexual íntegra. Cuanto más tiempo pase sin que lo confrontemos, más probable será que también nosotros mismos nos sintamos indeseables.

Puede que te sientas identificado de alguna manera con Jeffrey. Tal vez te encuentres involucrado en un comportamiento sexual no deseado. O tal vez tengas seres queridos que luchan contra una conducta sexual indeseable e intentan comprender por qué se entregan a un comportamiento que daña tan claramente a aquellos que dicen querer más.

La crisis del comportamiento sexual indeseable

Las estadísticas asociadas al comportamiento sexual no deseado en el mundo actual son impactantes. La Sociedad para el Avance de la Salud Sexual estima de forma conservadora que entre el 3 % y el 5 % de todos los estadounidenses pueden clasificarse como adictos al sexo[1]. Esto representa la alarmante cifra de nueve a dieciséis millones de personas. Además, el 64 % de los jóvenes entre trece y veinticuatro años ven pornografía deliberadamente al menos una vez por semana[2]. Cuando los niños se conviertan en adolescentes y adultos jóvenes, el 62 % de ellos habrá recibido un sexteo (imagen sexualmente explícita a través de un mensaje de texto), y el 41 % habrá enviado uno[3]. Y por si todo esto fuera poco, se calcula que la edad promedio en que las chicas se inician en la prostitución oscila entre los catorce y los dieciocho años[4].

La pornografía es la forma más predominante de comportamiento sexual no deseado y permea todos los aspectos de los lugares donde vivimos, trabajamos y rendimos culto. Consideremos estas estadísticas:

- El consumo de pornografía casi duplica la probabilidad de que una pareja se divorcie[5].
- Aproximadamente el 35 % de todas las descargas de internet están relacionadas con la pornografía[6].
- Los sitios porno tienen más tráfico mensual que Netflix, Amazon y Twitter juntos[7].
- La pornografía es una industria de noventa y siete mil millones de dólares, de los cuales hasta doce mil millones se generan en los Estados Unidos[8].
- Alrededor del 57 % de nuestros pastores y el 64 % de nuestros pastores jóvenes luchan o han luchado con la pornografía[9].

Queda claro que lo que Jeffrey está experimentando no es un caso único o aislado.

Los métodos centrados en la lujuria son ineficaces

La respuesta evangélica al quebrantamiento sexual más común ha sido abordarlo a través del "manejo de la lujuria", incluso declarando la guerra contra ella. Este método ha trivializado y simplificado en exceso el tema tan complejo de la sexualidad humana. Los esfuerzos por eliminar la lujuria nos llevan a manejar nuestra vida sexual con un torniquete. Pasamos los mejores años de nuestras vidas intentando detener la lujuria, apartando los ojos de la gente atractiva, alertándonos con golpecitos de bandas elásticas en las muñecas cuando tenemos pensamientos sexuales, y buscando el acompañamiento de "padrinos", que, en un intento de mostrar nuestra vulnerabilidad en comunidad, lleven la cuenta de las páginas web eróticas que hemos visitado. Creo que todos estamos de acuerdo en que esto no puede ser lo que Dios tenía en mente para el sexo y la vida en comunidad. El hecho de que más de la mitad de nuestros líderes religiosos y la gran mayoría de los cristianos vean pornografía debería indicar que nuestras estrategias han resultado ineficaces.

Nuestra incapacidad para alcanzar la pureza solo agrava nuestro dolor. Y entonces, en nuestro dolor, recurrimos a los mismos tratamientos ineficaces. Pasamos tiempo en oración, ayunamos, buscamos la posibilidad de rendir cuentas y esperamos que Dios pueda cambiarnos. La dificultad surge de no examinar los problemas subyacentes que motivan nuestra lujuria y nuestra ira.

¿Cuántos de nosotros le hemos pedido alguna vez a Dios que nos ayude a entender nuestra lujuria? Este libro es una invitación a sanar, pero para hacerlo, tendrás que abandonar el esquema mental que utilizas actualmente para entender y tratar tus problemas.

Las fantasías son mapas

A pesar de la abrumadora sensación de vergüenza y culpa que provocan, no creo que las fantasías sexuales sean algo condenable. La excitación sexual es uno de los mayores dones que Dios nos ha dado, y no necesitamos pasarnos la vida reprimiéndolo. Y aunque algunos comportamientos sexuales son aborrecibles y deben ser interrumpidos, abordar los conflictos sexuales a través del comportamiento depreciable acentúa la vergüenza, y la vergüenza nos conduce con más intensidad al mismo comportamiento que deseamos detener.

Hay otro enfoque. Su punto de partida es *escuchar nuestra lujuria*.

Los fracasos sexuales, las búsquedas en internet y los historiales de navegación exponen nuestro pecado, pero mucho más que eso son mapas del camino. El quebrantamiento sexual revela la ubicación de las heridas de nuestro pasado y pone de relieve los obstáculos actuales que nos impiden alcanzar la libertad que deseamos. Si estamos dispuestos a escuchar, nuestros conflictos sexuales tendrán mucho que enseñarnos.

Puede que no te guste el "mapa" que te han dado, pero para salir del comportamiento sexual no deseado, tendrás que prestar más atención a lo que quiere mostrarte. Una noche de deliberado y curioso recorrido por tus fantasías sexuales te acercará más a la transformación que mil noches llenas de oración desesperada.

El quebrantamiento sexual: La geografía de la llegada de Dios

Las Escrituras son claras: Dios se mueve en los conflictos humanos, en lugar de teletransportarnos fuera de ellos. Al principio del Evangelio de Juan, Dios se adentra tanto en el conflicto humano que asume nuestra *sarx* —la palabra del Nuevo Testamento que designa la vulnerabilidad y propensión al pecado de la carne— y viene "a vivir entre nosotros" (1:14, NTV). Nuestro quebrantamiento sexual es la geografía de la llegada de Dios.

Estoy convencido de que el Dios del universo no se sorprende ni se avergüenza del comportamiento sexual en el que participamos. Por el contrario, entiende que es el escenario mismo en el cual la obra de la redención tendrá lugar en nuestras vidas. El pecado presente es la puerta de entrada a la acción más amplia del Evangelio para sanar las heridas del pasado, consolarnos e, incluso, empoderarnos frente a las dificultades del presente. Por lo tanto, cuanto antes asumamos una actitud curiosa por nuestro quebrantamiento sexual, más prepararemos nuestros corazones para el trabajo redentor que tenemos por delante.

Dios se acerca a nosotros para alegrarnos, no para decepcionarnos. Su corazón cambia la ceniza en belleza, el luto en alegría y la desesperación en alabanza (ver Isaías 61:3). No hay vergüenza tan profunda que el amor de Dios no pueda alcanzar. No hay historia que no pueda redimir. La paradoja del Evangelio es que nuestros fracasos no nos condenan, sino que nos conectan.

Al escribir este libro, quise comprender los principales factores que impulsan los comportamientos sexuales no deseados. ¿Por qué elegimos algunos comportamientos y fantasías sexuales y no otros? Para prepararlo, leí libros, escuché podcasts y me reuní con líderes y organizaciones pioneras en la lucha contra la pornografía. Algunos aportaban acompañamiento allí donde había aislamiento. Varias organizaciones introdujeron programas informáticos para bloquear la ubicuidad de los contenidos eróticos. Y otras ofrecían un mensaje de amor a quienes estaban desesperados. Aunque apoyo cada uno de estos esfuerzos, sabía por mi trabajo con clientes que había algo más en su comportamiento sexual, y por lo tanto se necesitaba ahondar más para abrir las puertas hacia la libertad.

Como consejero licenciado en salud mental y ministro ordenado, ayudo a hombres y mujeres que tienden a presentar dos líneas distintas en sus historias. Por un lado, revelan una decisión consciente de contrarrestar sus actuales emociones y experiencias indeseables. Algunos sienten que sus necesidades no están cubiertas y buscan aventuras que les proporcionen un sentido de conexión distinto, aunque vergonzoso. Otros luchan contra el sufrimiento en los aspectos más básicos y descubren que la pornografía les ofrece un respiro temporal de las dificultades de la vida.

Después de escuchar los conflictos actuales de mis clientes, a menudo surge una segunda historia que tiene sus raíces en los años formativos de su infancia. Suelen contar experiencias no deseadas de abandono o acoso, referencias vagas a momentos sexuales "incómodos" o "extraños" con personas cercanas de su familia, experimentos con amigos del vecindario, descubrimientos de material porno de miembros de la familia en lugares "ocultos", pero completamente obvios, y dinámicas emocionales con madres o padres muy complicadas. Estas dos líneas argumentales que convergían en las historias de mis clientes revelaron la premisa fundamental de este libro: las experiencias formativas de nuestra infancia (soledad, dolor, excitación sexual, secretismo y relaciones ambivalentes) se repiten en nuestro comportamiento sexual no deseado cuando somos adultos.

Mi trabajo con los clientes y mis conversaciones con los líderes en este campo me convencieron de que era necesaria una investigación exhaustiva para llegar a la raíz de lo que está impulsando el comportamiento sexual no deseado. Para ello, diseñé un instrumento que contiene más de cien preguntas para recopilar datos primarios de personas que luchaban contra comportamientos sexuales que deseaban evitar. (Las tablas de la encuesta se encuentran al final de este libro, en el apéndice).

Más de tres mil ochocientas personas participaron en mi estudio, uno de los mayores de este tipo. Los encuestados eran hombres y mujeres que acudieron a organizaciones conocidas a nivel nacional e internacional en busca de orientación en medio de su quebrantamiento sexual. Su valentía colectiva para hablar de algunas de las partes más íntimas de sus historias nos revela ahora ideas que cambiarán el curso de cómo entendemos y tratamos el comportamiento sexual indeseable en las próximas décadas. A lo largo de este libro, explicaré los factores clave del comportamiento sexual no deseado que descubrí en mi investigación. Lo que puedo decirles en un principio es que la investigación demuestra que nuestros conflictos sexuales no son aleatorios ni caprichosos. Siempre tienen una razón. Si quieres encontrar la libertad, empieza por identificar tus razones específicas.

Los resultados de la investigación enmarcan las tres partes de este libro. La primera parte explora la pregunta "¿Cómo he llegado hasta aquí?". Esta sección te llevará de viaje por los años más formativos de tu vida. Aprenderás los acontecimientos clave de tu infancia y las dinámicas relacionales que más preanunciaron una vida de comportamientos sexuales indeseables. La segunda parte aborda la pregunta "¿Por qué me quedo?". Esta sección explorará las dificultades en tu vida presente, que son las mismas de miles de hombres y mujeres que permanecen atrapados en el quebrantamiento sexual. Hasta que no se transformen estos causantes específicos, es necesario recurrir a conductas sexuales no deseadas. Y finalmente, la tercera parte responde a la pregunta "¿Cómo salgo de aquí?". Mi esperanza es que cuando llegues a esta pregunta, las partes 1 y 2 te hayan convencido más o menos de que, hasta que no entiendas las razones de tu comportamiento sexual indeseable, serán inútiles los intentos de escapar de sus garras. Aprenderás cómo salir, pero cada paso se apoya en la sabiduría adquirida en las dos secciones anteriores.

Mi historia
Es más probable que nos avergoncemos de nuestra conducta sexual indeseable cuando no la entendemos. Reconocer el significado de mis fantasías ha sido uno de los aspectos más reveladores de mi viaje hacia la plenitud sexual.

Hace varios años, me encontré en el diván de un terapeuta explorando fantasías sexuales que me habían perturbado y avergonzado durante más de una década. Antes de mencionar los detalles de mi comportamiento sexual indeseable, le dije a mi terapeuta que pensaba no hablar nunca de ello en terapia. Yo, como muchos de mis colegas en mi profesión, tenía un profundo temor de que mi quebrantamiento sexual fuera motivo de descalificación dentro del ministerio. Me preguntó cómo había llegado a esa conclusión y me hizo notar lo extraño que sería para mí relacionarme con la población de hombres y mujeres con la que trabajo sin abordar gran parte de mi propia vida sexual. Sus palabras me resultaron liberadoras porque me situó en la historia de mi vida, no en lo que percibía como mi fracaso.

Pasé a contarle algunos de los aspectos singulares de mis fantasías y cómo habían estado presentes en mí desde que era un adolescente. Bajé la cabeza e hice una pausa. Esperó a que yo levantara la cabeza para hablar. "Jay, cuéntame otra vez de dónde vienes. ¿Cuál era tu rol en tu familia?".

Soy terapeuta y me molestó su pregunta. Hubiera preferido que me condenara. No quería hablar de mi familia. Quería que se ocupara de mi confesión, incluso que insinuara que debía cuestionarme mi deseo de ser terapeuta y ministro. No lo hizo. En lugar de eso, sostuvo su pregunta y esperó unos veinte segundos a que yo respondiera. Me estaba invitando a conocer y, por tanto, a amar mi historia.

Le conté que mis padres y hermanos solían contarme sus problemas entre ellos y que yo servía de depósito de sus resentimientos y preocupaciones.

"¡Si eso fuera todo!", dijo bromeando. "¿Algo más?".

Le conté mi historia. Yo era el apoyo emocional de mi madre cuando mi padre era infeliz o se marchaba para atender sus obligaciones pastorales. Incluso recordaba haber oído mensajes en el contestador automático de mi casa sobre varios asuntos y crisis sexuales que estaban ocurriendo en la comunidad de la iglesia. Tenía el don de poder leer el rostro enfadado y lleno de dolor de mi madre y ofrecerle mi apoyo como el hijo solícito.

Mi terapeuta asintió y dijo: "Y ahora cuéntame lo que sabes de las vidas de las mujeres que habitan tus fantasías. Imagino que tienen un don excepcional para leer su enojo y sus necesidades. ¿Es posible que tus fantasías estén representando un drama similar al que representabas con tu madre?".

Me quedé sin palabras, pero sentí como si la matriz de mi vida sexual por fin se estuviera integrando y aclarando. Sus preguntas me ayudaron a entender gran parte de mi vida sexual, incluidas mis fantasías, mis preferencias pornográficas y mi forma de relacionarme con las mujeres. La vergüenza y la condena se desvanecieron porque mi terapeuta me invitaba no solo a poner fin a mi lujuria, sino a comprometerme con la historia sexual que me había sido dada.

Salí de la sesión y escribí esta frase: "Si no abordamos las formas en que fuimos sexualizados en el pasado, dejamos abierta la posibilidad de que estos patrones sean más pronunciados en el futuro". Los conflictos sexuales revelan la verdad de nuestras historias de maneras que nos sorprenden constantemente.

La búsqueda curiosa de Dios

En Génesis 16 se narra la historia de una adolescente egipcia llamada Agar. La traen como concubina porque Abram y Sara llevaban más de diez años luchando contra la infertilidad. Agar, cuyo nombre significa "forastera", concibe con éxito un hijo para Abram y Sara. Pero Sara, la esposa estéril, se vuelve contra Agar y recurre al maltrato. Los comentaristas de esta historia han señalado que este maltrato tiene un aspecto particularmente cruel, algunos incluso sugieren que es tan grave como una agresión sexual[10].

En la siguiente escena, Agar huye hacia el desierto, donde todo indica que morirá. Es aquí, en el desierto, en la geografía del trauma y la muerte, donde ocurre algo milagroso. La presencia de Dios encuentra a esta adolescente embarazada y le hace las dos mejores preguntas que se nos pueden hacer a cualquiera de nosotros cuando estamos en problemas: "¿De dónde vienes?" y "¿Adónde vas?" (versículo 8).

Lo que quiero subrayar es que la voz del Señor nunca está llena de acusaciones o frustración. La presencia de Dios nos invita a una mayor reflexión sobre cómo nuestras vidas indeseables llegaron a ser lo que son hoy.

Más que tratar de diagnosticarte como pecador o adicto, te haré preguntas. Leerás relatos individuales y resultados de investigaciones de hombres y mujeres cuyas historias tienen notables similitudes con la tuya. Tu tarea no consiste en sacar rápidas conclusiones, sino en dejar que los datos te intriguen. Nuestro quebrantamiento sexual, si prestamos atención, nos revela el camino hacia la sanación. Al iniciar este viaje, pregúntate: ¿De dónde vengo? ¿Y hacia dónde voy? Que tu corazón sienta curiosidad al estudiar la gran tragedia y la belleza que revela tu historia.

CAPÍTULO 1

UNA TEOLOGÍA DE LA CONDUCTA SEXUAL INDESEABLE

¿ALGUNA VEZ TE HAS PREGUNTADO por qué Dios nos hizo tan sexuales, especialmente cuando a menudo eso parece llenarnos de vergüenza? Yo me he hecho la misma pregunta. Lo que me sorprende es la realidad de que el sexo fue idea de Dios. Y tengo que creer que, debido a que lo inventó, conoce el poder que tiene en nuestras vidas.

Pensemos en eso: Dios es el diseñador del placer erótico. El clítoris, por ejemplo, es el único órgano en el cuerpo humano que no cumple ninguna otra función excepto la de proporcionar placer sexual. La mente de Dios, al igual que la nuestra, es sexual. Estamos hechos a su imagen y, por lo tanto, no necesitamos sentir vergüenza de ser seres sexuales.

Contrariamente a lo que a menudo suponemos en medio de nuestros conflictos sexuales, nuestra sexualidad no es un impedimento para conocer a Dios. El sexo nos muestra precisamente cuánto Él está comprometido en brindarnos belleza y placer. El sexo, si lo permitimos, despertará en nosotros las reservas más profundas de nuestra alma para el placer y la conexión. Habrá momentos en los que experimentaremos la locura de nuestro deseo sexual, pero también habrá momentos en los que permitiremos que la pasión del sexo nos lleve a imaginar cómo Dios desea que desarrollemos todos los aspectos de nuestras vidas. El sexo es uno de los caminos fundamentales a través del cual hemos de descubrir el corazón de Dios.

En lugar de temer ser demasiado sexuales, debería preocuparnos más no llegar a ser suficientemente sexuales. Cuando paso tiempo con personas que experimentan durante toda su vida conflictos con conductas sexuales indeseables, especialmente relacionados con la pornografía, siempre me sorprende lo poco que disfrutan del sexo. Dios nos dio mentes y cuerpos excepcionales, diseñados especialmente para experimentar con plenitud la fantasía y el placer. Si salimos de nuestros recovecos llenos de vergüenza sexual y relaciones vacías, habrá mucho más esperándonos como hijos de Dios.

Un punto central de la teología cristiana es que hombres y mujeres son seres sexuales creados a imagen de Dios. Génesis 1:27 dice: "Creó Dios al ser humano a su imagen, a imagen de Dios lo creó; varón y hembra los creó" (NTV). Llevar la imagen de Dios en nosotros es la característica esencial de nuestra identidad. Ninguna infidelidad, ninguna adicción y ninguna vergüenza sexual pueden destruirla.

El concepto de portador de una imagen se ha usado en varios imperios en todo el mundo. Típicamente, los líderes o dictadores construían estatuas o acuñaban monedas con sus imágenes para recordarle a su pueblo a quién servía. En cambio, el Dios de Israel no se conforma con estatuas de piedra ni monedas fabricadas; él tiene algo mucho más hermoso en mente. Dios crea a hombres y mujeres para revelar su gloria y mostrar al mundo entero todo lo que Él es.

Vemos la imagen de Dios en el prójimo cuando un amigo nos busca en momentos dolorosos, cuando pasamos tiempo en un asado con amigos durante una noche de verano interminable y cuando nos reímos a carcajadas de un buen chiste. Pero vemos nuestro potencial como portadores de imagen de manera más vívida, y sin embargo misteriosa, en la impactante experiencia del sexo.

El Mal

Te pido que consideres la posibilidad de que el mal haya estado conspirando contra tu sexualidad a lo largo de tu vida. El malvado, Satanás, quiere destruir la gloria de Dios, pero no puede hacerlo. Por lo tanto, va tras las *imágenes* que más se asemejan a este Dios: mujeres, hombres, niñas y niños[1]. Así como un terrorista podría atacar a los hijos de un presidente porque un atentado directo sería demasiado arriesgado, el malvado busca dañar la belleza distintiva que Dios nos da por ser sus hijos. Si te propusieras atacar la imagen de Dios, necesitarías algo más que burlarte de lo insignificante que parece un dedo meñique. En su lugar, conspirarías contra la dimensión más vulnerable, hermosa y potente de lo que somos: nuestra sexualidad. Así opera la mente del mal.

Según Juan 10:10, la intención del malvado es "robar y matar y destruir" (NTV). Si esto es cierto, creo que es seguro dar por hecho que el malvado estaría trabajando deliberadamente para arruinar nuestra sexualidad con esta triple estrategia. C. S. Lewis, en el prefacio de *Cartas del diablo a su sobrino*, escribió:

> En lo que se refiere a los diablos, la raza humana puede caer en dos errores iguales y de signo opuesto. Uno consiste en no creer en su existencia. El otro, en creer

en los diablos y sentir por ellos un interés excesivo y malsano. Los diablos se sienten igualmente halagados por ambos errores, y acogen con idéntico entusiasmo a un materialista que a un hechicero[2].

A lo largo de este libro, pretendo mantener la tensión entre estos dos polos. Reconocer el papel del mal no anula la responsabilidad personal de madurar, y al esforzarnos por alcanzar la integridad, nunca podemos subestimar la intención del mal de desviarnos.

El mal odia la belleza del sexo, y debido a que no puede abolir su existencia, trabaja para corromper su esencia. El mal tiene éxito cada vez que pensamos en el sexo y posteriormente nos sentimos dañados, arruinados y fuera de control en la lujuria. Ha investigado exhaustivamente sobre nosotros y sabe que somos mucho más propensos a adoptar comportamientos sexuales vergonzosos cuando estamos experimentando emociones difíciles. También sabe que somos mucho más propensos a estar en guerra con nuestros deseos que a buscar darle más belleza a nuestras historias sexuales. Podemos encontrarnos anhelando el matrimonio o un matrimonio mejor, pero la decepción parece ser el resultado. En nuestra soledad y enojo, es posible que no elijamos la madurez del crecimiento; en cambio, aceptamos la invitación del mal a buscar pornografía. El mal nos seduce para alejarnos del crecimiento personal hacia un atajo que paradójicamente nos infundirá una mayor vergüenza.

El trabajo del mal puede manifestarse de manera evidente contra nuestra sexualidad a través de algo como el abuso sexual infantil, pero sus tácticas también son más encubiertas. En 2017, el *Boston Globe* publicó un artículo titulado "La mayor amenaza que enfrentan los hombres de mediana edad no es el tabaquismo ni la obesidad. Es la soledad"[3]. Vivimos en una época en la que estamos más solos que nunca y, al mismo tiempo, tenemos demasiado acceso a la pornografía. Tengo que creer que el mal ha ideado esta asociación.

Esta es la forma en que el mal trabaja a mi entender. Para aquellos que han conocido la soledad, el mal los seduce a buscar el sexo como su necesidad más importante. Encuentran que el sexo es un consuelo barato y, al final, descubren que el dolor original de la soledad se ha intensificado aún más. Para otros, el mal usará el abuso sexual infantil para robarles la capacidad de estar plenamente presentes en el placer del sexo en la edad adulta. Y para millones de hombres que viven sintiéndose inútiles, el mal los atrae con la promesa de poder que encierra la pornografía. Cuando intentan desvincularse de ella, su inutilidad se ve agravada. Las tácticas del mal son diversas, pero el daño causado por la vergüenza es con frecuencia el mismo.

El talón de Aquiles del mal

Cuando vemos el poder del sexo en acción en el mundo, a menudo escuchamos acerca de la destrucción que genera en la sociedad, no de la prosperidad que le otorga. Pero lo cierto es que el sexo se trata del florecimiento de la creación, no de la liberación de la tensión, la medicación del dolor ni el poder de controlar a otro. Los antiguos griegos usaban la palabra *eros* para referirse al poder del amor sexual (o erótico) y lo entendían como la chispa de la creación. Según nos cuentan, el mundo era informe, un agujero negro de la nada. Pero entonces entró eros. Y cuando llegó, el mundo entero tuvo que transformarse. Las montañas se elevaron, el agua viva fluyó en ríos y arroyos, y las flores brotaron dando una brillante exhibición de color[4].

El poder de creación del amor erótico señala el talón de Aquiles del mal. El mal no puede crear nada a partir de la nada. No puede vestir un árbol con hojas hermosas y abundantes, no puede hacer lúpulo ni granos para cerveza o licores, y no puede crear la belleza de una vida humana. Pero lo que puede hacer es promover la deforestación, seducirnos para beber hasta el límite del alcoholismo y, a través de la producción de pornografía, degradar a las mujeres y disolver la integridad de todos los seres humanos. El reino de la oscuridad es extremadamente astuto, atento maniáticamente a la eficiencia. Ha estado tramando dañar las cosas que mejor revelan a Dios por más tiempo que la duración de cualquier imperio humano. Quiere destruir los bosques tropicales, promover sistemas avaros y enfrentar unas naciones contra otras en matanzas. Pero lo peor de todo, quiere destruir nuestros cuerpos, arruinar las cualidades mismas que nos hacen más parecidos a Dios: nuestra belleza, nuestra capacidad para dar y recibir placer, y nuestro deseo de conocer y ser conocidos.

Conducta sexual indeseable: ¿Pecado o adicción?

Los métodos de sanación centrados en lo que está mal en nosotros nunca llevarán a la transformación que deseamos y merecemos. El Evangelio nos enseña que somos amados antes de que el pecado sexual o la adicción entren en nuestras vidas, y seguimos siendo amados, incluso en el punto más alto de nuestro quebrantamiento. Cuando el lenguaje del pecado y la adicción eclipsa esta capacidad de ser amados, el resultado inevitable son abordajes clínicos y teológicos que dependen en gran medida de la modificación del comportamiento. Cuando el lenguaje del pecado y la adicción ayuda a revelar y conectarnos con nuestro potencial de ser amados, el deseo de cambiar proviene de nuestra búsqueda de la belleza, no de nuestro desprecio por nosotros mismos o la última estrategia para combatir el deseo sexual.

Una realidad creciente en nuestra cultura es que usamos cada vez menos la palabra pecado para describir el comportamiento sexual problemático. La palabra preferida, si reconocemos acaso algún trastorno, es ahora *adicción*. Hay aspectos de este cambio que encuentro profundamente alentadores, pues nos está obligando a transformar nuestra pereza intelectual en un compromiso más curioso con los orígenes de nuestro quebrantamiento sexual. Sin embargo, lo que me desanima es que las Escrituras usan las palabras más hermosas y sabias que he leído para hablar del pecado.

Creo que necesitamos un modelo que integre el pecado y la adicción. He descubierto que cuanto más entiendo lo que dice la Biblia sobre el pecado, más comprendo la naturaleza de la adicción, y cuanto más entiendo lo que la ciencia revela sobre la adicción, más comprendo la naturaleza del pecado. Estos conceptos no necesitan competir entre sí. Como veremos, se complementan de manera hermosa.

Pecado

Sigo a la brillante Serene Jones, presidente de la Unión Teológica Seminario, en sus dos afirmaciones relacionadas con el pecado:

1. La discusión sobre el pecado debe servir para fortalecer la fe cristiana, no para debilitarla. "Nuestras ideas del pecado nunca deben ser diseñadas o implementadas de manera que dañen a las personas, doblequen su espíritu, las marginen, destruyan su capacidad de ser amadas, o limiten las condiciones de su florecimiento"[5].

2. El pecado es una categoría relacional que destaca nuestra separación de Dios. "Estar en el pecado es estar alienado de Dios" [6].Cuando se habla del pecado en nuestra cultura, a menudo queremos decir que ocurre cuando hacemos cosas "malas". Sin embargo, una comprensión bíblica adecuada del pecado reconoce la separación relacional que impulsa nuestro comportamiento no deseado.

En el Catecismo de Heidelberg, un documento confesional protestante, hay una pregunta sobre cómo los seres humanos conocen su miseria. Es una pregunta extraña, hasta que comprendes que la palabra alemana para miseria es "*elend*", que significa estar fuera de la tierra natal, con un profundo contenido de nostalgia. El quebrantamiento sexual nos hace sentir tan miserables porque en lo más profundo de nosotros hay un deseo de ser amados que anhela regresar a casa. El Evangelio nos dice que nuestra capacidad de amar y ser amados nunca cambiará, sea cual sea nuestro derrotero. Pero nuestra capacidad de amar y ser amados está destinada a cambiar nuestros derroteros.

En el Nuevo Testamento, el pecado se entiende como una economía organizada o incluso un tipo de régimen. Pablo, el teólogo principal de la Biblia, habló sobre el pecado como aquello que está *en contra*[7]. El pecado es antiley, antijusticia, antiespíritu, antivida, esencialmente cualquier cosa en contra del régimen de Dios[8]. Según Cornelius Plantinga Jr., expresidente del Seminario Teológico de Calvin, "en la cosmovisión bíblica, aunque el pecado sea devastadoramente familiar, nunca es normal. Es ajeno. No pertenece al mundo de Dios"[9].

La ironía del comportamiento sexual pecaminoso es que, en realidad, va *en contra* del sexo. No es que queramos *demasiado sexo*; es que queremos demasiado comportamiento *antisexual*. Conocemos la belleza y el poder del sexo, pero también sabemos cuándo estamos persiguiendo una imitación falsa de una vida erótica hermosa. No es posible volverse demasiado sexual para Dios. Sin embargo, es posible quedar atrapado cada vez más en un comportamiento antisexual.

La principal idea bíblica sobre el pecado es la de ser un intruso y, por lo tanto, "una vez en el mundo, la única forma de que sobreviva es convertirse en un parásito de la bondad"[10]. Piénsenlo. En cada cuento infantil que leemos, el villano no podría ser un genio del mal sin ser primero un genio. A menudo nos preguntamos cómo ciertas personas en nuestra sociedad, como los pedófilos o los políticos corruptos, parecen tan alejados de la empatía. La realidad, sin embargo, es que a menudo son muy conscientes del deseo que tienen sus víctimas de ser elegidas y disfrutadas. Aquellos a quienes consideramos más malvados son tan dañinos precisamente porque son hábiles en el uso de la empatía con fines perversos.

La inteligencia y el poder de explotación del mal provienen de distorsionar los dones que Dios nos ha dado. Nada sobre el pecado se crea a partir de la nada; todo su poder se trafica desde la bondad. "La bondad", dijo C. S. Lewis, "es, por así decirlo, en sí misma: la maldad es solo bondad arruinada. Y debe haber algo bueno primero antes de que pueda arruinarse"[11].

Plantinga Jr. continúa diciendo que las personas "pueden rebelarse literalmente porque sí, pero esto es raro. Por lo general, están buscando paz mental, seguridad, placer, *Lebensraum*, libertad, excitación. El mal necesita del bien para ser malo. El propio Satanás, como explica C. S. Lewis, es el Satanás *de Dios*, una criatura de Dios que puede ser realmente malvada porque es obra del maestro y está hecha de su mejor material"[12]. Desde esta perspectiva, los usuarios de pornografía, los compradores de sexo y los adúlteros se verían bajo la influencia del mal, que busca traficar con sus anhelos para obtener experiencias legítimas y convertirlos en deseos que, al final, conducirán al dolor.

Un ejemplo en el que podemos ver la influencia del mal es la prostitución y el tráfico sexual. Los hombres que pagan por sexo a menudo experimentan alienación y vergüenza por comprar explotación sexual con licencia. La vergüenza luego los impulsa a comprar más sexo, mientras aumenta la humillante alienación y el trauma de las mujeres y niñas (y varones) cuyos cuerpos son comprados. El interés compuesto que el mal gana a partir del comportamiento antisexual lo convierte en la empresa más rentable de todos los tiempos[13].

La buena noticia es que, en Cristo, todos nuestros pecados, pasados, presentes y futuros, han sido expiados. Por lo tanto, el propósito de abordar el pecado nunca debe ser acorralar a personas agobiadas de problemas con más evidencia de sus fracasos morales. El lenguaje del pecado ayuda a las personas a nombrar su dolor e invita a considerar qué tan bueno, pero aleccionador, sería regresar a casa.

El Padre que nos espera no se avergüenza de nosotros. Al contrario, es un anfitrión alegre que no discrimina[14]. Él ofrece su invitación a todos, especialmente a aquellos a quienes la sociedad considera más impuros, indignos y perversos. Lo que debería causarnos más incomodidad acerca del pecado no son nuestros fracasos, sino lo generoso que es Dios en invitarnos a su mesa. ¿Realmente podemos ser amados y deseados en lo más profundo de nuestros fracasos? El pecado es una oportunidad para ser amados en abundancia[15].

Adicción

La definición contemporánea de *adicción* tiene apenas unos cien años y se refiere a una dependencia disfuncional de las drogas o de una conducta, como el juego, el sexo o la alimentación. Antes del siglo XX y más allá de algunas referencias vagas en Shakespeare, tendríamos que remontarnos a la antigua Roma para encontrar una palabra similar a nuestro uso moderno de *adicción*. En Roma, *addictus* se refería a alguien que incumplía una deuda y, en consecuencia, era asignado a su acreedor como esclavo hasta que la deuda fuera saldada[16]. El uso es ominoso, y en mi trabajo de consejero, tanto los hombres como las mujeres que luchan con conductas sexuales indeseables a menudo usan un lenguaje sorprendentemente similar para referirse a su comportamiento: "No importa cuánto desee liberarme de esto, nada funciona. Seré su esclavo hasta que muera". La tragedia es que sus vidas lo confirman cuando renuncian al dinero, la reputación y, en última instancia, a la enorme belleza de sus vidas a causa de un comportamiento sexual indeseable.

El renombrado experto en adicciones, el Dr. Gabor Maté, escribió: "El aislamiento emocional, la impotencia y el estrés son exactamente las condiciones que promueven la neurobiología de la adicción"[17]. Una de las mayores revelaciones sobre esta realidad provino de un estudio sobre soldados que combatieron en Vietnam y se volvieron adictos a la heroína durante su participación en la guerra. Cuando los soldados dejaron los horrores del combate y llegaron sanos y salvos a Estados Unidos, el 95 % de ellos dejó su adicción[18]. Los resultados sugirieron a los investigadores que "la adicción no surgió de la heroína misma, sino de las necesidades de los hombres que usaban la droga"[19]. Si quieres entender por qué eres adicto a algo, debes entender las condiciones que mantienen firme tu adicción.

Aunque el estudio de la adicción puede enseñarnos mucho, no está exento de limitaciones. En el tratamiento de la adicción sexual, la premisa es que las adicciones existen porque el adicto tiene creencias negativas sobre sí mismo muy arraigadas. Estas creencias negativas preparan al adicto para aliviar el dolor a través del placer que se encuentra en el comportamiento sexual. Por lo tanto, la adicción es principalmente una forma de automedicación. Hay mucho que afirmar con relación a esta idea, pero se pasa por alto algo significativo: los adictos saben que participar en su comportamiento sexual indeseable resultará en autodesprecio, todas las veces, sin excepción.

En mi opinión, nuestro autodesprecio no es un derivado del comportamiento sexual indeseable; es el objetivo mismo. Desde esta perspectiva, el comportamiento sexual no deseado no es principalmente un intento de remediar o consolarse por las heridas de la infancia. Es un intento de volver a representar las historias formativas de trauma, abuso y vergüenza que nos convencieron de que éramos indeseables desde el principio. En otras palabras, no somos primariamente adictos al sexo, ni siquiera a una intimidad alterada, sino que estamos atados a sentimientos de vergüenza y condena.

De esta manera, el comportamiento sexual indeseable no busca medicación, sino un veneno familiar para adormecer la posibilidad de imaginar que algo podría cambiar para mejor. Como escribió un compositor: "Todo jugador sabe que perder es para lo que realmente estás ahí"[20].

Para sanar nuestro comportamiento sexual indeseable, debemos abordar tanto los factores biológicos como los situacionales que mantienen nuestro conflicto incólume. Los neuroquímicos del sexo brindan placer a nuestros cuerpos, placer que incluso es capaz de secuestrar nuestra motivación y atención. Pero también sabemos que el comportamiento sexual no existe en un silo neuroquímico. La excitación sexual está influenciada por las heridas afectivas y las dificultades que en el presente marcan nuestras vidas. Los conocimientos que nos dan la naturaleza y la crianza no se oponen entre sí; son ángulos esenciales para ver el complejo diamante del comportamiento humano.

El temor a la libertad

Cuando estás involucrado en comportamientos sexuales indeseables, una de las dimensiones más enloquecedoras de tu vida se convierte en tu pelea con la libertad. Anhelas la liberación, pero también experimentas una extraña comodidad en la miseria y el placer que te proporciona tu comportamiento no deseado. Jeffrey, a quien conocimos en la introducción, a veces describía su identidad como la de un prisionero que no era lo suficientemente fuerte para vivir como un hombre libre. Sabía que la pornografía que consumía y el sexo que compraba eran profundamente destructivos para su vida, pero cuando intentaba dejar de usarlos, se sentía peor.

Jeffrey comparaba su temor a la libertad con un libro que leyó en la universidad sobre el Gulag soviético, un enorme sistema de campos de trabajo forzado por el que pasaron unos dieciocho millones de personas²¹. Un prisionero que escapó decidió entregarse de nuevo. Les dijo a sus compañeros de prisión: "La libertad no es para nosotros... Estamos encadenados a este lugar por el resto de nuestras vidas, aunque no llevemos cadenas. Podemos escapar, podemos alejarnos, pero al final volveremos"²². Jeffrey y muchos otros que luchan contra el quebrantamiento sexual continúan en la esclavitud porque la perspectiva de una vida sin esa dependencia los hace sentir demasiado incómodos.

Este temor puede cambiar, te lo prometo. Tu historia de vida te preparó para experimentar el yugo del comportamiento sexual indeseable, y apropiarte de esa historia con un corazón curioso y dispuesto proporcionará la salida. Tu comportamiento sexual es no deseado porque intuyes que no lleva consigo la belleza para la que fuiste creado. Dios no se avergüenza de nosotros. Él desea que conozcas una belleza que nunca podrías concebir hundido en la desesperación. He visto cómo esta belleza transformó la vida de Jeffrey y no tengo ninguna duda de que la verás transformar la tuya.

Desde aquí, pasamos a la primera parte de este libro, que explorará la pregunta "¿Cómo llegué hasta aquí?". Una forma de pensar sobre el comportamiento sexual indeseable es verlo como la convergencia de dos ríos: tu pasado y las dificultades que enfrentas en el presente. El lugar donde se unen dos ríos se llama confluencia, y es donde la corriente es más fuerte. Por ejemplo, los ríos Allegheny y Monongahela se unen en Pittsburgh, Pensilvania, para formar el río Ohio. Si quieres entender el río Ohio, necesitas observar el Allegheny y el Monongahela, así como su confluencia.

De manera similar, si deseas comprender por qué existen conflictos sexuales en tu vida, debes entender los afluentes que hacen posibles esos conflictos. La primera parte de este libro abordará el afluente principal: las historias formativas de tu infancia.

PARA LA REFLEXIÓN:

- ¿Alguna vez has sentido la obra del mal en tu vida? ¿Cuándo? ¿Qué dimensiones de tu vida crees que estaba tratando de influenciar?
- Piensa en un momento en el que sentiste la belleza de tu cuerpo o de la sexualidad. ¿Qué imágenes o escenas te presentan?

¿CÓMO LLEGUÉ HASTA AQUÍ?

CAPÍTULO 2

MARCANDO EL RUMBO DEL COMPORTAMIENTO SEXUAL INDESEABLE

En un día lluvioso de marzo, una cliente llamada Lindsay, cruzó el umbral de mi consultorio, se acomodó en su asiento y dijo: "Para ser honesta, siento que ni siquiera debería estar en terapia. Debería ser capaz de superar mi necesidad de pornografía, pero estoy aquí para descubrir qué me sucede realmente". Una semana antes de su primera cita, Lindsay solicitó la ayuda de su novio para eliminar un virus que había afectado su computadora. Su pareja trató de identificar el problema y revisó el historial de internet. Quedó impactado al encontrar una gran cantidad de sitios pornográficos. Cuando le preguntó a Lindsay acerca de la pornografía en su computadora, ella experimentó un leve ataque de pánico y, finalmente, le confesó que había estado lidiando con la pornografía desde la secundaria. Siempre había querido buscar ayuda, pero sentía que la pornografía era un problema más asociado a los hombres. Como mujer, se sentía particularmente avergonzada. Ella desconocía que, según una encuesta, una de cada tres mujeres ve pornografía al menos una vez por semana[1]. Otro estudio descubrió que el 56 % de las mujeres de veinticinco años o menos, y el 27 % de las mujeres mayores de veinticinco años buscan pornografía[2].

Ya sea que se trate de pornografía, de compra de servicios sexuales, de relaciones extramatrimoniales o de promiscuidad, es probable que tu comportamiento no deseado te haya dejado con un sentimiento similar al de Lindsay. Sientes que deberías haber resuelto el problema a estas alturas y, si no puedes, das por sentado que hay una profunda falla en ti. Este es el lenguaje del odio hacia uno mismo. Lo que me gustaría que consideraras es que tu desprecio por tu fracaso es precisamente lo que te impide ver los factores que te han llevado inevitablemente hacia un comportamiento sexual indeseable.

Quiero aclarar que puedes sentir resistencia hacia lo que exploraremos en esta primera parte. Nunca he conocido a un cliente que no haya minimizado, al menos a un cierto nivel, el papel que su familia y su comunidad de origen desempeñaron en el desarrollo de su comportamiento. Después de dar una conferencia a hombres en Seattle que habían sido arrestados por solicitar los servicios de prostitutas, conferencia en la que expliqué el papel que habían tenido las familias de las que provenían, un hombre dijo: "Entiendo lo que estás diciendo, pero mis padres eran muy buenas personas y realmente nunca me decepcionaron". Luego, sin asumir contradicción alguna, continuó diciendo que su padre había dejado a su madre por otra mujer, y que su mamá ahora le pide que la acompañe a todas sus citas médicas y reuniones de la iglesia. "Siempre me dice que es estupendo que todavía esté soltero, para que pueda estar disponible y pasar mucho tiempo con ella. Me alegra demostrarle así mi amor. Lo que estoy tratando de entender, sin embargo, es por qué siempre necesito tener a una prostituta en mi coche después de pasar tiempo con mi mamá". Debería quedar claro en cierta medida que este hombre tiene una herida, y que el papel que su madre le pide desempeñar desde la ruptura del matrimonio de sus padres contribuye a su conducta. La elección de un comportamiento sexual indeseable nunca es fortuita. Siempre hay una motivación subyacente. Tu camino hacia la liberación de ese comportamiento se inicia con el descubrimiento de las razones particulares que lo impulsan.

La gran mayoría de hombres y mujeres con quienes he trabajado tienden a culpabilizarse por su involucramiento inicial en comportamientos sexuales indeseables. Esto es como culparse por un diagnóstico de cáncer cuando creciste cerca de una central nuclear con filtraciones. Tendemos a culparnos a nosotros mismos en lugar de examinar las condiciones y relaciones que más influyen en nuestros conflictos sexuales. Te invito a considerar la posibilidad de que tu problema sexual no sea aleatorio. ¿Podrían existir dinámicas en tu familia, comunidad y cultura que hayan contribuido a tu situación actual? Jesús sostiene que, a menos que dejes atrás a tu familia, a tu madre y a tu padre, no puedes seguirlo. No podemos caminar con Jesús hacia nuestra sanación si permanecemos fieles a proteger a las personas y comunidades que más contribuyeron a lastimarnos.

A medida que avancemos, te solicito que prestes atención a tus emociones. ¿Dónde sientes incomodidad? ¿Cuándo te sientes desleal hacia tu familia? ¿En qué momentos sientes desprecio por ti mismo? ¿Cuándo sientes la necesidad de generalizar tu conflicto? ¿Qué te produce una profunda curiosidad? Esta sección no se trata de buscar en otros a los culpables; se trata de reflexionar sobre cómo el daño infligido por otros ha influido en los comportamientos que te encierran en la vergüenza.

Antes de abordar los sistemas familiares específicos y los eventos de la infancia que impulsan a los adultos al comportamiento sexual indeseable, exploremos brevemente tres principios fundamentales que guiarán nuestra discusión:

1. Nacemos con dignidad.
2. El honor y la honestidad (y no culpar o minimizar) deben ser ambos considerados dentro de nuestros sistemas familiares.
3. Nuestro quebrantamiento sexual no es aleatorio.

Nacemos con dignidad

La palabra *sexo* proviene del latín *secare*, que significa cortar, amputar o separarse del todo. Una dimensión importante de nuestras vidas relacionales y sexuales es la conciencia de lo separados que estamos unos de otros y la forma en que buscamos reconectarnos[3]. Por lo tanto, la sexualidad es mucho más amplia que lo que elegimos hacer con nuestros genitales o nuestros anillos de bodas. Dios nos diseñó con la habilidad de desarrollar un sentido de nosotros mismos (identidad) y de conectarnos de manera gozosa y significativa con los demás (relaciones). La sexualidad florecerá en tu vida en la medida en que desarrolles tu identidad y construyas relaciones significativas con quienes te rodean. La identidad y las relaciones se apoyan mutuamente: cuanto más te conoces a ti mismo, más conexión íntima puedes tener con los demás, y cuanto más conectado estás con los demás, más descubrirás quién eres realmente.

Nuestras primeras lecciones de vida son experiencias de *secare*. Nacemos tan dependientes de las relaciones que nuestros latidos cardíacos y la temperatura de nuestro cuerpo se regulan en referencia a quienes cuidan de nosotros. Pero también nacemos con la capacidad de apaciguarnos a nosotros mismos cada vez más. Los investigadores descubrieron que cuando los padres aprendían a alentar a sus bebés a consolarse solos (poniéndolos en la cama despiertos y esperando unos minutos para responder a su angustia), los bebés dormían más tiempo y se despertaban menos[4].

Una mañana temprano, me despertó el llanto de mi hijo. Sabiendo que había comido bien y que había estado durmiendo toda la noche durante meses, me sorprendió escucharlo llorar. Me levanté de la cama dando tumbos y caminé sobre el piso frío hasta su habitación. Lo saludé con dulzura y revisé si estaba sucio o mojado. Nada. "Upa", dijo tan claramente como cualquier niño de veinte meses podría hacerlo. Le dije que todavía era muy temprano y que necesitaba volver a dormir. "Upa", volvió a decir, con más entusiasmo. Lo alcé y enseguida rodeó mi cuello con sus pequeños brazos fuertes y acercó su cuerpo. Lo tuve alzado unos momentos y canté su canción favorita. Interrumpió mi desafinado canto con un abrupto: "No. ¡Abajo!". Una vez más, me sorprendió. Me había rechazado por muchas cosas, pero nunca por mi canto. "¿Quieres volver a tu cuna?", respondí. "Sí. Abajo", dijo mientras su cuerpo se estiraba hacia la cuna. Lo acosté de nuevo y enseguida se volteó sobre su estómago para dormirse.

Ese llanto de mi hijo en la madrugada era una expresión de su experiencia de *secare*. Se despertó angustiado y lloró con el deseo de volver a conectarse con quienes lo aman. Sabía a un nivel primordial cuáles eran sus necesidades y una vez que volvió a conectarse con el amor, pudo calmarse y elegir el descanso. En este sentido, nuestra sexualidad se trata de cómo expresamos nuestro deseo de conocernos y ser conocidos con todo el miedo y la belleza de lo que significa ser humano.

Es vital abordar nuestra quebrantada sexualidad desde el punto de vista de la dignidad de nuestra identidad y nuestro anhelo de conexión. Ninguna persona, sin importar cuán problemática o malvada sea, puede escapar a la realidad de haber sido creada para madurar y recibir al mismo tiempo cuidado, amabilidad y tranquilidad en el contexto de las relaciones. Esto es tan cierto para un bebé como lo es para un hombre cuando sale de una habitación de hotel después de comprar sexo o ver pornografía. En el libro de Génesis, Dios crea el mundo y mira todo lo que ha creado y lo llama "bueno" (1:31). Sin embargo, ¿qué es lo único que no es bueno? La soledad de Adán. En Génesis 2:20, Adán nombra a todos los animales, las aves en el cielo y las bestias salvajes, y uno podría suponer que observa a los animales participando en rituales de apareamiento bastante explícitos. Casi podemos ver a Adán rascándose la cabeza y preguntándole a Dios: "Bueno, ¿y yo? ¿El apareamiento es solo para los animales? Dios, ¿te das cuenta de que no hay nadie adecuado para mí?"[5]. Es un versículo hilarante. Dios ve la soledad de Adán, y tal vez hasta su desconcierto, y comienza el acto culminante de su creación: darle forma a Eva.

La soledad de Adán es reparada a través de la creación y presencia de Eva. Ella no es creada para servir a Adán en el sentido tradicional, sino para asociarse con él en cultivar (dominar y someter) la bondad de la tierra. La sexualidad nos permite alejarnos de las demandas constantes de la vida y dirigirnos hacia las relaciones para sentirnos menos separados, menos amputados y menos desconectados en nuestro fragmentado mundo. Pero la sexualidad nunca está completa si se centra en uno mismo. La sexualidad también se dirige hacia afuera, cultivando el mundo que nos rodea con la identidad única que Dios nos ha otorgado a cada uno.

En nuestro viaje por la vida, inevitablemente experimentamos situaciones formativas de desconexión de aquellos que estaban destinados a completarnos. La crueldad, el abandono y el divorcio nos separan de nuestros padres. El acoso, el abuso y la humillación nos separan de nuestros compañeros. En la secuela de estas historias, vivimos como exiliados "al este del Paraíso"[6]. Deambulamos en busca de un hogar, pero nos conformamos con una identidad narcisista reflejada en la cantidad de sexo, poder y dinero que somos capaces de obtener. La sexualidad quebrantada no es una sentencia de por vida; es una invitación a sanar nuestras heridas y aprender quiénes queremos llegar a ser.

El honor y la honestidad deben ser considerados

Abraham es el patriarca de muchas de las principales religiones en todo el mundo. Es venerado por su fe personal y su obediencia para ir a la tierra a la que Dios lo estaba llamando. Sin embargo, lo que rara vez mencionamos es que las Escrituras también nos dicen que nuestro patriarca traficó con su esposa, accedió a embarazar a una esclava adolescente llamada Agar (de la que hablamos en la introducción) y luego resultó ser un auténtico cobarde de buena fe cuando su esposa estéril y su esclava embarazada empezaron a pelearse. La honestidad de las Escrituras es impactante. Los escritores de la Biblia honraron a Abraham, pero fueron igualmente honestos sobre sus defectos[7].

Muchas familias y comunidades religiosas han abrazado la mentira de que si somos honestos, no podemos honrar de verdad, y si honramos a alguien, sin duda será a costa de la honestidad. Cuando me dan a elegir entre honestidad y honor, me encuentro con que la mayoría de mis clientes se inclinan naturalmente, hasta cierto punto, a ser deshonestos sobre lo que han vivido en sus familias. Prefieren un tipo de seudohonor, y presentan una imagen más halagüeña de sí mismos y de los otros. Es posible que lo hagan a fin de ser virtuosos, pero la mayoría de las veces lo hacen porque temen lo que les ocurriría si revelaran la verdad sobre sus familias o comunidades.

Una cliente, Christy, me dijo que revelar los abusos sexuales que sufría por parte de su padre le parecía lo más deshonroso que había hecho en su vida, incluso más deshonroso que engañar a su cónyuge. "Si mi familia supiera que estoy hablando de los abusos de mi padre, y si él tuviera que admitirlos, toda la familia se desmoronaría. Mi madre lo abandonaría y ¿qué le pasaría a mi padre? Creo que se suicidaría. La familia funciona mucho mejor si vivo sosteniendo la mentira". Como puedes ver, el honor y la honestidad están muy reñidos en este caso.

Si eres propenso a separar honor y honestidad, merece la pena que reflexiones sobre cómo se produjo esta división. Estas son un par de preguntas que quizás quieras considerar: ¿cuándo aprendiste a mantener separadas la honestidad y el honor? ¿Quién te enseñó que sería mejor honrar a alguien que decir la verdad con amabilidad y decisión? ¿Quién te enseñó que sería mejor decirle a alguien una mentira descarada que revelar la verdad con profundo respeto hacia el otro? ¿Qué pasaría en una cena familiar de Acción de Gracias si se hablara con honestidad y honor? Una marca genuina de madurez es la capacidad de sostener dos verdades simultáneas al mismo tiempo.

Los escritores de la Biblia reconocieron que la honestidad y el honor nunca deben separarsᴇ. En otras palabras, se pretende que el honor y la honestidad estén casados, hasta el punto de decir que hubo una ceremonia privada que los unió en un pacto. Hasta que no comprendas que el honor y la honestidad son dos caras de la misma moneda, es probable que te inclines a separarlos.

Lo que he descubierto en mi historia y en la de cientos de hombres y mujeres es que nuestro deseo de honrar a los demás es a menudo una cortina de humo que nos impide entrar en el dolor. Es una maniobra brillante y trágica que todos hemos aprendido a hacer. Nos desviamos para proteger a los demás, para no tener que enfrentarnos a las consecuencias del daño que nos causaron. ¿Y si todo esto no fuera así? ¿Y si pudieras vivir donde convergen las corrientes de la honestidad y el honor? Ojalá entres en tu historia con honor y honestidad.

El quebrantamiento sexual no es aleatorio

Si quisieras entender por qué los hombres de Somalia se volvieron tristemente famosos por secuestrar y aterrorizar barcos, necesitarías estudiar las condiciones que propiciaron ese comportamiento. Es fácil decir que "no deberían" estar haciendo eso, pero es otra cosa considerar el por qué detrás de su piratería. La realidad es que los piratas somalíes solían ser pescadores, hasta que embarcaciones pesqueras extranjeras les robaron sus peces. La Organización de las Naciones Unidas calculó que se les robaron de sus costas casi trescientos millones de dólares en productos del mar[8]. Si se suma este robo a la opresión ejercida sobre el pueblo por caudillos violentos, ¿qué se podría esperar que hicieran estos hombres para sobrevivir? Su piratería no es aleatoria; revela las heridas del pasado y echa luz sobre los problemas presentes que deben transformarse. No miramos al pasado en busca de excusas para comportamientos reprobables; lo hacemos porque narrar la historia es la llave para desbloquear patrones destructivos e implementar cualquier cambio futuro.

He prestado mucha atención a cómo los hombres se dejan seducir y se enredan en la adicción y los conflictos sexuales. He encontrado varios precedentes que marcan las vidas de mis clientes mucho antes de que su comportamiento sexual los llevara a vivir en crisis. Una de las cosas más difíciles del trabajo con personas es que nos sentimos más cómodos hablando de lo mal que estamos en lugar de estudiar con cuidado las razones de nuestro comportamiento sexual indeseable. Esto requerirá que recorramos paisajes que muchos de nosotros consideramos sagrados, si no prohibidos: la familia y la comunidad.

En los próximos capítulos, exploraremos cinco impulsores clave del comportamiento sexual indeseable en la infancia: sistemas familiares rígidos y/o negligentes, abandono, padres que estuvieron emocionalmente enredados con sus hijos, una historia traumática, y abuso sexual (tanto en sus formas evidentes como sutiles). Aunque estos cinco impulsores clave pueden no resonar de inmediato, te animo a que leas cada uno de ellos, ya que son más comunes de lo que en un principio podrías haber pensado.

PARA LA REFLEXIÓN:

- ¿Te encuentras más inclinado hacia el honor o hacia la honestidad con tu familia? Si estás inclinado más hacia el honor, ¿qué experiencias has tenido que sientes la necesidad de ocultar?
- En este punto de tu trayectoria, ¿qué historias pasadas o dinámicas presentes crees que influyen más en tu participación en comportamientos sexuales indeseables?

CAPÍTULO 3

SISTEMAS FAMILIARES DISFUNCIONALES

El principal motor del comportamiento sexual indeseable en la infancia es tener un sistema familiar caracterizado como rígido y/o negligente. El Dr. Patrick Carnes, uno de los principales investigadores sobre la compulsión sexual, descubrió que el 77 % de aquellos que luchan con una adicción sexual reporta provenir de una familia rígida, y el 87 % informa provenir de una familia negligente[1].

Rigidez: cuando las reglas son armas

Un hogar rígido tiene una regulación excesiva. A menudo, hay un padre o una madre que gobierna la familia con mano de hierro. Exige obediencia, pero él o ella no obedecen a nadie. Como niño, es posible que estés bajo una considerable vigilancia, mientras desde la primera fila ves la flagrante hipocresía de tus padres.

Los sistemas familiares rígidos ven todo en blanco y negro. Incluso cuando un problema tiene una inmensa complejidad, el padre o la madre con el poder tomará una decisión dogmática para reforzar su control. Este dogma puede estar relacionado con el comportamiento con respecto a tener citas, la hora de regreso a casa, los programas de televisión y las películas que puede ver un niño o la exigencia de que la casa esté perfectamente limpia antes de que llegue un invitado. Los niños en estos hogares aprenden que las reglas no son como barreras protectoras alrededor del Gran Cañón para evitar que las personas mueran, sino más bien como una letra escarlata tatuada para avergonzar a otros y forzarlos a obedecer. Para sobrevivir, uno obedece o se va, a menudo de manera dramática.

Crecer en un sistema familiar rígido engendra niños que generalmente se dividen en buenos o malos. Ya sea que te conviertas en el hijo perfecto o en la oveja negra, tu vida revela la patología de un sistema familiar rígido. La oveja negra de la familia puede parecer fuera de control, pero si escuchas lo que impulsa su comportamiento y su rebeldía, escucharás una honestidad que rivaliza con la capacidad de decir la verdad de un profeta bíblico. Se niega a vivir en una familia que exige lealtad inquebrantable a la tiranía de la rigidez y, lamentablemente, a menudo malgasta gran parte de su vida protestando de manera desafiante mucho después de irse de casa. Las consecuencias de sus acciones ciertamente necesitarán ser consideradas, pero el proceso de recuperación de la oveja negra es mucho más fácil que el derrotero del hijo perfecto para salir de una vida de autocomplacencia y ocultamiento.

Una cliente, cuyo rol en su grupo familiar era ser el chivo expiatorio, recientemente le confesó a su familia que había tenido múltiples aventuras a lo largo de su matrimonio. Más tarde, en una reunión familiar en primavera, su padre pronunció un discurso en presencia de más de veinte parientes sobre el enorme agradecimiento que sentía porque él y su esposa habían sido fieles el uno al otro durante cinco décadas, y la bendición que para ellos era saber que "algunos" de sus hijos habían seguido su ejemplo. Mi clienta, aunque herida por el comentario de su padre, pudo ver que este tipo de humillación era una estrategia constante en su familia para mantenerla bajo su poder y autoridad. Lo que nadie mencionó fue que su padre abusaba emocionalmente de su familia y había pasado la mayoría de esos cincuenta años en viajes de negocios.

La estrategia del hijo perfecto es negar la verdad de una familia rígida, presentando una imagen ideal al mundo a costa de su alma. Aprende que la obediencia y la competencia le permiten maniobrar como un santo dentro de los estrictos límites de la familia. Aunque pueda estar luchando contra la depresión o la pornografía, discierne correctamente que revelar esas batallas sería demasiado costoso. Opta por presentar un perfecto yo público y mantener ocultos los aspectos traumáticos y dolorosos de su verdadera personalidad.

La necesidad que siente un niño de ser "bueno" en lugar de honesto crea un patrón relacional que ha arruinado muchos matrimonios. ¿Cuántas veces un cónyuge se muestra amable, trabajador e, incluso, sacrificado, pero en privado se entrega a comportamientos sexuales indeseables? El problema puede ser la hipocresía, pero con mucha más frecuencia, la persona está recreando dinámicas originadas en la infancia. El guion que recibió fue el de presentar una imagen domesticada y sacrificada de sí mismo ante el mundo. Trágicamente, su deseo sexual y sus opiniones personales quedan enterrados. Desprovistos de cuidado, sus pensamientos y emociones no pudieron madurar.

Los sistemas familiares rígidos moldean las fantasías y el comportamiento sexual de hombres y mujeres. El 53 % de los encuestados en mi estudio afirmaron que sus padres eran demasiado estrictos y se concentraban en las reglas. Los hombres que crecieron con padres rigurosos resultaron más propensos a desarrollar fantasías de poder sobre las mujeres en el tipo de pornografía que frecuentaban. Esas mujeres solían ser más jóvenes, de contexturas más pequeñas y de otros grupos étnicos que les parecían más sumisas. Como consecuencia, los hijos dominados tendieron a convertirse en hombres que deseaban dominar a los demás.

Alrededor del 50 % de los encuestados informó que sus madres fueron demasiado estrictas y estaban obsesionadas con las normas. Las mujeres que en sus fantasías sexuales deseaban ser utilizadas o que les hicieran daño tenían dos veces y media más probabilidades de haber tenido una madre estricta. Como consecuencia, las hijas dominadas tendieron a crecer como mujeres cuyas fantasías reforzaban el daño y la crueldad. Tanto en hombres como en mujeres, los sistemas familiares rígidos preparan a los niños para ser adultos que quieren invertir o repetir la dinámica de poder de su juventud.

La ira escala en los sistemas familiares rígidos. La rigidez prepara el terreno para la ira porque nos expone constantemente a la hipocresía de los que tienen el poder en la familia, la comunidad o el lugar de trabajo. Al igual que la cliente a la que su padre avergonzó durante su discurso en la reunión familiar, las personas que se convierten en chivos expiatorios desarrollan un instinto muy agudo para detectar la doble moral de los demás. A mi cliente la conflictuaba enormemente el matrimonio de sus padres porque sabía que su padre se sentía mucho más vivo cerca de su secretaria y utilizaba el trabajo para escaparse constantemente de su demandante esposa de cinco décadas. Mi cliente me comentó más tarde: "Ni en un millón de años mi padre admitiría su alejamiento de nuestra familia. En lugar de eso, consigue que se lo vea como el marido fiel. Cuenta la historia que él necesita creer". Conclusión: la ira aumenta en cualquier sistema que no diga la verdad.

La rigidez te pone en un aprieto. Por un lado, eres impotente y, por otro, tienes muchas pruebas en contra de tu sistema familiar disfuncional. Si hablas, te exiliarán y quedarás huérfano. Si no hablas, refuerzas lo impotente que te sientes. Cuando te sientes impotente, debes estar muy alerta a la ira. Sentir ira ante la hipocresía de los demás es como una tormenta tropical que entra en las cálidas aguas del Caribe. Se va a desencadenar un huracán y tú vas a destrozar a tu familia, tu propia vida o ambas cosas. La pornografía atrae a las personas impotentes precisamente porque le ofrece a su ira un escenario en el que manifestarse plenamente. En realidad, puedes sentirte impotente, pero en el mundo de internet es posible tener lo que quieras. Este es el filo de la navaja de la recuperación: tu conducta sexual indeseable debe cambiar, pero también necesita ser reconocida como símbolo de toda la rabia no procesada por vivir en un sistema disfuncional.

Negligencia: Cuando se descuida el cuidado

Otra característica distintiva de los hogares de niños que crecen para batallar contra comportamientos sexuales indeseables es la negligencia. La negligencia aparece cuando los padres eligen alejarse de las vidas de sus hijos. En mi investigación, el 63 % de los encuestados deseaban más presencia de sus padres, y el 39 % deseaba más presencia de sus madres. Ejemplos de conductas negligentes de los padres son trabajar en exceso, optar por evitar conversaciones necesarias relacionadas con temas que todo niño debe aprender (cuidado de sí mismo, nutrición, sexo), o no sintonizar (estar consciente y receptivo) con los niños cuando experimentan ansiedad, tristeza o enojo. Cuando esto sucede, los niños crecen con una profunda convicción de que no están preparados para el mundo que enfrentan y van por la vida sin saber a ciencia cierta si son amados y valorados. Estos niños aprenden que la vida no se encuentra dentro de una familia, sino fuera de ella. En la edad adulta, esta creencia sigue siendo funcional. Los adultos pueden estar en matrimonios o relaciones estables, pero nunca pueden confiar en que les ofrezcan lo que sus corazones desean desesperadamente.

Los niños que han experimentado la negligencia pueden haber tenido algunas experiencias de conexión con sus padres, pero solo si obtenían buenas calificaciones, tomaban sus vitaminas y ofrecían algún tipo de apoyo necesario a los progenitores. Su complacencia y su negación de las propias carencias emocionales permiten que el sistema familiar continúe sin necesidad de cambios. En el momento en que estos niños tienen opiniones o revelan emociones desagradables, surge el conflicto y los beneficios de sus conductas anteriores se evaporan. Para sobrevivir, los niños desatendidos pueden convertirse en profesionales exitosos que se distancian de sus familias, al igual que sus padres. O son nómades de su propia existencia, tratando de encontrar líderes o estilos de vida a los que puedan aferrarse.

Los niños que fueron ignorados por sus padres son increíblemente susceptibles a varias formas de abuso sexual, incluida la introducción a la pornografía. Esto no significa que tus padres desearan que fueras abusado, pero sí significa que tomaron una decisión consciente, tal vez incluso necesaria, de dirigir su atención hacia alguien o algo más. Exploraremos esto con mucho más detalle en el capítulo 7, pero en los niños que fueron descuidados por sus padres, el deseo innato de ser atendidos y disfrutados fue captado por sus abusadores o sus pares. Los niños que deseaban más presencia de sus madres y padres fueron más propensos a que los adultos los tocaran de manera inapropiada y tuvieron más probabilidades de que se les pidiera repetir algo que vieron en la pornografía. La pasividad de un padre no es neutral; el descuido crea el escenario para el daño.

Considera los siguientes datos de las mujeres encuestadas en mi estudio:

- Se *triplicó* el riesgo de ser llevadas a la pornografía por alguien mayor para aquellas que deseaban, en gran medida, más participación de sus madres.

- Se *cuadriplicó* el riesgo de que se les pidiera estimular sexualmente a alguien durante o después de ver pornografía para aquellas que querían, en gran medida, una mayor presencia de sus madres en su infancia.

- El riesgo de ser llevadas a la pornografía por alguien mayor aumentó del 9 % al 38 % cuando reportaron que sus padres mostraban mucho más interés en sus hermanos.

La negligencia intensifica la lujuria

La lujuria florece en el terreno de la negligencia. La negligencia siembra las semillas de la lujuria porque el niño que recibe ternura y placer reconoce que el amor familiar no es algo de lo que se pueda depender. Esto ocurre a menudo porque los padres están más preocupados por el trabajo, muestran más cariño hacia otro hermano o están tomados por sus propias distracciones o adicciones. Si recuerdas la historia de Jeffrey en la introducción, él reconoció que su madre estaba ausente a menudo, trabajando para poner comida en la mesa. Jeffrey concluyó que el hogar no era un lugar para que sus necesidades o deseos fueran satisfechos. Necesitaba deambular para encontrar unos ojos a los cuales aferrarse. Tal es el caso de muchos hombres y mujeres que viven dentro de familias negligentes. Se enfrentan a la elección de vivir con hambre en el hogar o ir a buscar fuera de él para asegurarse cuidado y sustento. Lo que la mayoría de las personas descubrimos, sin embargo, es que las soluciones que perseguimos lejos de Dios y la comunidad nos dejan más solos de lo que estábamos en un principio. Entonces, duplicamos nuestra apuesta por la lujuria y terminamos en bancarrota.

Olivia, una enfermera, entró a una sesión después de tener un encuentro perturbador con la familia de un paciente que le hizo recordar su infancia. Un adolescente llegó a la sala de emergencias con sus amigos después de romperse el brazo. Cuando llegó al hospital, el personal le preguntó si notificaban a su familia. El chico les dio permiso para llamar a su madre, pero no a su padre, quien tenía un "día muy ocupado". Olivia comentó que se enfureció con el padre del chico y no se dio cuenta del por qué hasta que llegó a la terapia. "Mi madre siempre remarcaba la importancia de sacar buenas calificaciones y no pelear alrededor de mi padre porque él trabajaba muy duro durante la semana y necesitaba tener un 'refugio para descansar' cuando llegaba a casa. Ella era muy rígida en esto. Aprendí a mantener todo lo demás que estaba sucediendo en mi vida lejos de sus oídos, incluso si se trataba de querer que mi padre asistiera a los eventos de la escuela. Mi familia funcionaba mejor cuando no pedía nada ni les daba nada de qué preocuparse. Pero luego se descubrió que mi papá estaba teniendo un romance y programaba los encuentros con su amante a la hora de mis eventos en la escuela porque sabía que mi mamá no estaría en casa. Recuerdo que me sentí muy estúpida por querer que mi papá estuviera presente en mi vida, cuando él estaba lleno de mentira".

La historia de Olivia pone de relieve la exposición a un sistema familiar muy rígido y desvinculado. Es posible que hayas experimentado algo muy parecido a la historia de Olivia o que hayas tenido una vida marcada por niveles aún más altos de rigidez o negligencia. Lo que quiero decir aquí es que tu ira y tu lujuria, que han crecido en este tipo de sistemas familiares o comunitarios, deben ir a alguna parte. El comportamiento sexual indeseable es una de las vías más comunes para revertir o reforzar las experiencias negativas que padecimos en la infancia. Nuestro objetivo es estudiar y hacer duelo por las condiciones que nos condujeron a nuestro quebrantamiento sexual, reduciendo así su poder sobre nuestro presente.

Estudia tu ira y tu lujuria

Es fácil convertir en chivos expiatorios a la ira y la lujuria debido al daño que producen en nuestras vidas. Sin embargo, una estrategia más proactiva es la curiosidad. A estas alturas de tu recorrido, la lujuria manifiesta tu demanda de ser saciado. Pero si escuchas tu lujuria, revelará un deseo sagrado de pertenencia. La ira muestra ahora tu demanda de control. Pero si estudias tu ira, descubrirás que constituye un radar preciso para detectar la injusticia. El camino para salir del comportamiento sexual indeseable comienza en el reconocimiento de que tus conflictos pueden ser el aspecto más honesto de tu vida. Tus conflictos sexuales revelan tus heridas, pero también los anhelos vapuleados de tu corazón.

PARA REFLEXIONAR:

- ¿Describirías a tu familia como rígida o negligente (o ambas cosas)? En caso afirmativo, ¿qué ejemplos recuerdas?
- Recuerda una situación que represente la disfuncionalidad en tu familia, quizás en una cena familiar. Intenta ver la escena como si estuvieras viendo una película antes de formular ningún pensamiento. ¿Ves crueldad o rigidez en los rostros de los miembros de la familia? ¿Qué crees que querían que sintieras en su presencia?
- Si tus padres se desentendían, ¿por qué crees que preferían ignorar o apartarse de la familia? ¿Cómo te hicieron saber que se ausentaban emocional o físicamente?

CAPÍTULO 4

ABANDONO

Una vida en exilio

Los niños que crecieron en hogares rígidos o negligentes a menudo terminan sintiéndose abandonados. Se dan cuenta de que el placer y el respeto que desean no se materializarán. Para sobrevivir, deben desarrollar resiliencia y encontrar fuentes alternativas de consuelo, o morirán. El abandono puede experimentarse de manera evidente, como cuando un padre abandona a la familia en medio de un inmenso conflicto conyugal. Pero también puede ocurrir de forma sutil, como cuando reconoces que uno de tus hermanos recibe más afecto y alegría de tus padres de lo que jamás recibirás.

En mi investigación encontré que el 47 % de hombres y mujeres no tenían con quién hablar cuando algo difícil ocurría en su infancia. No es que estos niños no tuvieran padres; es que los niños disciernen si están a salvo o no a la hora de compartir con ellos sus dificultades. Pensémoslo así: si eres acosado en la escuela, ¿por qué decírselo a tu familia cuando han evitado consistentemente demostrarte una empatía genuina en tu propio hogar? Si tus padres están mucho más interesados en sus carreras profesionales, ¿con quién hablas cuando un vecino, un estudiante mayor que tú o un tío comienza a abusar sexualmente de ti? Y cuando tienes curiosidad acerca del sexo, ¿serías tan tonto de preguntarle al respecto a tus padres cuando intuyes que serás silenciado o harás que ellos se sientan increíblemente incómodos?

En su libro *Rising to Power* (Ascender al poder), Ron Carucci y Eric Hansen hicieron una observación fascinante: la abdicación del poder causa más daño en una organización que el liderazgo coercitivo. Ciertamente, los líderes arruinan las organizaciones cuando son autoritarios, pero son más destructivos cuando no asumen plenamente el poder que conllevan sus cargos[1]. Lo mismo ocurre con los padres que abdican de su poder en las vidas de sus hijos. Los participantes en mi investigación reportaron una considerable desconexión de sus padres. Una de las áreas más evidentes en las que los padres fallaron fue la de hablar con sus hijos sobre sexo.

En muchos hogares e iglesias existe una regla tácita según la cual no se debe hablar de sexo a menos que la conversación sirva para infundir el temor a Dios en los niños acerca de su participación en el sexo antes del matrimonio. Sin embargo, hablar sobre sexo únicamente en el contexto de la prohibición prepara a un niño para la locura. Un niño necesita escuchar sobre sexo de una manera que honre los cambios y deseos naturales otorgados por Dios que lo acompañarán desde la infancia hasta la adultez. Un énfasis excesivo en la enseñanza negativa sobre el sexo tiene la capacidad de hacer que un niño lo asocie con el silencio y la vergüenza. Cuando el niño se hace adulto, esta asociación se arraiga y sigue operando.

Los padres son silenciosos o inadecuados

En mi investigación, los hombres y las mujeres que luchaban contra comportamientos sexuales indeseables tenían padres que o bien guardaban silencio o bien no aportaban nada positivo a las conversaciones relacionadas con el sexo.

LOS PADRES NO SUELEN TENER CONVERSACIONES CON SUS HIJOS SOBRE SEXO. CUANDO LAS TUVIERON, NO FUERON ÚTILES.

50 % no tuvo ninguna charla sobre sexo con su madre.

60 % no tuvo ninguna charla sobre sexo con su padre.

8 % tuvo conversaciones genuinamente provechosas con su madre sobre sexo.

5 % tuvo conversaciones genuinamente provechosas con su padre sobre sexo.

Es posible que los padres que no tuvieron conversaciones sobre sexo con sus hijos no lo hicieran por diversas razones. Lamentablemente, permitieron que los medios de comunicación, la industria de la pornografía o los compañeros saturados de porno moldearan la dimensión más vulnerable y hermosa de la vida de sus hijos. Cuando tus padres abdicaron de su poder para darte una educación sexual sana y criteriosa, estaban creando, intencionadamente o no, un mundo de silencio e intriga. Allí donde los padres y las comunidades religiosas no educan, lo hace la pornografía.

Madison vivía a la sombra del atletismo de su hermana. Cuando Madison tenía diez años, jugaba al fútbol con su padre. Unos instantes después de empezar a jugar, quedó hipnotizada por la belleza del vuelo de un halcón. Su padre se molestó y se enojó. Cuando ella volvió a levantar la vista, él lanzó la pelota tan alto como pudo hacia el halcón. Se alejó y le dijo a Madison:

"Tu hermana es una atleta. Los deportes no son lo tuyo, así que disfruta de tus malditos pájaros. Espero de verdad que eso te sirva de algo en la vida". Madison anheló ser un halcón para elevarse por encima del mezquino enojo de su padre. Después, esa misma tarde, intentó contarle a su madre sobre la crueldad de su padre, pero la respuesta fue poco receptiva: "Tu papá solo está tratando de alentarte. No necesitas hacerlo aparecer como un monstruo".

A partir de ese día, Madison y su padre evitaron toda conexión emocional entre ellos. El sótano familiar estaba destinado a los logros universitarios de su padre y a la creciente colección de trofeos deportivos de su hermana. Madison se sintió abandonada por sus padres. Recordaba el horror y la confusión al tener su primer ciclo menstrual y no tener ni idea de lo que le estaba sucediendo a su cuerpo. Lloraba al darle la noticia a su madre, solo para que ella respondiera: "Madison, deja de ser tan dramática. Estarás bien. Ahora eres una mujer. Te conseguiré una compresa".

A medida que su infancia transcurría, Madison descubría la vida caminando por el bosque y mirando debajo de las rocas del arroyo en busca de salamandras. Llegó a doctorarse en Biología, pero nadie de su familia asistió a la graduación. Ver a sus compañeros rodeados de sus familias le provocó un gran dolor. En su lugar, su familia eligió el torneo de la Asociación Nacional Deportiva Universitaria en el que competía su hermana. Madison se sintió mal al regresar a su auto y arrojó su diploma en el asiento trasero. Lloró al sentirse tan sola y despreciada. Esperó más de una semana para recibir noticias de su padre. Fue una conversación breve que terminó con su padre recordándole que él sabía que los deportes no eran lo suyo. Cerró la conversación diciendo: "¿No estás contenta de que te haya dicho que disfrutes de las aves? Has conseguido un gran logro. Deberías estar orgullosa".

Tres años después de iniciarse en su carrera profesional, Madison estaba deprimida y atrapada en una maraña de conflictos sexuales. En nuestra primera consulta, le pedí que me contara sobre ella. Me dijo: "¿Quién soy yo? Soy una mujer sin valor, adicta a la pornografía. Nunca he podido tener una verdadera conexión con alguien en toda mi vida, y mi campo profesional me convierte en una rareza donde sea que vaya. Me odio por todo lo que no soy. Empecé a usar aplicaciones para encuentros casuales cuando estoy borracha, y me estoy metiendo en situaciones en las que juré que nunca participaría. Eso solo reafirma que nadie quiere tener nada que ver conmigo a menos que pueda usarme. Ahora soy una científica con problemas. ¿Quién podría quererme?".

Madison no era una mujer sin valor porque veía pornografía o usaba aplicaciones para encuentros casuales. Más bien, se sentía insignificante y por eso le atraía la pornografía, una conducta que le confirmaba ese sentimiento. Sabía que su falta de atletismo la alejaría de su padre porque no podía devolverle la imagen que él quería ver en ella. Su hermosa curiosidad por la naturaleza se percibía como algo de segunda clase. La vida de Madison nos muestra algo profundo: cuando condenamos nuestro deseo innato de ser amados y aceptados, debemos estar muy atentos a las formas en que degradaremos ese anhelo a través de conductas vergonzosas.

Tom comenzó a ver pornografía en un hogar evangélico muy conservador y emocionalmente poco contenedor. En sus búsquedas, elegía mujeres de rodillas practicando sexo oral. Se imaginaba a sí mismo allí, de pie, como el actor masculino en la película. En su fantasía, era un hombre deseable y poderoso, capaz de someter a una mujer. Trabajó con un terapeuta durante más de un año para superar la adicción a la pornografía. Se le aconsejó comprar un *software* para bloquear la pornografía y se le dijo que su lucha con la pornografía probablemente era su intento lujurioso de buscar el amor en el lugar equivocado. Ninguno de los detalles asociados con sus búsquedas de pornografía fue explorado.

Para muchos como Tom, este es el límite al que llegan para entender su conflicto. Esto es una tragedia. Cuando la pornografía se mira solo a través de la lente de la lujuria, cuando se eluden las historias que llevan al consumo de pornografía, el tratamiento resultante será anémico. Se prescribirá reprimir la compulsión sexual, se alentará al paciente a contárselo al cónyuge y se le pedirá que se una a un grupo de apoyo para mantenerse alejado de su adicción.

Las búsquedas pornográficas sacan a la luz la lujuria, pero mucho más revelan la esperanza de amor en nuestra vida. En mi trabajo con Tom, este empezó a hablar de su deseo de que las mujeres fueran serviles con él. Sus fantasías habían comenzado con las modelos de trajes de baño de *Sports Illustrated* y habían escalado hasta la necesidad de ver a las mujeres cada vez más violadas en su sumisión.

Al hablar con la verdad sobre sus búsquedas, su curiosidad aumentó. Tom tenía trece años cuando sus padres se divorciaron, en buena parte debido al fracaso empresarial de su padre. La familia sufría continuas angustias económicas, lo que provocó un intenso conflicto en el matrimonio de sus padres. Su madre estaba destrozada por el divorcio y, consciente de su difícil situación, Tom llegó a la conclusión de que tenía que ser el hombre de la casa.

Tom escuchaba sermones de las organizaciones de su iglesia que lo alentaban a ser un líder fuerte, a ser un hombre piadoso y a poner a Dios primero, por encima de todas las cosas. Aspiraba a ello, pero en los momentos de quietud, su condición humana se sentía agobiada bajo este enorme peso. Me dijo: "Me sentía muy presionado. Tenía que cuidar mucho de mi madre porque mi padre nos había abandonado, ser un ejemplo piadoso para mis hermanos, guiar a mis compañeros hacia el Señor, ser buen alumno para conseguir una beca y, además de todo eso, servir solo a Dios. Estaba enojado por todo lo que se esperaba de mí".

Fue durante este tiempo que Tom comenzó a incursionar en la pornografía. Cada mes que pasaba, el consumo de pornografía de Tom aumentaba. Finalmente encontró un video que lo impactó: una joven universitaria practicando sexo oral. Tom comentaría más tarde: "Con la pornografía, siento que atienden mis exigencias. En la vida real, es como si yo fuera el que está de rodillas, sometido a lo que todos me están exigiendo. Me cansé de ser el único que tiene que sacrificar su vida. Cuando mi papá dejó a mi mamá, nadie me preguntó cómo estaba. Solo me dijeron que necesitaba estar ahí para mi mamá y mis hermanos. Estoy reconociendo lo que estoy buscando, incluso en el cuerpo de una mujer: alguien más pequeño, con menos necesidades que las mías".

Cuando Tom pudo hablar del abandono de su padre y las comunidades de fe, tuvo que elegir qué tipo de vida iba a construir para sí mismo. Conocía muy bien los patrones de abandono y se encontraba recreándolos en su vida actual. El dilema era que el uso de la pornografía persistiría hasta que Tom decidiera llevar sus necesidades y emociones al crisol del presente. La terapia lo invitó a ver lo que significaría llevar su enojo a la realidad, hacia las personas y las situaciones que contribuyeron a su exilio, en lugar de dirigirlo hacia el mundo de la pornografía.

El enojo en medio de nuestro abandono es importante porque nos alerta de que algo en nuestro entorno o dentro de nosotros no es como debería ser. El enojo de Tom intentaba llamar su atención y decirle que atender las necesidades de los demás a expensas de las suyas propias no era sostenible. Aprendió a decir no a los pedidos que sabía que solo lo agotarían aún más. También aprendió a pedirle a otros lo que necesitaba y a alentarlos a hacer el difícil trabajo de transformación en lugar de desahogarse de sus problemas con él. Cuanto más traía todas sus necesidades y su enojo al presente, menos le atraía la pornografía.

Los datos del quebrantamiento sexual

El abandono, como el que Madison y Tom sufrieron, conduce a desarrollar una perspectiva insensible de la vida. Puedes actuar sexualmente, pero piensas: "Realmente no le importa a nadie". Puedes estar en un matrimonio difícil, pero sabes que elegiste a una pareja que desde el principio no despertaba en ti muchas expectativas. El abandono es peligroso porque nos tienta a perder la fe (o nunca encontrarla) en los aspectos fundamentales de lo que significa ser humano: la madurez individual y un vínculo amoroso con los demás.

El tipo de comportamiento sexual que buscamos es un reflejo directo de cuánto nos valoramos a nosotros mismos. Cuando nos abandonan, estamos convencidos de que nos dejaron debido a las profundas fallas que existen en nosotros. Esta identidad basada en la vergüenza se entrelaza luego con todas nuestras elecciones y eventualmente se convierte en la lente a través de la cual vemos nuestras vidas. Nuestras carreras, cónyuges o la falta de ellos, y el comportamiento sexual se convierten en datos adicionales que reafirman cuán problemáticos somos.

He llegado a entender que las personas toman malas decisiones no debido a su potencial de placer, sino para sumar evidencia a su autocrítica. La sanación implica tomar decisiones conscientes sobre los datos del quebrantamiento sexual en la propia vida. Tu comportamiento puede ser una invitación para convertirte en un adulto y sanar la herida que impulsa tus decisiones, o inevitablemente será una prueba irrefutable de lo patético que te has vuelto. Para escribir una nueva historia sexual para ti mismo, algo debe cambiar en tu compromiso de ocultar la ansiedad, la vergüenza y la ira en tu vida.

PARA REFLEXIONAR:

- Si experimentaste abandono, ¿a qué edad se hizo evidente? ¿Qué estaba sucediendo en tu vida o en tu familia en ese momento?

- ¿Qué crees que tus padres querían que sintieras al dejarte? Visualiza la(s) escena(s) y permítete experimentar cualquier emoción que aparezca.

- ¿Puedes recordar momentos en que te hayas entregado a una conducta sexual indeseable cuando te sentías alienado de los demás? ¿Cuáles eran las circunstancias?

TRIANGULACIÓN

Cuando estás casado con tu padre o madre

ALEX ACUDIÓ A TERAPIA PORQUE le resultaba difícil mantener un vínculo con las mujeres, lo que consideraba como una de las principales razones de su persistente consumo de pornografía. Alex comentó: "El porno es mucho más fácil. No se me exige nada. Es el único lugar donde puedo obtener placer sin ninguna exigencia". Le pregunté si tenía alguna idea de por qué le resultaba tan difícil vincularse con las mujeres y desde cuándo existía esta dificultad en su vida. Me habló de un programa de televisión que había visto, en el que un proclamado encantador canino trabajaba con un perro que, al parecer, odiaba vincularse con los humanos y prefería que lo dejaran solo. El adiestrador, como buen terapeuta, le preguntó al dueño por el pasado del perro. El dueño le contó que el perro procedía de un hogar con niños pequeños donde el animal era constantemente sobreestimulado con abrazos y caricias invasivas. El entrenador concluyó que el perro había experimentado "demasiada comodidad incómoda".

Mi cliente se identificó profundamente con este perro y habló sobre la gran necesidad de contacto físico y emocional que tenía su madre. La madre de Alex pedía abrazos cuando se sentía deprimida o necesitaba ánimo para enfrentar días largos. Lo peor de todo era lo invadido que se sentía por su madre en lo que respecta a su vida amorosa. Ella quería conocer los detalles de su intimidad física y su manera de manejar su deseo. "Sentía como si estuviéramos jugando un juego. Siempre quería saber qué estaba pasando con mi corazón, y cuando no le contaba todos los detalles, me hacía cargar con su depresión. Cuando finalmente decidí que no le volvería a contar nada, sentí como si le hubiera sido infiel".

Alex vivía con un agudo sentimiento de culpa en su relación con su madre. Se preguntaba por qué se negaba a abrirse con ella, que aparentemente se preocupaba por él. "He hablado con tantos hombres que nunca tuvieron padres interesados en sus vidas. Yo sí los tuve, y no podía soportarlo. Hay días en los que desearía poder superar esa sensación y aceptar su amor".

Por otro lado, sabía que su madre era una presencia absorbente. Cada abrazo que le daba y cada confidencia que le hacía nunca eran suficientes. Siempre quería más. "Mi madre la pasó realmente mal cuando me fui a la universidad. Mi presencia era lo que la alimentaba, y ahora que me había ido, quedó varada a cientos de millas de distancia. Creo que esta es una de las razones por las que nunca he podido salir con nadie por más de seis meses. Siempre se enciende mi 'luz de bajo combustible' y no me queda nada más para dar".

La triangulación, o maraña emocional, ocurre cuando hay una ruptura en una relación matrimonial y se involucra a un hijo para llenar el vacío afectivo. Mi investigación mostró que al 45 % de los encuestados sus madres les confiaban sus frustraciones con sus vidas y cónyuges, y al 24 % sus padres les confiaban sus frustraciones con sus vidas y cónyuges. Como puedes ver, el ejemplo clásico de triangulación es una madre que se apoya en sus hijos cuando el padre abdica de su responsabilidad emocional hacia ella. Al crecer la distancia en el matrimonio, la esposa comparte su vida emocional, sus alegrías y tristezas con un hijo en lugar de hacerlo con su cónyuge.

En la triangulación, se prepara al niño para ser el bálsamo de su madre o padre, desarrollando así una identidad en referencia a las necesidades del progenitor. Un ejemplo de cómo se dio este fenómeno en los hombres fue que el 33 % de aquellos cuyos padres los hicieron confidentes de las dificultades en sus vidas o matrimonios, buscaron pornografía en la que las mujeres parecían tener madurez o poder. Estos hombres buscaron en internet figuras maternas atractivas, con cuerpos más grandes, "jefas", y otros tipos similares. Las probabilidades de buscar esta clase de pornografía disminuyeron casi a la mitad para los hombres cuyos padres no los enredaron emocionalmente en sus problemas.

La triangulación es una forma de incesto emocional y tiene efectos profundos en el desarrollo del yo individual y relacional. En el matrimonio, nuestros padres hacen votos para prometerse lealtad, afecto y apoyo mutuo. Los hijos no hacen estos votos. Si has sido triangulado, es probable que tus padres no hayan considerado que el dolor y la soledad de su matrimonio te afectarían eventualmente.

La triangulación es idolatría
El problema principal de la triangulación es que los hijos se convierten en ídolos para sus padres. El pastor y autor Tim Keller dijo:

> El corazón humano es una "fábrica de ídolos". Transforma
> las cosas positivas, como una carrera exitosa, el amor,
> las posesiones materiales e incluso la familia, en cosas

supremas. Nuestros corazones las deifican como el centro de nuestras vidas, porque pensamos que pueden darnos significado y seguridad, protección y satisfacción, si las alcanzamos[1].

Los padres convierten a sus hijos en ídolos cada vez que los utilizan para hallar un apoyo emocional que no encuentran en sus matrimonios o amistades. Puede ser evidente, como un padre o madre que habla de su hijo o hija como "mi mundo" o "mi príncipe/princesa", o más sutil, como un padre o madre que los hace confidentes de los problemas que enfrenta. Siempre que está presente la triangulación, la idolatría de los padres está funcionando a pleno.

Los hijos que fueron criados para ser ídolos de sus padres sienten que cualquier elección que hagan, incluso si es saludable, parecerá una forma de traición. Sin embargo, solo al cortar los lazos de estos vínculos insanos puede surgir una nueva identidad. Un cliente fue criticado por su padre por querer jugar al fútbol americano. Le dijo que era demasiado pequeño y que necesitaba quedarse en casa para ayudar a su mamá con sus hermanos menores. En su terapia, él estaba explorando todos los deseos a los que tuvo que renunciar en su niñez para mantenerse unido a su madre. Esto lo llevó a buscar de una manera muy deliberada actividades que pensaba que podría disfrutar. Se unió a un grupo de ciclismo en Seattle y perdió diez kilos. Notó que gran parte de ese peso lo había ganado debido a la culpa que sentía por ir a una universidad fuera del estado. Aunque el ciclismo ha sido una dimensión muy sanadora, no está exenta de ansiedad: "Sé que el ciclismo ocupa los fines de semana en los que podría ir a casa de mi mamá o de mi papá. Siento como si necesitara rescatarlos de su soledad. Realmente no tienen vidas".

Cuando un niño es triangulado, la relación con los padres está acompañada de una gran ambivalencia. Por un lado, el hijo tiene acceso a conversaciones e intimidades vedadas a sus hermanos y al otro progenitor. El privilegio de ser el ídolo de tu progenitor es extraordinario y te permite sacar ilimitadas dosis de poder y deleite del banco de esta relación. Sin embargo, el precio de esa ventaja es que tu progenitor tiende a determinar cómo debe ser tu vida. Puede que estés de acuerdo con su visión de tu vida durante un tiempo, pero en el momento en que quieres algo diferente, surge el conflicto.

Triangulación y desarrollo sexual

La triangulación afecta el desarrollo sexual de los niños. Aunque esa maraña emocional nunca implique que uno de los padres toque los genitales del niño, el desarrollo sexual se ve influido por el peso emocional que conlleva. Alex sentía constantemente que su madre utilizaba el cuerpo de él para darle a su cuerpo una dosis de contacto. Otra cliente contó que su madre era a menudo castrante y displicente en casa. Ella y su padre crearon una palabra clave para referirse a la madre/esposa cuando se estaba comportando como una "loca". Se reunían en el garaje y se subían al coche de su padre para ir de compras, al cine o a tomar un helado. "Me encantaba que pasáramos tiempo juntos, pero siempre parecía como si estuviéramos en una cita. Sabía que me quería mucho más que a mi madre. Me encantaba esa sensación, pero también me hacía sentir muy incómoda cerca de mi madre".

El libro *El príncipe de las mareas*, del novelista estadounidense Pat Conroy, ofrece una visión apasionante e incómoda de cómo se vive la triangulación en la infancia[2]:

> La culpa es un tema habitual para los chicos del sur; toda nuestra vida es un pedido de disculpa, retorcido y atroz, a nuestras madres porque nuestros padres han sido tan malos maridos. Ningún niño puede soportar por mucho

tiempo el peso y la magnitud de la pasión desplazada
de su propia madre. Sin embargo, pocos chicos pueden
resistirse a los avances solitarios e inocentemente
seductores de sus madres. Hay tanta dulzura prohibida
en convertirse en el amante casto y secreto de la mujer
del padre, un triunfo tan grande en convertirse en el rival
diabólico que recibe el amor insoportablemente tierno de
las mujeres frágiles en la oscuridad de la casa paterna.
No hay nada más erótico en la tierra que un muchacho
enamorado del cuerpo y el tacto de su madre. Es la
lujuria más exquisita y más proscrita. También es la más
natural y dañina[3].

Aunque las palabras de Conroy puedan parecerle hiperbólicas
a algunos, esta dinámica entre madres e hijos, así como entre
padres e hijas, es una triste realidad, especialmente en muchos
hogares religiosos. Para muchos hombres con los que he trabajado, existe la norma tácita de ser leales a sus madres hasta el
día de su boda. Esto a menudo los lleva a ofrecer sus vidas y sus
emociones por el bienestar de sus madres, mientras que los maridos se muestran distantes, cuando no cobardes, en su relación
con sus esposas. Como señaló Conroy, el hijo triangulado sabe
muy bien que su padre es un mal cónyuge.

A las mujeres también se las prepara para la triangulación, y
los resultados no son menos perjudiciales. Una niña crece siendo
llamada "la niña de papá" o "princesa". Puede parecer inocente,
pero este lenguaje a menudo se convierte en motivo de una vigilancia voyerista por parte de su padre. Crece sintiendo la tensión
entre desarrollar su propia personalidad y aprender que su identidad se forja a partir de ser un bálsamo para las necesidades de
los demás. Mi investigación demostró que existía una asociación
entre la relación de confidentes entre padre e hija y la severidad o
la rigidez de la madre. Los datos parecen sugerir que cuando un

padre encuentra más plenitud y conexión con su hija que con su cónyuge, la esposa responderá con rigor e irritación hacia su hija.

La separación lleva al conflicto

Un padre que está triangulado con un hijo no quiere independencia; el padre quiere que el hijo alimente su vacío emocional. Un niño triangulado suele sentir la desaprobación de sus padres cuando expresa interés por salir con alguien, aprender sobre su propio cuerpo o diferenciar su identidad de las normas familiares. El padre o madre reconoce estos intentos de diferenciación como una amenaza y no como algo normal en el proceso de desarrollo. Los padres sanos pueden experimentar una tensión sincera a medida que sus hijos maduran, pero, sobre todo, reconocen el privilegio de ayudar a moldear, no a controlar, el desarrollo de su hijo.

Para sobrevivir, un niño triangulado necesitará encontrar una forma de escapar de este laberinto relacional a lo largo de la adolescencia. Entra en la pornografía. De este modo, cede a las exigencias de su familia y su cultura, pero también opta por un comportamiento disipador que le proporciona una falsa pero satisfactoria experiencia de libertad. Este niño sabe intuitivamente que su conducta es riesgosa, pero se siente con derecho a esos deseos.

Si un padre descubre el consumo de pornografía o el ejercicio del sexo prematrimonial de su hijo, aprovechará la ocasión para reforzar el sistema familiar triangulado. La solución del progenitor es que el hijo tenga menos independencia y se gane de nuevo la confianza a través de una relación más confusa, o incluso de la rendición de cuentas. En realidad, lo que el adolescente puede necesitar es que ambos progenitores estén presentes en su vida y lo liberen para buscar un tipo de vida que tenga sentido. Cuando esto no ocurre, el progenitor implicado inevitablemente creará otra oportunidad de rebelarse para el niño.

La triangulación en la infancia daña los matrimonios

Jesús nos dice que si no dejamos a nuestros padres y madres no podremos seguirlo. Además, las Escrituras son claras al decir que el esposo y la esposa deben dejar sus familias de origen para poder unirse el uno con el otro. Una de las razones por las que muchos matrimonios fracasan o existen en perpetuo conflicto es que el esposo o la esposa permanecen excesivamente leales a sus padres en lugar de a su cónyuge. Una regla general es que, si existe un conflicto continuo con la suegra o el suegro, debe explorarse la posible presencia de triangulación.

La triangulación en la infancia que se prolonga en el matrimonio es una forma de infidelidad emocional. Si eres un cónyuge más comprometido con el rescate de tu progenitor, tu lealtad a tu propio matrimonio está en riesgo. Por ejemplo, cuando recibes mensajes de tu padre o de tu madre "en el momento perfecto" que te dejan ambivalente y ansioso. Puede tratarse de un mensaje de texto sobre un hermano o hermana que atraviesa un conflicto de fe, una llamada telefónica para informar que la salud de tu padre no va bien, o un correo electrónico en el que se te informa que las finanzas familiares son realmente preocupantes. La expectativa no expresada es que tienes que dar un paso adelante para resolver estos problemas y ocuparte de restablecer la paz en la familia.

La otra forma en que la triangulación infantil afecta al matrimonio es cuando te has separado de tu padre o tu madre, pero luego eres incapaz de crear una conexión íntima y duradera con tu cónyuge. En este caso, te resistes a establecer un vínculo profundo, por temor a volver a sentirte atrapado o utilizado. Proyectas que tu cónyuge te está pidiendo que desempeñes el mismo papel que cumples para tu padre o tu madre. Una vez hecha esta proyección, te sientes justificado, una vez más, para perseguir un comportamiento sexual indeseable. Si estás experimentando esto, presta mucha atención al uso que le das a esa confusión del pasado como excusa para no entregarte al difícil trabajo de madurar en tus relaciones.

PARA REFLEXIONAR:

- ¿Ves algún indicio de confusión emocional o triangulación en la relación con uno de tus padres o con ambos? En caso afirmativo, es probable que tus padres fueran conscientes del papel que te pedían que desempeñaras. Recuerda un momento en que esto haya sido evidente y presta atención a lo que ves.
- Si tu madre o tu padre te triangularon, ¿cómo crees que se sentían respecto al papel que te pedían que desempeñaras?
- Si eras el favorito de uno de tus padres, ¿cómo influyó eso en tu relación con el otro progenitor o con tus hermanos?

CAPÍTULO 6

TRAUMA COMO PÉRDIDA DEL ALMA

Solemos reservar la palabra *trauma* para aquellos que han sufrido los horrores de la guerra, un desastre natural o un evento particularmente cruel. Pensamos en Vietnam, el 11 de septiembre y los huracanes Katrina y Harvey. Aunque estos ejemplos son ciertamente traumáticos, el trauma también ocurre de forma sutil. La palabra *trauma* proviene de la palabra griega que significa *herida*.

Lo peligroso del trauma emocional en nuestras vidas es su capacidad para evadir su detección. Nos concentramos tanto en detener nuestro comportamiento indeseable que olvidamos buscar otras explicaciones para su aparición. Este capítulo trata sobre sobre el reconocimiento de que el quebrantamiento sexual revela partes de tu vida que aún no han sanado. Mientras que las cicatrices señalan heridas externas, el comportamiento sexual indeseable a menudo revela heridas internas.

Cuando estás luchando contra el quebrantamiento sexual, el trauma es como un maestro de la magia. Es posible que hayas pensado que tu comportamiento sexual indeseable aparece mágicamente, como un conejo, de la nada. En realidad, el mago había colocado el conejo debajo de la mesa antes de que llegaras. El mago llama tu atención hacia el sombrero que está sobre la mesa, y eso es todo lo que se necesita para distraerte de la presencia del conejo.

En nuestra discusión, hay tres características del trauma que deben destacarse. En primer lugar, como escribió Bessel van der Kolk, un pionero en el campo del trauma, "hemos aprendido que el trauma no es solo un evento que ocurrió en algún momento del pasado; también es la huella dejada por esa experiencia en la mente, el cerebro y el cuerpo"[1]. Por ejemplo, si de niño te llamaron estúpido, la huella de la herida podría revelarse en tus incansables intentos por mostrarte competente o en la vergüenza enfermiza que sientes cuando alguien se da cuenta de que no sabes hacer algo.

En segundo lugar, el trauma afecta no solo tu mente sino también tu cuerpo. Es por eso que puedes escuchar a las personas decir: "Estaba completamente traumatizado y no pude decir nada" o "Estaba asustado y paralizado después del estruendo" o "Mis rodillas empezaron a temblar cuando supe que mi papá había sido hospitalizado".

En tercer lugar, el trauma es un tipo de pérdida del alma. En los pueblos indígenas de América colonizados por los portugueses, se tomó prestada la palabra portuguesa *susto* para describir lo que les sucedió en el trauma: "parálisis por el susto" y una "pérdida del alma"[2].

El abuso emocional como trauma

James fue uno de los primeros clientes con los que trabajé. Durante su terapia, reconocí que una serie de experiencias "menores" de abuso emocional y físico a lo largo de su vida se habían constituido en un trauma. Describió una pijamada en la que sus amigos del vecindario le pusieron pimienta de cayena en los labios y los dedos después de que se quedara dormido. Se despertó desorientado, con dolor y rodeado de carcajadas. Recordó su ambivalencia en ese momento: "Si abandonaba la pijamada, mis amigos se habrían reído aún más. Y si llamaba a mi mamá, me verían como un consentido y mi mamá nunca me dejaría salir otra vez de casa".

James se sintió acorralado y, a pesar de tener la boca y los ojos en llamas, decidió reírse con sus amigos en lugar de hacerles frente. Esta escena se repitió de formas similares durante la escuela media y la secundaria: él era objeto de humillación y abuso, y elegía reír en lugar de enfrentar a sus abusadores. Una vez tiraron su toalla, su ropa interior y su bolsa de gimnasia fuera del vestuario para que él tuviera que ir a buscarlos entre una clase y otra. Otra vez, sus compañeros lo desafiaron a robar dulces de una tienda y ellos mismos lo delataron. Ya adulto, cuando James era profesor de Historia en una escuela privada, un padre cuyo hijo había tenido malas calificaciones en su clase, lo vio bebiendo una noche en un bar y le envió un correo electrónico con un video de esa escena al director, pidiendo que lo despidieran, ya que su mal ejemplo perjudicaba la imagen de la escuela.

Aunque es posible que no haya habido una única forma catastrófica de trauma en la vida de James, el rechazo, la humillación y las burlas sufridas, y el ser usado como chivo expiatorio sirvieron al mismo propósito. Cuando llegó a la edad adulta, su cuerpo estaba lleno de vergüenza y enojo por lo que le habían hecho. Esa era la huella del trauma.

El trauma moldea la excitación

La pornografía es atractiva para la mayoría de nosotros, pero es particularmente devastadora para aquellos que sufren un trauma ignorado. Hasta este momento, es posible que solo hayas entendido la pornografía como un tipo de contenido erótico. Pero a medida que sigamos profundizando, veremos que muchas de las formas de la pornografía a menudo reflejan el impacto del trauma: el abuso de poder, el engaño, la humillación y el provecho sexual. A través de nuestros ojos, el torrente de la pornografía penetra las grietas de nuestro trauma.

James se volvió adicto a la pornografía en la universidad. Los videos que más lo atraían estaban relacionados esencialmente con mujeres jóvenes que eran humilladas. A las actrices se las llamaba con nombres obscenos mientras fingían que esta degradación las excitaba. La fantasía de James fue una fuente tremenda de vergüenza para él hasta que comenzó a reconocer la asociación significativa entre sus traumas más tempranos y su excitación actual. A medida que avanzaba la terapia, James comenzó a percibir la relación directa entre el trauma que había sufrido —la humillación constante, el abuso físico y la pérdida del alma— con la naturaleza de la pornografía que buscaba.

Como puedes ver, James usaba la pornografía para intentar revertir el acoso y el abuso sufrido sintiéndose poderoso en sus fantasías. Cuando su comportamiento sexual quedó al descubierto, experimentó trágicamente otra oleada de dolorosa humillación. Con frecuencia, la pornografía explota temas de humillación, violencia y confusión emocional porque la industria del sexo sabe que los usuarios que han sufrido estos traumas se sentirán excitados al erotizarlos más adelante en sus vidas. Puedes imaginar la futilidad de los intentos de James por anular su deseo de ver pornografía humillante sin reconocer primero sus experiencias personales de humillación. Los detalles de nuestro quebrantamiento sexual revelan precisamente las situaciones traumáticas de las que necesitamos sanar.

La sanación requiere que pases de condenar tu falta de voluntad a confrontar el papel que el trauma puede estar desempeñando en tu comportamiento sexual indeseable. Un corazón con un poco de compasión hacia la historia de tu vida hará por ti mucho más que una mente repleta de estrategias para combatir el deseo lascivo. Como afirmó Bessel van der Kolk: "Muy pocos problemas psicológicos son el resultado de defectos en la comprensión[3]". Solemos centrarnos en los defectos aparentes porque nos dan algo que culpar, algo que controlar. Pero ¿qué sucede cuando no nos queda nada que culpar y no hay una "solución mágica" a adoptar? Nos quedamos con nuestro dolor.

Colectivamente, preferimos culpar a nuestros defectos en la comprensión o a nuestra falta de voluntad por nuestro comportamiento sexual indeseable. La solución es encontrar el mejor y más reciente método para combatir la lascivia. Puedes gastar todo tu tiempo y dinero tratando de adoptar estrategias para tratar el mal comportamiento, y olvidarte de que en el propio quebrantamiento sexual se hace evidente la solución al problema. Cuantas más estrategias busques para combatir el deseo o robustecer tu fuerza de voluntad contra el comportamiento sexual indeseable, más te alejarás de los traumas presentes en tu historia.

Algunos de mis clientes no solo desean de manera incontrolable determinados comportamientos sexuales, sino también al terapeuta adecuado, el libro adecuado y el *software* adecuado. Harán casi cualquier cosa, excepto detenerse a observar la historia que los desbrozos de su comportamiento sexual cuentan sobre los traumas no resueltos de sus vidas.

Si dejaras de esforzarte por alcanzar una vida libre de deseo, ¿con qué te quedarías? A menudo llenamos nuestras vidas con cosas por hacer en lugar de confiar en que Dios quiere hacer algo dentro de nosotros. Jesús nos invita a ir hacia Él cuando estamos cansados y abrumados por nuestros fracasos sexuales, pero aún más por el trauma que subyace a esos fracasos. Dios ve más allá de la superficie del comportamiento sexual indeseable y penetra hasta el corazón de lo que impulsa a hombres y mujeres a esa esclavitud.

Las comunidades de fe colaboran con el trauma

Nuestra salida del quebrantamiento comienza al sanar las heridas dentro de nosotros. Probablemente descubriremos que los intentos por alcanzar una vida sexual íntegra sin hacernos cargo de nuestro trauma nos exigen un control militante del deseo. Si bien muchos líderes religiosos han recomendado la oración, la lectura de las Escrituras y otras prácticas espirituales para superar la tentación sexual, muy pocos han alentado a sus comunidades de fe a explorar los traumas que subyacen a sus conflictos. Menos aún han reconocido las formas en que sus estrategias colaboran con la vergüenza sexual.

En mi trabajo profesional, me he encontrado con numerosos ejemplos de hombres y mujeres cuya vergüenza sexual solo se ha exacerbado aún más dentro de sus comunidades de fe. Se comparaba el sexo prematrimonial con ofrecer chupetines o manzanas a sus parejas sexuales y dejar solo sobras miserables para sus futuros cónyuges. Se les decía que no solo se abstuvieran del sexo prematrimonial, sino que también enterraran y huyeran de todo deseo sexual en plena pubertad.

Adicionalmente, pocas personas reciben una educación sexual integral, y la mayoría de la educación sexual, cuando ocurre, enfatiza lo que se debe evitar. Es como intentar aprender a cocinar cuando lo único que te enseñan es a evitar la intoxicación alimentaria. El resultado de nuestro silencio cultural sobre la sexualidad es que deja la puerta abierta de par en par para que la pornografía sea el educador más prominente de nuestros días. Cuando una comunidad religiosa fomenta la vergüenza, la erradicación del deseo y el silencio, colabora con los efectos de la vergüenza sexual y el trauma.

Las personas que he conocido a lo largo de los años en comunidades e instituciones religiosas a menudo comparten historias sorprendentemente similares a las de aquellos que han sido traumatizados por eventos catastróficos. La psiquiatra e investigadora Judith Herman escribió:

> Las personas traumatizadas se sienten totalmente abandonadas, completamente solas, expulsadas de los sistemas humano y divino de cuidado y protección que sustentan la vida. En consecuencia, un sentimiento de alienación y de desconexión impregna todas sus relaciones: desde los vínculos familiares más íntimos hasta las afiliaciones más espirituales con la comunidad y la religión. Cuando se pierde la confianza, las personas traumatizadas sienten que pertenecen más al mundo de los muertos que al de los vivos[4].

Es una verdadera tragedia que las personas con problemas sexuales abandonen la iglesia (que debería ser el lugar más seguro y confiable para explorar su sexualidad), marcadas por el trauma de la vergüenza sexual y el silencio.

El próximo capítulo, que trata sobre el abuso sexual, es realmente una segunda parte de nuestra conversación sobre el trauma. Elegí separarlo en otro capítulo por dos razones. Primero, no todo trauma es abuso sexual, pero todo abuso sexual es una forma de trauma. Segundo, el abuso sexual merece un tratamiento aparte debido al daño único y penetrante que causa en las vidas de mis clientes y en aquellos que son objeto de mi investigación. Cuando trabajo por primera vez con los clientes, con frecuencia dicen algo así como: "No tengo una historia de abuso sexual que yo sepa". Pero luego utilizan palabras y frases como "fue raro", "él era un poco extraño", "yo fui parcialmente responsable" y "no fue tan sexual". La realidad es que una de cada cuatro niñas y uno de cada seis niños sufren abuso sexual antes de cumplir los dieciocho años[5]. Si nuestra primera plantilla sexual se formó en algún lugar del espectro del abuso sexual, nos beneficiará preguntarnos cómo el daño causado puede haber continuado afectándonos a lo largo de la vida.

PARA REFLEXIONAR:

- ¿Qué evidencia de trauma, si es que hay alguna, ves en tu vida personal o familiar?
- ¿Qué aspectos de la pornografía o del comportamiento sexual indeseable te atraen? ¿Cómo podrían estos aspectos ser un intento de invertir o repetir traumas formativos en tu vida?
- ¿De qué manera tu comunidad religiosa moldeó, para bien o para mal, tu comprensión del sexo?

CAPÍTULO 7

EL ABUSO SEXUAL

La corrupción del deseo

CUANDO ESCUCHAMOS LAS PALABRAS *abuso sexual,* es posible que pensemos en un niño que es secuestrado por un depredador sexual en una furgoneta blanca, o en un niño pequeño que ha sido molestado por un extraño en el parque o por otro niño problemático del vecindario. Aunque esto puede ocurrir, la experiencia más común es que el abusador sea una persona de confianza del círculo familiar. Lo más probable es que esto signifique que un niño sufrió abuso sexual a manos de su padre o su madre, un hermano o una hermana, un pastor de su juventud, un maestro, un pariente querido, una niñera o un vecino. La confianza es paradójicamente la base del abuso sexual.

En mis sesiones con los clientes, he aprendido que los abusadores generalmente saben bien que sus víctimas provienen de sistemas familiares disfuncionales. Se posicionan cuidadosamente como el antídoto para todo el daño, la negligencia o el aburrimiento que los niños están experimentando. Los abusadores son excelentes lectores de sus historias y los preparan para despertar lentamente su deseo vital. La paradoja del abuso sexual es que al comienzo la relación parece muy beneficiosa antes de sentirla como equivocada. El abuso sexual es el factor más importante que motiva el comportamiento sexual indeseable en los clientes con los que trabajo. También es la parte más minimizada y pasada por alto de sus historias.

Mis clientes a menudo comentan que sus abusadores tenían un sexto sentido para satisfacer las necesidades que no eran atendidas por sus padres (o si el abuso fue cometido por uno de los progenitores, para darles algo mucho más tangible de lo que ofrecía el que no los abusaba). Si fuiste abusado, es probable que tu abusador conociera tu historia. Puede haber sabido que tenías un padre estricto que se negaba a jugar contigo. Sabía, tal vez, que tu madre estaba demasiado preocupada por tener un hogar perfecto y no lograba darle a tu corazón ternura y alegría. Es probable que tu abusador supiera que, si te involucraba de manera lúdica y competitiva, podría despertar en tu corazón aquello que anhelaba manifestarse. La sinrazón del abuso es que a menudo nos ofrece lo que nuestros corazones ansían experimentar: atención, contacto físico y placer.

Los encuestados en mi investigación revelaron lo siguiente:

PORNOGRAFÍA Y ABUSO SEXUAL EN LA INFANCIA

50 %	33 %	32 %	35 %	21 %
Un compañero los inició en la pornografía.	Un compañero los tocó de manera inapropiada.	Alguien mayor los inició en la pornografía.	Tocaron inapropiadamente a otro compañero o niño.	Un adulto los tocó de manera inapropiada.

Además, al 11 % de los encuestados se le había pedido imitar algo que hubieran visto en la pornografía, y el 9 % fue instado a estimular sexualmente a alguien más durante o después de ver pornografía. El abuso sexual en la infancia fue uno de los principales motivadores del comportamiento sexual indeseable en la edad adulta. El abuso sexual preparó a hombres y mujeres para una sexualidad desquiciada *durante toda su vida*. Mi investigación encontró lo siguiente:

- El puntaje de abuso sexual de los usuarios de pornografía más explícita fue ocho puntos más alta en comparación con aquellos que nunca veían pornografía. Esto representa un puntaje 24 % más alto para los usuarios más regulares en comparación con aquellos que nunca veían pornografía.
- Los hombres que tenían altos puntajes en la escala de abuso sexual tenían veinte veces más probabilidades de comprar sexo en comparación con aquellos que tenían bajos puntajes de abuso sexual.
- Los hombres que tenían altos puntajes en la escala de abuso sexual tenían trece veces más probabilidades de querer tener una aventura con alguien desconocido y quince veces más probabilidades de querer tener una aventura con "alguien conocido" en comparación con aquellos que tenían bajos puntajes de abuso sexual.
- Las mujeres que tenían altos puntajes en la escala de abuso sexual tenían cuatro veces más probabilidades de querer tener una aventura con "alguien conocido" en comparación con aquellas que tenían bajos puntajes de abuso sexual.
- Las mujeres que tenían altos puntajes en la escala de abuso sexual tenían cuatro veces más probabilidades de querer tener una aventura con alguien desconocido en comparación con aquellas que tenían bajos puntajes de abuso sexual.

- El puntaje promedio de abuso sexual para las personas bisexuales (promedio = cuarenta y cuatro) fueron ocho y once puntos más altos que los puntajes promedio de personas homosexuales y heterosexuales, respectivamente.

Si tus primeras experiencias sexuales tuvieron que ver con una relación secreta con alguien mayor o con más conocimientos sobre el sexo, no debería sorprenderte que te sientas excitado por relaciones secretas. Si alguien te utilizó sexualmente cuando eras niño, es probable que sigas sintiéndote susceptible a ser manipulado por una persona que, inicialmente, busca el placer contigo solo con el fin de usar el poder y la coerción para su provecho sexual (esto de ninguna manera justifica el abuso de poder ni culpa a la víctima por la agresión). O, en su defecto, desarrollas estrategias para usar sexualmente a otras personas para asegurarte de que nunca más serás victimizado. Si eres un sobreviviente adulto de abuso sexual, es importante que determines cómo cuidarte a ti mismo mientras procesas tu abuso infantil al leer este capítulo. Como en la historia de Clayton que estás a punto de leer, es fácil que nos odiemos a nosotros mismos por el placer o la excitación que dimos o recibimos. Me gustaría poder decir que este odio es efectivo para sanar el comportamiento sexual indeseable, pero la evidencia demuestra que el desprecio es la gasolina que aviva el fuego.

La libertad es un camino a menudo paradójico e inesperado que se encuentra a través de la compasión y la curiosidad. ¿Qué significaría para ti bendecir en lugar de maldecir a tu cuerpo por lo que sintió? ¿Expresarás a gritos tu agonía porque tu deseo fue manipulado en lugar de guardar silencio en tu vergüenza? La honestidad y la compasión cambian el corazón humano. El desprecio por la excitación y el silencio lleno de vergüenza conducen a la continua búsqueda de comportamientos sexuales indeseables.

La historia de Clayton

Clayton y su mujer compraron una casa poco después de casarse. Se trataba de la clásica casa para remodelar. Clayton era un hábil carpintero que rápidamente se ganó la reputación en su vecindario de ser el hombre que tenía la habilidad y las herramientas para arreglar casi cualquier cosa. Durante una fiesta del barrio, una vecina soltera le pidió ayuda para instalar una nueva lámpara. A Clayton le encantó la sensación de ser deseado y pronto se encontró fantaseando sexualmente con ella.

Terminó los trabajos de electricidad para ella y, mientras estaba en su casa, se dio cuenta de que había lugares en el baño que necesitaban sellarse. Sabía que su mujer tenía planeada una caminata con sus amigas el fin de semana siguiente y le preguntó a su vecina si podía ayudarla con algunos retoques en la casa. Ella aceptó encantada.

El fin de semana siguiente, Clayton ya estaba decidido a ser infiel con su vecina. Llevó sus materiales para el sellado e hizo un esfuerzo especial para enseñarle a ella cómo hacerlo. Clayton le dio el tubo del sellador, se puso detrás de ella y le guio las manos para que lo aplicara correctamente. Acto seguido, tuvieron relaciones sexuales. La aventura continuó hasta que la mujer de Clayton sospechó que había algo más detrás de sus recorridas por el barrio. Un sábado lo siguió y lo vio entrar en la casa de la vecina.

Clayton comenzó terapia arrepentido de su decisión de tener una aventura. Habló de su deseo de comprender el torrente de emociones que se desencadenó el fin de semana en que empezó a ser infiel. Dijo: "Me sentía tan excitado y tan disgustado conmigo mismo, casi simultáneamente". Mientras procesábamos las emociones y sensaciones corporales que había tenido en su relación extramatrimonial, Clayton empezó a tener recuerdos de una reunión familiar en su infancia. Intentó ignorarlos, pero los recuerdos eran muy vívidos. Le pedí que me contara lo que estaba viendo y si había alguna historia asociada a lo que sentía su cuerpo.

La familia de Clayton se reunía todos los años en las montañas Shenandoah, en Virginia. Recordaba con cariño esos viajes en sus primeros años, en los que probó sus primeros malvaviscos asados, aprendió a tocar los primeros acordes en la guitarra y le dio de comer a un ciervo de su mano. Aquellas reuniones eran la parte favorita de su niñez.

Una de las actividades preferidas de Clayton era el tiro con arco. Su tío Frank era un cazador entusiasta y cada año traía consigo un arco largo. Frank se colocaba detrás de sus sobrinos y les enseñaba a cargar y soltar la flecha. Clayton dijo: "Cuando mi tío Frank se ponía detrás de mí, me sentía protegido y fuerte. Sus brazos me reconfortaban, y la atención y el aliento que me ofrecía me resultaban adictivos. No había nada mejor que tener un blanco frente a mí cuando él estaba conmigo".

El verano en que Clayton cumplió ocho años, su tío Frank se volvió aún más solícito. A Clayton le asignaron preparar la sesión de tiro con arco, lo que le daba el privilegio de llevar el arco y las flechas toda la semana. El segundo día de viaje, su tío le dijo que no se sentía bien y que se iba a quedar en la tienda. Frank invitó entonces a Clayton a volver con él a la tienda para leer un libro. Clayton se alegró de que se lo pidiera y volvió con su tío a la tienda, que estaba llena de sacos de dormir blandos y almohadones. Dentro de la tienda, Frank le pidió a Clayton que se sentara en su regazo y abrió el libro.

A través de la terapia, Clayton vio que el tiro con arco había sido el comienzo del acoso de su tío. El inmenso poder de Frank se derivaba de la carencia de conexión emocional en la vida de Clayton. Frank sabía que su hermano, el padre de Clayton, era estricto y nunca le enseñaba nada a su hijo, a menos que tuviera un propósito útil. Frank, en cambio, era amable y divertido. Sus ojos le daban ese placer que tanto ansiaba experimentar. Clayton comentó sagazmente: "Me estoy dando cuenta de que el plan de mi tío era brillante: me dio un vaso de agua porque captó que mi corazón tenía mucha sed".

El tío de Clayton empezó a leer el libro, pero luego hizo una pausa para decirle lo maravilloso que era estar juntos. Mientras decía esto, empezó a acariciar lentamente la pierna de Clayton. Frank dijo que tenía un poco de calor y se bajó los calzoncillos para estar un poco más "cómodo". Mientras Frank leía el libro en voz alta, su pene erecto asomó entre las piernas de Clayton. Clayton se congeló. Miró hacia sus piernas, pero al mismo tiempo quería apartar la vista. Su tío sintió su tensión y lo invitó a "relajarse un poco", incluso guiando su respiración del mismo modo que había hecho en el tiro con arco. Segundos después, el abuso de su tío fue interrumpido. "¿Papá?", preguntó la voz de una niña pequeña. Frank se subió rápidamente los calzoncillos, bajó la cremallera de la tienda y se dirigió alegremente a su hija pequeña. "Bethany, ¿quieres entrar a leer con Clayton y conmigo?".

Al día siguiente, después de comer, el tío de Clayton le preguntó si quería seguir leyendo el cuento. Clayton relató: "Recuerdo que iba hacia la tienda de mi tío y miré a mi padre. Estaba en una silla de campamento, con tres cervezas encima, completamente ajeno al mundo que lo rodeaba". Dentro de la tienda, su tío le preguntó: "¿Qué te parece? ¿Quieres que nos pongamos cómodos?". Clayton se sintió reacio, pero también excitado. Asintió con la cabeza. Su tío sonrió y lo instó a bajarse los pantalones y la ropa interior de *Star Wars* hasta los muslos. La imagen de dos penes quedó grabada en el cerebro de Clayton para siempre. Se sentía tan pequeño y a la vez tan deseado en presencia de su tío.

Frank le preguntó: "¿Quieres ayudarme a sentirme bien?". Clayton asintió con la cabeza. Esta decisión le provocaba más odio a sí mismo que cualquier otra que hubiera tomado como adulto. Frank le agarró las manos y las guio como lo hacía en el tiro con arco. Clayton se sintió poderoso al ver cuánto placer podía proporcionarle. Pero junto con la excitación también llegaron la vergüenza y repulsión. Después del orgasmo, Frank le dijo a Clayton: "Lo has hecho muy bien. No puedo creer lo bueno que eres para esto".

Clayton me comentó: "Hasta el día de hoy, cada vez que experimento un orgasmo, el descanso inicial siempre da paso a sentimientos de repulsión y culpa. Nunca estoy lejos de esa tienda. Odio que mi tío siga conmigo por mucho que intente alejarme de su recuerdo".

El deseo corrompido

Cuando los abusadores están en el proceso de seducción, trabajan para anular tu capacidad de decir "no" ofreciéndote tantas experiencias como pueden para que digas "sí". Estudian tu corazón, tu mente y tu cuerpo, y traman formas de hacerte sentir vivo que son, en última instancia, formas de someterte a sus propósitos. A medida que se ganan tu confianza, también ponen a prueba los límites para ver hasta dónde pueden llegar.

En la historia de Clayton, la experiencia del tiro con arco fue la parte central de la seducción. El abuso no empezó en la tienda; empezó cuando su tío le enseñó una destreza divertida con sus cuerpos próximos. Su tío podía sentir que el cuerpo de Clayton disfrutaba del momento del tiro con arco, y vio que el padre de Clayton estaba demasiado distraído para preocuparse o protegerlo. La maniobra astuta del tío consistió en que, para cuando le preguntó si también quería "ponerse cómodo", ya era demasiado tarde para que Clayton dijera que no. Todo lo que el tío le había dado —los malvaviscos, el tiro con arco y su libro favorito— eran cosas que Clayton estaba encantado y deseoso de recibir.

FACTORES CLAVE DEL ABUSO SEXUAL INFANTIL

● ACOSADO DE NIÑO
◐ IGNORADO POR SU MADRE
◔ IGNORADO POR SU PADRE
○ ALTOS NIVELES DE VERGÜENZA

Mi investigación demostró que muchos niños víctimas de abuso sexual tenían una historia predecible: fueron ignorados por sus padres. Aunque la renuncia de cualquiera de los progenitores a involucrarse emocionalmente con su hijo o hija era perjudicial, el progenitor del mismo sexo del niño tenía el impacto más significativo. Los varones encuestados tenían más probabilidades de sufrir abusos en la infancia cuando sus padres no estaban presentes en sus vidas; las mujeres encuestadas tenían más probabilidades de sufrir abusos en la infancia cuando sus madres no estaban presentes en sus vidas.

El indicador más significativo del abuso sexual fue el acoso escolar infantil. Peter Levine, líder en el campo del trauma, escribió: "Las personas que carecen de un vínculo de apego temprano sólido con un cuidador primario y, por tanto, carecen de una base de seguridad, son mucho más vulnerables a ser victimizadas y traumatizadas y tienen más probabilidades de desarrollar los síntomas arraigados de la vergüenza, la disociación y la depresión"[1]. El abandono parental hace que los niños sean vulnerables a la violación sexual. Los niños que han sido violados sexualmente son muy propensos a adoptar comportamientos sexuales indeseables en su vida adulta.

Nombrar dónde y cuándo nuestras familias y comunidades nos hicieron vulnerables a los abusos no es un acto de traición; es un acto de sabiduría. Debes elegir entre ver el contexto de tu abuso con honestidad o con ingenuidad. La honestidad te llevará a llorar por un niño al que le faltaron los cimientos de la seguridad y el placer. La ingenuidad te llevará a culparte a ti mismo en tu niñez por no haber sabido hacerlo mejor. Debes evaluar el precio de cada uno.

El abuso de Clayton lo hizo renunciar a la experiencia natural del deseo por una mezcla de repulsión y vergüenza. El abuso sexual sienta las bases del deseo corrupto en los niños. El abuso es así de trágico porque se apropia de nuestro anhelo de ser cuidados, complacidos y conocidos, anhelo dado por Dios, y lo transforma en algo que nos produce vergüenza. Los abusadores quieren experimentar placer, pero también conciben formas para que sus víctimas sientan placer. Una vez que sientes placer, te sientes cómplice del abuso. Piensas: ¿Cómo puedo decir que estuvo mal si algo en mí *también parecía desearlo?* Tras el abuso, las víctimas suelen despreciar las partes de sí mismas que anhelaban la relación o experimentaban placer. Si nos maldecimos por esos deseos, nos quedan pocas opciones: o apagar por completo el deseo sexual o buscar compulsivamente experiencias sexuales de adulto para eclipsar el recuerdo del abuso.

Muchos de nosotros hemos experimentado toda una vida de comportamientos sexuales indeseables y vergonzosos porque el abuso ha sido el modelo de nuestra vida sexual. En el abuso, se nos prepara para participar en un drama que es secreto, vinculante y placentero. Pero también es un drama que nos llena de arrepentimiento, vergüenza y desprecio. No deberías ignorar que gran parte de tu atracción por el comportamiento sexual indeseable puede estar invitándote a un drama muy similar con resultados muy parecidos. Una recreación sexual es cuando volvemos al modelo sexual de nuestro abuso en la edad adulta. Las recreaciones se producen en nuestra búsqueda de pornografía, una aventura secreta, fantasías sexuales y sexo comprado. Creemos que tenemos cierto control sobre nuestro deseo sexual, pero nuestro comportamiento y nuestras fantasías se aseguran de que volvamos a nuestra vergüenza sexual inicial.

Ambivalencia y abuso: la complejidad del deseo

Por horrible que pueda parecer, es probable que conocieras la excitación en presencia de tu abusador. Los abusadores saben que engatusar a alguien con amabilidad y confianza es la forma más segura de llevarlo al placer sexual. Cuando nos sentimos excitados, también creemos que somos cómplices. Bessel van der Kolk lo expresó así:

Ya es bastante duro enfrentarse al sufrimiento infligido por otros, pero en el fondo a muchas personas traumatizadas les atormenta aún más la vergüenza que sienten por lo que ellas mismas hicieron o dejaron de hacer en esas circunstancias. Se desprecian a sí mismas por lo aterrorizadas, dependientes, excitadas o enfurecidas que se sentían[2].

Este sentimiento de complicidad en el abuso es lo que intensifica nuestra ambivalencia con el deseo sexual. Por un lado, nos despreciamos por lo que sentimos y tratamos de erradicar el deseo sexual. Por otro lado, puede que nos atraiga recrear algunos de los sentimientos originales de excitación o vinculación. Odiamos nuestro deseo, pero al mismo tiempo queremos saciarlo.

Esta es la razón por la que es tan importante abordar el abuso sexual del pasado, especialmente si has estado tratando de recuperarte por un largo tiempo sin un mejoramiento significativo. Muchos tratamientos de recuperación te invitan a detener o declarar la guerra a tu lujuria, lo que a menudo resulta atractivo porque emula un comportamiento que desarrollaste tras el abuso. Pero, inevitablemente, te sentirás empujado a reincidir. Si las únicas herramientas que tienes son aniquilar el deseo o telefonear a un amigo, la corriente sexual será más fuerte en su arrastre y las intervenciones se sentirán demasiado impotentes. Hay que constatar la realidad: es mucho más probable caer en la tentación de recrear la dinámica de tu abuso sexual que en la de buscar simplemente el placer sexual.

Se produce una recreación sexual cuando, como adulto, vuelves a combinar los aspectos sexuales, temáticos y emocionales del abuso sufrido en tu infancia. La recreación de Clayton tuvo lugar en el contexto de su infidelidad. Más tarde comentaría: "Fue como si me convirtiera en mi tío Frank. Tomé mis mejores atributos y los utilicé para aprovecharme sexualmente de alguien necesitado, lo mismo que él hizo conmigo". Aunque la casa de una mujer soltera en Seattle en nada se parece a una tienda de campaña en las montañas de Virginia, el contenido sexual, temático y emocional era sorprendentemente similar.

La recuperación de Clayton comenzó cuando decidió *escuchar* lo que le comunicaban sus recreaciones. Hizo tres descubrimientos clave que son importantes para cada uno de nosotros con historias de abuso sexual en el pasado:

1. El abuso influyó para que renunciara a los deseos que Dios le había dado de dar y recibir placer. Al bendecir sus deseos, pudo tomar control sobre ellos y hacerlos madurar más allá de los muros de la prisión del abuso.
2. Su vocación de servir a los demás se había visto comprometida por la seducción. La tentación en la mayoría de los procesos de recuperación sería enterrar el amor de uno hacia los demás por miedo a sexualizar las relaciones futuras. Clayton, en cambio, vio que necesitaba superar esa sexualidad adolescente que empequeñecía su vida y la volvía predecible. Cuanto más se apropiaba de los patrones superficiales de su excitación, menos satisfactorios le resultaban.

3. La fantasía que Clayton tenía de ayudar y seducir a las mujeres era una historia previsible, salida directamente de las montañas de Shenandoah. En lugar de condenar la fantasía como un comportamiento aborrecible, se ofreció a sí mismo amor y comprensión. Cuanto menos se odiara a sí mismo, menos poder tendría la fantasía.

Introducción a la pornografía como (sutil) abuso sexual

La edad promedio de exposición a la pornografía es de nueve años para los niños y once para las niñas. Lo trágico es que ahora se considera un paso normal en el desarrollo. Para una pequeña minoría, esa exposición es accidental: tal vez caminaban por un sendero cerca de casa y se tropezaron con una revista, o estaban usando la computadora y teclearon accidentalmente el sitio web equivocado. Sin embargo, para la mayoría de los niños y adolescentes, su primera exposición a la pornografía no fue un descubrimiento, sino una iniciación.

Casi unánimemente, nuestra primera exposición a la pornografía se produce en el contexto de vínculos cercanos. Como hemos comentado antes, mi investigación demostró que un porcentaje significativo de las personas que luchan contra conductas sexuales indeseables fueron iniciadas en la pornografía en menor o mayor medida por sus iguales (50 %) o por alguien mayor (32 %). Esto revela que, muy probablemente, alguien tomó la decisión deliberada de exponerte a la pornografía. Puede haber sido un niño mayor de tu barrio que quería enseñarte una revista, un padre que dejó pornografía en la mesa de noche o en el armario para que la descubrieras, un grupo de amigos que te mostró un video sexualmente explícito de un famoso o un novio que te enseñó un clip porno sugiriéndote que probaran algo parecido.

LA EXPOSICIÓN A LA PORNOGRAFÍA SE PRODUCE EN EL CONTEXTO DE LOS VÍNCULOS CERCANOS

50 %	32 %
Un compañero o amigo los inició en la pornografía.	Alguien mayor o con más experiencia los inició en la pornografía.

Samuel creció en una familia cristiana humilde. Cuando tenía diez años, sus padres compraron una computadora y decidieron que su dormitorio era el mejor sitio para ponerla, porque era la única habitación con espacio suficiente en su pequeño apartamento. Los padres de Samuel le advirtieron de los peligros de la pornografía y, por las noches, incluso llamaban a su puerta y le decían: "No estarás haciendo lo que no debes ahí dentro, ¿verdad?".

Nolan descubrió la pornografía cuando buscaba algo en el despacho de su padre. Encontró una pila de revistas en el cajón inferior derecho del escritorio cuando su padre estaba afuera paleando nieve. Nolan estaba fascinado y no se dio cuenta de que su padre había vuelto a entrar hasta que le oyó decir: "Nolan, guarda eso". Su padre salió otra vez para terminar de sacar la nieve del camino de entrada a la casa, pero volvió media hora después, le entregó a Nolan las llaves de la camioneta familiar y le dijo: "Ya es hora de que aprendas a conducirla".

Crystal estaba en sexto grado cuando descubrió pornografía en el baño de huéspedes de la casa de sus abuelos. Crystal y sus hermanos pasaban allí largos fines de semana cada vez que sus padres necesitaban pasar tiempo solos. Mientras estaba allí, su abuelo les asignaba tareas. Sus hermanos solían tener tareas al aire libre, como cortar el césped o rastrillar las hojas. A Crystal le tocaba limpiar el baño de huéspedes y pasar la aspiradora en las habitaciones. Debajo del lavabo, junto al limpiacristales, estaba la provisión de pornografía de su abuelo. Su abuela la vio una vez ojeando una revista porno mientras limpiaba y la regañó por mirar "esa basura". Hasta que Crystal empezó a asistir a un grupo de recuperación, nunca se le ocurrió que su abuela estuviera fomentando su relación con la pornografía. Un miembro del grupo le dijo: "No mandarías a tu nieta a limpiar los espejos y no esperarías que encuentre tu porno al lado de donde guardas el limpiacristales".

Connor estaba en séptimo grado cuando un vecino que iba al octavo grado, llamado Derek, lo inició en la pornografía con un teléfono móvil en el autobús. Unas semanas más tarde, Connor estaba en una pijamada con varios amigos, entre ellos Derek, cuando algunos empezaron a enseñarse sus videos porno favoritos. Al notar la timidez de Connor, Derek lo llevó a un rincón de la habitación, le dijo que se relajara y le enseñó a masturbarse.

Lo que debería quedar claro a partir de estos cuatro ejemplos es que los primeros encuentros de la mayoría de la gente con la pornografía son propiciados por alguien mayor o con más experiencia sexual. De este modo, la iniciación de muchos niños y adolescentes en el uso de pornografía es una forma de abuso sexual. El Dr. Dan Allender, destacado psicólogo cristiano, escribió: "Por difícil que resulte afrontarlo, la presencia de la pornografía vincula el corazón de los niños no solo a las imágenes, sino también a aquella persona que claramente se excita con esas imágenes"[3]. Tanto si encontramos pornografía sin nadie a nuestro alrededor como si nos la muestran en presencia de otras personas, la asociamos no solo con el contenido erótico, sino también con la persona que originalmente la eligió.

Presentar el quebrantamiento sexual como una recreación
Hablar del inicio en la pornografía como un abuso sutil es importante debido al papel que probablemente esté desempeñando

la recreación en tu vida. En el caso de Samuel, esa recreación se extendió a su esposa. Él solía ir de un *hashtag* al otro en Tumblr e Instagram sentado en la sala. Su mujer lo veía absorto en la pantalla y le decía: "¿Qué estás mirando? Siempre parece que estás viendo porno".

Para Nolan, la recreación ocurrió con su hijo de quince años. Nolan y su hijo se sentaron a ver una película, cuando un filme pornográfico apareció en la sección "Seguir viendo" de Netflix. Nolan supo que lo habían descubierto y comentó: "Bueno, a veces hay que hacer lo que hay que hacer". Fue a la nevera y sacó dos cervezas, una para él y una para su hijo. Nolan se sintió avergonzado, pero el intento por normalizar el comportamiento de su hijo le produjo un gran alivio. Comprendió exactamente lo que debió sentir su padre al volver de palear nieve.

La recreación de Crystal empezó en la escuela secundaria, cuando una familia vecina le pidió que alimentara al gato durante la semana que estarían de vacaciones. Dentro de la casa del vecino, sintió una oleada de excitación e intriga. Mientras el gato comía, Crystal buscó activamente pornografía en los baños y habitaciones, y acabó encontrándola en el armario del dormitorio principal. En la universidad, la misma conducta continuó. Contratada como niñera por una familia, una noche Crystal hizo dormir a los niños y empezó a recorrer la casa, tratando de encontrar pornografía o juguetes sexuales. No pudo encontrar nada, pero, para su sorpresa, la despidieron al día siguiente. La familia tenía instalada una cámara para niñeras y pensaron que intentaba robar dinero o joyas. Se sintió avergonzada, pero sobre todo aliviada de que no descubrieran sus verdaderas intenciones.

La recreación de Connor ocurrió en un viaje a Tampa (Florida) con un jefe de su compañía. En el trayecto en taxi hasta el hotel, el jefe vio a Connor mirando un anuncio de un club de *striptease* y le dijo: "Si nunca has estado, Tampa es el lugar al que tienes que venir. ¿Qué te parece si vamos esta noche? Lo consideraremos un regalo de la compañía. Te enseñaré cómo funciona". Dentro del club, el jefe pagó por habitaciones privadas y pidió bailes eróticos para los dos.

Es importante subrayar que cuando cada uno de estos individuos entró en terapia, ninguna de estas asociaciones entre su comportamiento sexual actual y el abuso sexual del pasado (o en el caso de Samuel, prepararlo para un alto consumo de pornografía) era evidente para ellos. Lo que esto probablemente significa para ti es que has descartado historias del abuso sutil que has sufrido como irrelevantes para tu conflicto sexual. No te estoy diciendo que debes sacar conclusiones tajantes de estas historias, sino que te invito a preguntarte por las escenas que hayan podido pasar por su mente. Estas escenas son fundamentales para ayudarnos a entender de dónde venimos y por qué seguimos atados a dinámicas similares en el presente.

Los fuertes vínculos relacionales que establecen los niños son precisamente lo que les hace tan vulnerables a quedar atados a la vergüenza erótica con quienes los inician en la pornografía. La pornografía cablea el cerebro y transforma el corazón con consecuencias perjudiciales. La introducción de la pornografía en la vida de niños y adolescentes rara vez es neutral. Por el contrario, es una forma de abuso que marca la trayectoria de millones de vidas. La iniciación en la pornografía es el gancho de izquierda que prepara el gancho de derecha hacia toda una vida de comportamiento sexual indeseable.

■ ■ ■

Sin duda, si has leído hasta aquí, las historias y los testimonios pueden haberte resultado dolorosos y perturbadores. Mi esperanza es que ahora estés reflexionando sobre los acontecimientos formativos que han moldeado tu quebrantamiento sexual. A medida que lo hagas, te darás cuenta de las historias en las que Dios se siente especialmente ausente y de los momentos en los que juraste no contarle nunca a nadie lo que hiciste o lo que te hicieron. Mientras empiezas a enfrentarte con valentía a la caja Petri de tu dolor y confusión, tienes mi sincera admiración y compasión. Sigue adelante. El trabajo de explorar el pasado te está preparando para escribir una nueva historia de liberación de la conducta sexual indeseable.

Espero que cuando esta sección llegue a su fin, hayas encontrado una comprensión más amable e informada de las razones por las que el conflicto sexual se ha apropiado de tu vida. La totalidad de tus experiencias infantiles te han servido como mapa funcional del mundo. Para tu perjuicio, las historias que intentaste enterrar o evitar se convirtieron en los cimientos de tu comportamiento sexual indeseable.

Conocer los orígenes de tu conducta es fundamental para el proceso de recuperación, pero no te cura. También tendrás que considerar por qué la conducta sexual no deseada es un componente esencial de tu vida actual. Tu conducta sexual indeseable revela las heridas de tu pasado, pero también pone de relieve las experiencias cotidianas específicas que deberás transformar para encontrar la libertad.

En la siguiente sección, abordaremos otro afluente importante del río de la conducta sexual indeseable: tus dificultades actuales. Esta sección destacará tus conflictos actuales en las relaciones íntimas, así como aquellos que enfrentas diariamente. Las experiencias de tu infancia marcan el rumbo de tu comportamiento y se siguen reafirmando en la adultez. Los comportamientos no deseados solo pueden interrumpirse cuando el motor que los sustenta queda al descubierto y se desmantela. Ese es el trabajo que comenzarás en la segunda parte: "¿Por qué me quedo?".

PARA REFLEXIONAR:

- ¿Cuándo y cómo viste pornografía por primera vez? ¿Continuaste buscando una pornografía similar hasta el día de hoy?

- Si sufriste abuso sexual, ¿tenía tu agresor un lugar de confianza en tu vida o en tu familia?

- ¿Qué sabía tu abusador sobre lo que estabas deseando experimentar o sobre tus puntos débiles?

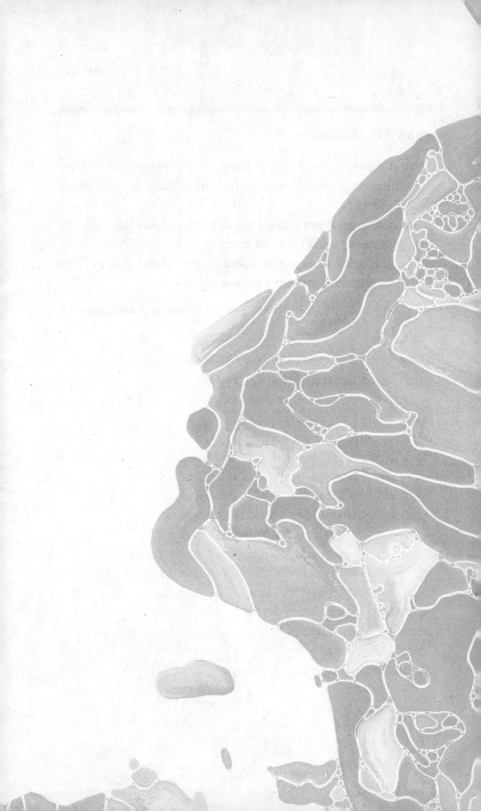

¿POR QUÉ ME QUEDO?

CAPÍTULO 8

LAS SEIS EXPERIENCIAS FUNDAMENTALES DE LA CONDUCTA SEXUAL INDESEABLE

EMILY SE SENTÓ EN EL SOFÁ de mi consultorio y se echó a llorar. Me miró con ojos llenos de angustia y me dijo: "Aquí estoy de nuevo. ¿Por qué soy tan tonta? ¿Por qué sigo en este estúpido círculo? Sigo volviendo a aquello que sé que está arruinando mi vida".

La segunda parte, "¿Por qué me quedo?", trata de comprender por qué el comportamiento sexual indeseable sigue siendo una característica prominente de nuestras vidas, a pesar de sus consecuencias. La mayoría de las personas comprenden con claridad el comportamiento que desean detener, pero tienen mucha menos claridad con respecto a los factores clave que explican por qué siguen repitiendo conductas sexuales indeseables.

Imagínate que estás mirando tu jardín en un cálido día de primavera y dices: "¡Ya está! ¡Estoy harto de las malezas! ¡Este

año prometo a aniquilar las malas hierbas de una vez por todas!".
Luego sales con un par de tijeritas moradas que has guardado
desde el jardín de infantes y comienzas a cortar unos centí-
metros por encima de la tierra. Es absurdo, pero muchos de nosotros hacemos esto para recuperarnos.

En lugar de intentar detener tu comportamiento sexual indeseable, reflexiona por un momento sobre cómo te ha servido
ese comportamiento. ¿Qué harías en un viaje de negocios sin
pornografía? Cuando tu cónyuge está distante o enojado, ¿hacia
dónde dirigirías tu frustración? Cuando te sientes acorralado
por la falta de sentido en tu vida, ¿a qué otro lugar huirías? Un
hombre que padecía una inmensa angustia económica me dijo:
"Recurro al sexo porque es mejor que lo que siento cuando no
lo hago". La liberación es posible, pero abandonar el comportamiento sexual indeseable te pondrá en un terreno difícil, sin tu
vehículo de escape más confiable.

Como clínico, he observado seis experiencias fundamentales
que en conjunto llevan a alguien hacia el comportamiento sexual
indeseable. Aunque quisiéramos un proceso lineal y predecible
que simplificara los pasos hacia la recuperación, la mayoría de
los tratamientos demasiado simples fracasan porque nos dirigen
hacia el resultado deseado en piloto automático. El deseo de
dejar el comportamiento sexual indeseable se cumplirá solo en
la medida en que puedas identificar y desmantelar la infraestruc-
tura subyacente que crea tu necesidad de incurrir en él. Echemos
un vistazo al proceso.

Un círculo vicioso

El comportamiento sexual indeseable surge cuando seis experiencias fundamentales de la vida se conectan entre sí: privación,
disociación, excitación inconsciente, futilidad, lascivia y enojo.
Cualquiera de estas experiencias por sí sola no es suficiente para
crear un daño generalizado. Pero cuando estas experiencias se

conectan y refuerzan mutuamente se crea el escenario para que aparezca el comportamiento sexual indeseable. Estas experiencias suelen existir sin que las examinemos y, por lo tanto, conducen a un ciclo predecible y pernicioso que es con el tiempo una trampa para el alma.

Cuando las seis experiencias se conjugan, comienza el círculo vicioso de la conducta sexual indeseable. Para interrumpirlo, las seis experiencias deben abordarse de manera holística y simultánea, ya que rara vez existen en un continuo lineal. Por ejemplo, podrías estar teniendo una semana terrible en el trabajo (futilidad) y al llegar a casa te pones a ver Netflix por cuatro horas (disociación). Te sientes molesto contigo mismo por lo poco productivo que eres (enojo) y luego te encuentras navegando por un sitio de pornografía (deseo y enojo) para aliviarte por un momento de la decepción. La noche siguiente, un amigo te invita a pasar un rato juntos, pero rechazas hacer algo bueno como eso (privación) porque te sientes muy decepcionado contigo mismo. Tu vergüenza te lleva entonces a consumir aún más pornografía. El comportamiento sexual indeseable no surge de la nada. Siempre hay un contexto.

Experiencia 1: Privación: El subibaja de la adicción

Aunque el comportamiento sexual no deseado parece ser un imponente árbol de autoindulgencia, su fuerza proviene de las enormes raíces de la privación bajo la superficie. La privación y la adicción comparten una arquitectura similar, asistiéndose mutuamente cuando la otra está ausente, al igual que un subibaja. Aquellos que se privan de relaciones significativas y del cuidado de sí mismos son más propensos a necesitar a otras personas o cosas que ofrezcan lo que les falta, incluso si son formas destructivas de la verdadera necesidad. Las elecciones compulsivas provocan sus contrapartes: cuanto más se comportan mal las personas, más probable es que se priven de relaciones significativas y de cuidarse a sí mismos, porque no sienten que lo merecen.

En mi investigación, cuando mujeres y hombres percibieron que tenían necesidades insatisfechas, es decir, no creían que sus necesidades fueran importantes o sentían que debían mantener el secreto para satisfacerlas, eran increíblemente susceptibles al comportamiento sexual indeseable.

PRIVACIÓN Y COMPORTAMIENTO SEXUAL INDESEABLE

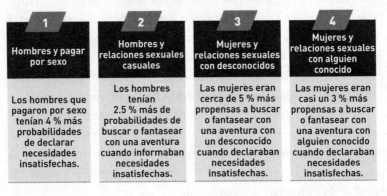

1	2	3	4
Hombres y pagar por sexo	**Hombres y relaciones sexuales casuales**	**Mujeres y relaciones sexuales con desconocidos**	**Mujeres y relaciones sexuales con alguien conocido**
Los hombres que pagaron por sexo tenían 4 % más probabilidades de declarar necesidades insatisfechas.	Los hombres tenían 2.5 % más de probabilidades de buscar o fantasear con una aventura cuando informaban necesidades insatisfechas.	Las mujeres eran cerca de 5 % más propensas a buscar o fantasear con una aventura con un desconocido cuando declaraban necesidades insatisfechas.	Las mujeres eran casi un 3 % más propensas a buscar o fantasear con una aventura con alguien conocido cuando declaraban necesidades insatisfechas.

Ignorar tus necesidades no es virtuoso; es peligrosamente irresponsable. Tu cónyuge, tus padres y tus amigos no son responsables de satisfacer tus necesidades, tú lo eres.

Lawrence había terminado sus estudios de medicina dos años antes cuando buscó tratamiento. Describió su período de residencia como:

> el peor infierno desde la escuela media, pero ahora con la vida de otras personas en juego. Trabajaba noventa horas por semana, con la responsabilidad de salvar vidas, y al mismo tiempo humillado por los otros médicos por cualquier error que cometiera. Estaba completamente agotado por el trabajo y las demandas de mi vida.

Cuando finalmente tenía un día libre, colapsaba. No comía ni dormía bien. Me estaba alejando de las personas y lo único que me sostenía era pensar en mi vida cuando terminara. El dinero y el poder están en la mente de cada residente.

La pornografía había sido parte de la vida de Lawrence de manera intermitente durante sus estudios de medicina, pero cuando completó su residencia, su comportamiento sexual indeseable se intensificó. Comenzó a usar aplicaciones de citas para encuentros casuales y terminó comprando servicios sexuales en varias ocasiones.

Mirando hacia atrás ahora, veo que lo sentí un derecho ganado por una década de privación y entrenamiento. Acababa de terminar la hazaña más desafiante que podía imaginar y ahora tenía dinero y poder. Tenía buenos amigos en la universidad antes de empezar la carrera de medicina, pero cuando me recibí, no me quedaba una sola relación cercana. Recuerdo que pensaba que no tenía un solo amigo que pudiera ser padrino si se me ocurría casarme. Esto hizo fácil que continuara haciendo lo que hacía.

El callejón sin salida de la privación fomenta la creencia de tener derecho a la compensación mientras requiere que uno se hunda aún más en la privación.

Una de las razones principales por la que hombres y mujeres persisten en su comportamiento sexual indeseable durante décadas es que han ignorado las áreas de privación personal en sus vidas. Mi investigación mostró que solo el 27 % de los usuarios de pornografía tenían un patrón sólido de cuidado de sí mismo (ejercicio, alimentación adecuada y tiempo con amigos).

La mayoría de quienes luchan contra un comportamiento sexual indeseable eligen la pasividad en lugar de pedir lo que necesitan o ser honestos acerca de lo que están experimentando. Van por la vida sintiéndose sobrecargados o subestimados, lo que los hace sentirse merecedores de ciertas experiencias como compensación. La privación se manifiesta de formas tanto evidentes como sutiles. Puede parecer superficialmente noble, como el hecho de conceder a los demás la decisión de dónde ir a cenar por temor a proponer un lugar equivocado, o asumir más y más responsabilidades en el trabajo por preferir el agotamiento y el estrés al descanso y las relaciones significativas. Para otros, es la negligencia en el cuidado físico más básico. Cuando les pregunto a mis clientes sobre sus patrones de sueño o la última vez que visitaron a un médico o dentista, las respuestas a menudo son alarmantes. Comúnmente dicen sentir que tienen muchas cosas pendientes, como un proyecto del trabajo o el lavado del auto. Un cliente me dijo que su compañía le debía más de ciento veinticinco mil dólares , y en la misma sesión me comentó que una membresía en un club de yoga y consumir alimentos más saludables sería demasiado costoso.

El doloroso descubrimiento de muchas personas es que nunca notaron cuán profundas eran las raíces de su privación hasta que se encontraron atrapadas en un comportamiento sexual indeseable. Con la suspensión del impulso a condenar este comportamiento, surgirá la curiosidad sobre las formas en que la adicción pretende nutrir necesidades legítimas. Es difícil ver cuán lejos hemos llegado en busca de estas necesidades legítimas, pero es nuestro arrepentimiento el que nos da el valor para regresar a casa. En la parábola del hijo pródigo, el hermano menor descubre su privación al sentir el hambre en su vientre y la vergüenza en su alma. Paradójicamente, es la conciencia de esta privación y de su comportamiento derrochador lo que lo llena de anhelo por regresar a la comodidad de la casa de su padre.

Experiencia 2: Disociación: la gran huida

El comportamiento sexual no deseado es una huida, pero también un regreso a un veneno conocido. ¿Qué estamos tratando de evitar? Los hallazgos de mi investigación ofrecen una perspectiva:

¿DE QUÉ ESTAMOS TRATANDO DE HUIR?

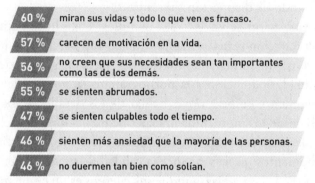

60 %	miran sus vidas y todo lo que ven es fracaso.
57 %	carecen de motivación en la vida.
56 %	no creen que sus necesidades sean tan importantes como las de los demás.
55 %	se sienten abrumados.
47 %	se sienten culpables todo el tiempo.
46 %	sienten más ansiedad que la mayoría de las personas.
46 %	no duermen tan bien como solían.

Si tu vida está llena de fracasos, falta de motivación, culpa, sensación de agobio y ansiedad, es evidente que vas a querer huir de la realidad. Esta huida de la realidad se conoce como disociación. La disociación despresuriza el difícil trabajo necesario para convertirnos en adultos maduros y competentes.

Disociación es un término psicológico que se utiliza para describir la desconexión del compromiso pleno con tu cuerpo y las relaciones que te rodean. La disociación es algo que probablemente has estado practicando desde la infancia. Piensa en las horas de televisión, videojuegos e internet que consumiste mientras crecías. Para muchas personas, las distracciones de la tecnología eran más constantes que un compromiso profundo y amoroso con vínculos significativos.

Experimentamos estos momentos disociativos todos los días y en casi cualquier contexto. Recuerdo estar tumbado en el suelo junto a mis hijos cuando eran bebés. En un momento los miraba a los ojos, servía de espejo a sus sonrisas y me hacía eco de sus balbuceos. Segundos después, estaba mirando el móvil que había colocado detrás de sus cabezas, revisando mi correo electrónico y mi cuenta de Instagram, y viendo cuántos "me gusta" había conseguido una publicación reciente en Facebook. La disociación nos seduce para sacarnos del momento presente y llevarnos a un mundo de distracción sin sentido.

La disociación se vuelve más compleja cuando se combina con la excitación sexual. Cuando trabajo con parejas que intentan reconstruir su matrimonio tras los efectos negativos de una infidelidad, la adicción a la pornografía o la compra de sexo, eventualmente empezamos a hablar de los detalles de su vida sexual, desde los momentos iniciales de excitación hasta el descanso después del orgasmo. Lo que ocurre entre las parejas en esos momentos revela y predice la calidad de su vida sexual. En la mayoría de las parejas, aunque sus cuerpos están entrelazados, los pensamientos que pasan por sus mentes no podrían estar más distantes.

Muchos hombres se enfadan con sus esposas por su aparente inconstancia con el deseo, pero bajo la superficie se sienten intimidados. Un hombre reconoce intuitivamente que el deseo de una mujer es mucho más profundo y complejo que el suyo. Aunque ella tenga flujos y reflujos de deseo sexual, el anhelo de intimidad total de ella con frecuencia superará con creces el de él. Al enfrentarse a esta realidad, el marido puede verla como una invitación al crecimiento personal y relacional, o puede caer en una decepción airada porque la excitación de su mujer no funciona a la manera masculina. Para que los hombres cambien, deben reemplazar la culpa por la oportunidad de crecer.

La mayoría de las veces, los hombres recurren a esconderse y culpar para evitar la necesidad de cambiar. Es probable que los hombres que tienen madres exigentes o demasiada intimidad

con ellas perciban a sus cónyuges de manera similar. Cognitiva-
mente tal vez sepan que su mujer no es su madre, pero emocionalmente les cuesta más percibir la diferencia. Los hombres que
han experimentado el abandono o el desapego pueden proyectar
constantemente estas dinámicas en sus esposas. Sin embargo, no
se trata de que el hombre esté herido por una figura materna,
sino de que insiste en crear una relación en la que pueda utilizar
la culpa para escapar de la necesidad de madurar.

La mayoría de los hombres tienen la intuición de que una
mayor sintonía y un mayor placer con sus parejas mejoraría drás-
ticamente su vida sexual. En su lugar, caen en la trampa de sentirse impotentes o enfadados. Muchas esposas, a través de muchos dolores de cabeza, saben que les costará demasiado pedir a
sus maridos que ofrezcan algo diferente: que se comprometan,
que honren el vínculo y que permanezcan presentes. La mujer
sabe que lo más probable es que su marido la abandone cobar-
demente o que la culpe tóxicamente porque se resiste a entregarse a su placer lineal. Cuando una pareja no se relaciona a
partir del deleite mutuo, el afecto y la pasión individual, ambos
se verán tentados a escapar hacia sus propias narrativas de la
excitación.

Por lo tanto, un marido o una mujer pueden estar unidos
físicamente con su cónyuge, pero fusionados emocional y espiri-
tualmente con otra persona en una fantasía. Hombres y mujeres
pueden vivir una fantasía con un examante o una persona de la
oficina. Y si uno de los miembros de la pareja es consumidor
de pornografía, puede recordar el contenido más reciente. La
mayoría no está orgullosa de estas fantasías, pero en cierto modo
se sienten justificadas porque sus cónyuges no son los amantes
que quisieran tener. La disociación en el matrimonio te seduce
para que abandones la compleja realidad del presente y escapes a
una fantasía que sientes que mereces, en la que tienes el control
y eres valorado.

Las formas de disociación (como la fantasía del adulterio), en cierto grado, están presentes en todos los matrimonios. No es algo por lo que debamos condenarnos o sentirnos avergonzados. La disociación es una oportunidad para lo que Jesús llama *metanoia*, que según mis amigos teólogos se traduce desafortunadamente como *arrepentimiento*. La mejor definición sería un giro o revolución (*meta-*) en la mente o conciencia (*nous*). El clímax de la teología de Pablo en Romanos 12:2 (NVI) nos invita a esa revolución: "sean transformados mediante la renovación de su mente" (de nuevo, la palabra *nous*).

El matrimonio pondrá de manifiesto que nuestras mentes están mucho más quebradas de lo que jamás hubiéramos podido concebir. Pero lo más importante es que nos da la oportunidad de renovarla. La fidelidad matrimonial no se basa en la ausencia de fracasos, sino en el compromiso persistente de renovar nuestra mente. La elección de arrepentirse crea la posibilidad de la integridad personal y el crecimiento relacional. Cuanto más reconozcamos nuestra necesidad de Jesús, más creceremos.

Experiencia 3: Excitación sexual inconsciente: comprender la seducción

La excitación sexual, y el placer que obtenemos de ella es obra de Dios. Como hemos aprendido, la excitación sexual solo puede distorsionarse si se torna un parásito de ese diseño divino para el funcionamiento de nuestras vidas eróticas. La excitación sexual es un mapa de nuestras vidas no procesadas y una de las dimensiones primarias que Dios utilizará para ayudarnos a redimirnos. Cuanto más comprendamos lo que simbolizan nuestras fantasías sexuales, más podremos permitir que nos muestren el camino hacia la redención.

"Cada parte de mi día está llena de excitación sexual", dijo Joseph con exasperación. "Subo al autobús y espero que la mujer más atractiva me mire. Entro en el trabajo y no puedo evitar fijarme en lo que las mujeres de mi oficina quieren que me fije. Y cuando me conecto a internet, aparecen anuncios *pop-up* y *clickbait* con mujeres preciosas. Todo el día". Joseph congelaba las imágenes y las escenas en su mente hasta más tarde en el día o en la semana, cuando se masturbaba o tenía relaciones sexuales con su mujer.

Joseph se encontró fantaseando con mantener relaciones sexuales con sus colegas a última hora de la tarde, después de que sus compañeros dejaran la oficina, o en un hotel cercano durante la pausa del almuerzo. La única forma en que podía detener su excitación era imaginando que su mujer lo descubría en el hotel. Las fantasías de Joseph consistían en gran medida en crear un mundo repetitivo y familiar que lo excitara. A primera vista, la excitación puede parecer tan simple como el deseo de estar con una pareja atractiva (y, sí, puede ser eso), pero rara vez es tan simple. Avanza, construye una historia, con una trama, temas, personajes y diálogos. Aunque Joseph conocía sus fantasías, su significado permanecía inconsciente.

Entonces, ¿cómo filtra Joseph de ese aluvión de imágenes y líneas argumentales aquellas sobre las cuales actuar o fantasear? Esto supone principalmente un proceso narrativo, ya que tomamos imágenes y escenas y, como un director de cine, permitimos que cuenten una historia.

El cóctel de la excitación

Las líneas argumentales y los temas de nuestra excitación revelan las huellas de nuestras historias emocionales y sexuales. Puede tratarse de la repetición de situaciones que hemos conocido en el pasado, como veremos en el caso de Joseph. O puede ser una historia diferente, como la de una mujer que empieza a abrirse a la infidelidad porque encuentra a su marido emocionalmente vacío. En lugar de permitir que esta fantasía la invite a una mayor honestidad en su lucha por salvar su matrimonio, ella encuentra emoción y venganza al buscar un amante. Para entender por qué su quebrantamiento sexual forma parte de su historia, debe identificar los modelos de su historia sexual y relacional.

Cuando les pregunto a mis clientes por los detalles de su excitación, se sienten avergonzados u ofendidos, pero generalmente responden: "Es extraño hablar de eso. Nunca lo había pensado, y aún menos me lo habían preguntado. ¿Por qué es importante?". Les explico entonces que todos tenemos un mapa o cóctel de excitación, que es una constelación de pensamientos, imágenes, fantasías, objetos y situaciones que nos excitan sexualmente. Para algunos, puede ser el anonimato en un viaje de negocios; una cartera llena de dinero, que simboliza para ellos el poder y la posibilidad; una casa vacía, donde su comportamiento no será interferido; o un viaje de hombres a Las Vegas, donde el exceso de dinero y alcohol nos animan a conductas sexuales riesgosas.

Tus fantasías (tal vez) revelan tus historias

Joseph tenía un mapa para la excitación trazado en la época en que su padre tuvo una aventura, y Joseph tenía diez años. Su padre era banquero. El verano anterior a que Joseph ingresara a sexto grado, su madre entró a la sala donde él estaba jugando Nintendo 64, y le contó que era probable que su padre la estuviera engañando. Le dijo que la acompañara a investigar. Durante unas dos semanas, salían de casa alrededor de las once y media de la mañana y se sentaban en el estacionamiento del otro lado del banco, esperando a que su padre saliera a almorzar. Cuando por fin salía, lo seguían por la ciudad hasta el restaurante que elegía para comer.

Joseph se quedaba en el coche mientras su madre pasaba disimuladamente por delante de las cafeterías y entraba en los restaurantes para confirmar que su padre comía solo.

Estos momentos me resultaban muy excitantes: la búsqueda, la expectativa por lo que podríamos descubrir y la curiosidad infinita por saber qué tipo de mujer le parecería atractiva a mi padre. Mi madre y yo éramos *voyeurs*, en cierto modo, y empecé a sexualizar a determinadas mujeres en esas vigilancias. Me fijaba en sus zapatos, sus pantalones, sus vestidos, y empezaba a hacer conjeturas sobre cuáles tendrían más probabilidades de tener una aventura. Es muy loco para mí que siga haciendo esto.

La segunda semana de esta vigilancia de madre e hijo (una forma clara de triangulación), siguieron al padre de Joseph a un hotel local. "Mi cuerpo bombeaba adrenalina. Quería atraparlo, quería saber con quién se acostaba y también temía las consecuencias porque sabía que abandonaría a nuestra familia y yo me quedaría con mi madre el resto de mi vida". Su padre se registró en el hotel y se dirigió a su habitación en el segundo piso. Minutos después, una mujer que su madre reconoció de una fiesta del trabajo se reunió con su padre en el hotel. "Mi madre enloqueció. Se puso a gritar dentro del coche, abrió la puerta y corrió al segundo piso. Se quedó fuera de la habitación del hotel, maldiciendo, gritando y golpeando la puerta".

A medida que avanzaba la terapia, exploramos cuán profundamente se había formado la sexualidad de Joseph el verano de la infidelidad de su padre. En su vida adulta, repitió estas vigilancias para encontrar candidatas para una aventura. Para Joseph, la perspectiva de una aventura es mucho más excitante que la pornografía porque está estrechamente alineada con las circunstancias particulares en que se formó y dañó su sexualidad.

Aunque es posible que tu historia no incluya vigilancias con tu madre, tu tarea es comprender cómo tus fantasías particulares pueden estar revelando partes de tu historia. Muchas personas siguen actuando de forma similar durante toda su vida porque nunca se han tomado el tiempo de pensar en los símbolos y las historias inherentes a su excitación y sus fantasías. Debes ponerles nombre a estas representaciones sexuales si tienes alguna esperanza de encontrar la libertad. El mapa de tu excitación no es una sentencia de por vida; es una oportunidad para descubrir tu vida y cambiar un mapa defectuoso e inconsciente por uno de redención.

La fantasía de tener una aventura no es un acontecimiento aleatorio para los hombres y mujeres casados. El siguiente gráfico muestra los factores clave de la infidelidad en hombres y mujeres. El porcentaje del coeficiente de regresión estandarizado en el eje vertical muestra la fuerza de la asociación entre el deseo de una aventura y otros temas clave que podrían estar afectando tu vida. Tu deseo de aventura puede estar revelando las historias que más necesitan tu reconocimiento.

Experiencia 4: Futilidad: la falta de propósito ata a los hombres a la pornografía

Uno de los hallazgos más poderosos de mi estudio, aunque no del todo sorprendente, fue la asociación entre la pornografía y la falta de propósito. Cuanto mayor era la futilidad en la vida de un hombre, más probable era que aumentara su consumo de pornografía. De hecho, los hombres eran siete veces más propensos a aumentar su consumo de pornografía si carecían de propósito en sus vidas. Estos hombres se sentían como si el trabajo que hacían no tuviera sentido, se esforzaban por encontrar un propósito, miraban sus vidas y veían muchos fracasos, y a menudo se sentían desmotivados.

Es crucial comprender las implicaciones de este hallazgo: no puedes cambiar tu relación con la pornografía si no tienes un plan eficaz para abordar la falta de propósito en tu vida. La pornografía no es un área de conflicto aislada; es un síntoma de un problema mucho mayor: la falta de propósito. Los hombres que no tienen estrategias para transformar su sensación de futilidad inevitablemente empiezan a sostenerse en algo que apacigüe su impotencia.

Una de las tendencias analíticas más fascinantes de Google Analytics es que ahora podemos relacionar datos del consumo de pornografía con eventos culturales específicos. Un ejemplo de ello serían las finales de la NBA de 2017 entre los Cleveland Cavaliers y los Golden State Warriors. Según un popular sitio porno, cuando el área de la bahía de San Francisco supo que los Warriors estaban a punto de ganar el campeonato en el quinto partido, el tráfico porno en la ciudad fue un 21 % inferior a la media. Una vez terminado el partido, el tráfico de porno volvió a ser normal. ¿Y los residentes de Cleveland? El consumo de porno en la ciudad aumentó un 34 % pasando de un -6 % durante el partido a un asombroso +28 % una vez finalizado[1]. El papel de sentirnos insignificantes en nuestro trabajo, nuestras relaciones e incluso nuestros pasatiempos favoritos no debe subestimarse a la hora de determinar nuestra atracción por la pornografía.

En Génesis 3 se nos proporciona un buen punto de partida para comprender la naturaleza de la futilidad en lo que se refiere a la vida del hombre. En el pasaje, Adán y Eva acaban de comer del árbol del que se les había ordenado no comer. Dios no está muy complacido y comienza a esbozar la maldición de Adán:

> Por cuanto hiciste caso a tu esposa y comiste del árbol del que te prohibí comer, ¡maldito será el suelo por tu culpa! Con sufrimiento comerás de él todos los días de tu vida. La tierra te producirá cardos y espinas, y comerás hierbas silvestres. Te ganarás el pan con el sudor de tu frente, hasta que vuelvas a la misma tierra de la cual fuiste sacado. Porque polvo eres y al polvo volverás.
>
> (GEN 3:17-19, NVI)

Según este pasaje, la maldición del hombre es que su vida estará marcada en gran medida por lo que llamaríamos futilidad[2]. Todo lo que un hombre intente hacer en la vida acabará marcado por la dificultad, el dolor y el sinsentido. Casi podemos oír la burla de esta maldición: "Adelante. Construye lo que quieras. Pero todo será superado. Todo va a arder".

Los hombres encuentran atractiva la pornografía precisamente porque permite que "los cardos y las espinas" de la futilidad desaparezcan, al menos por un momento. La futilidad se experimenta cuando nos esforzamos por conseguir un ascenso en el trabajo, pero no nos lo conceden, cuando la deuda de los préstamos estudiantiles se acumula más rápido de lo que podemos pagarla, o cuando todos los esfuerzos que hacemos para cambiar nuestras vidas solo nos dejan más vencidos.

La falta de propósito acabará conduciendo a un comportamiento que requiere poco riesgo o imaginación. Esta es una de las razones por la que los hombres se sienten magnéticamente atraídos a mirar a otros, ya sea a través del porno, los deportes o la televisión. No se requiere nada más que el consumo. Ver el drama de los personajes en una pantalla no supone un crisol personal para el cambio. Ver a otros practicar deportes no requiere un compromiso físico para experimentar la victoria. Ver pornografía no requiere madurez relacional para llegar al orgasmo. Ver pornografía proporciona a los hombres un mundo sin futilidad: esto es hasta que intentan salir de él.

La atracción hacia la pornografía no indica que necesites sacar tus guantes de boxeo para un combate de pesos pesados contra la lujuria. Por el contrario, puede estar revelando la búsqueda latente de un propósito en tu vida. A menudo vivimos temerosos de quedar "atrapados" en nuestro consumo de pornografía, pero en realidad, la pornografía ya nos ha atrapado en su banalidad. En lugar de luchar contra la lujuria o la vergüenza, deja que tu quebrantamiento sexual te motive a darle mayor sentido a tu vida. Si quieres combatir, no combatas el deseo; lucha por descubrir su significado.

Max, subdirector de un depósito local, empezó terapia después de que le hicieran una prueba para detectar una infección de transmisión sexual. Los resultados fueron negativos, pero su médico le aconsejó buscar ayuda si notaba que su comportamiento se estaba descontrolando. El médico entendía que los hombres que compran servicios sexuales tienden a ser imprudentes con sus vidas. Max se preocupaba cada vez menos por las cosas que antes más le importaban: su cuerpo, sus relaciones y su carrera, es decir, todo lo que pudiera aportar bienestar y sentido a su vida.

En nuestra segunda sesión, Max habló abiertamente sobre la historia de su comportamiento sexual, que fue escalando hasta solicitar servicios sexuales por primera vez. Aunque no todos los hombres que ven porno llegan a comprar sexo, Max descubrió que su consumo de pornografía fue un factor importante en su decisión final de comprar sexo. Me confesó que las escenas de mujeres arrodilladas practicando sexo oral a los hombres eran las que más lo atraían. Al reflexionar sobre esto, señaló: "A lo largo de los años, he sentido una atracción cada vez mayor hacia las escenas agresivas, incluso violentas en ocasiones. El sexo normal entre un hombre y una mujer ya no me interesaba. Una pantalla ya no me servía. Necesitaba una persona".

Más del 50 % de los hombres que compran sexo tienen una pareja[3]. Estas estadísticas parecen sugerir que no es simplemente la soledad o la ausencia de sexo lo que contribuye a que estos hombres practiquen la explotación sexual. Al igual que ver pornografía, solicitar sexo permite a un hombre entrar en un mundo que existe por encima de los harapos de la futilidad.

Le pregunté a Max si tenía alguna idea de lo que realmente provocaba su comportamiento. Me contó que se iba a abrir otro depósito en la zona y que él había sido, al parecer, el favorito para el puesto de gerente. Al final, otro gerente recibió la oferta. Una oportunidad que creía que cambiaría la trayectoria de su carrera se convirtió en una nueva decepción. Por lo que podía prever, su vida tenía poco sentido.

Al final de aquella angustiosa semana, buscó en internet a una joven prostituta. Hizo los arreglos necesarios y llegó al estacionamiento de un hotel en el norte de la ciudad una hora más tarde. Mientras esperaba en la habitación del hotel, sabía exactamente lo que estaba a punto de comprar: el derecho a ordenarle a una mujer, en realidad, una adolescente, que se arrodillara ante él y le hiciera exactamente lo que deseaba. La futilidad alimentaba su derecho y su rabia. Max y muchos hombres están atados a un comportamiento compulsivo porque no metabolizan su futilidad sin volcarse hacia una ira sexualizada.

La paradoja del comportamiento sexual no deseado radica en que lo mismo que desarrollamos para aplacar la falta de poder acaba convirtiéndose en nuestro poderoso amo. La futilidad nunca se contenta con arruinar un aspecto de la vida de alguien; quiere reproducirse e infiltrarse en todos los aspectos. Esta es la seducción que la pornografía ejerce sobre los hombres: tráeme tu corazón cansado y derrotado, y te daré un mundo donde todo lo que te aflige desaparecerá. Al final, la pornografía confisca no solo tu propósito sino también tu corazón.

Experiencias 5 y 6: Lujuria e ira: el deseo irrefrenable y la exigencia de control

Sin duda, la lujuria es uno de los factores más importantes que contribuyen al quebrantamiento sexual. Pero al concentrarnos en la lujuria, fácilmente perdemos de vista el otro factor que causa nuestra conducta sexual indeseable más que todos los demás: la ira.

Como exploramos brevemente en el capítulo 3, a pesar del daño potencial que causan la lujuria y la ira, no son holísticamente algo que debamos condenar. La lujuria apunta a un gran deseo de algo bueno, como la belleza o la pertenencia. La ira apunta a nuestro anhelo de justicia y restauración. Se transforman en pecado cuando la lujuria es cooptada por la codicia o la demanda, y la ira, por el deseo de compensación, el desprecio o el control dogmático. El quebrantamiento sexual nunca puede ser redimido a través de vanos intentos de reprimir la lujuria que ignoran el insidioso papel que la ira juega en alimentarla. Sin embargo, si consideramos su asociación, la belleza, la pertenencia y la recuperación sí pueden convertirse en los cimientos de nuestra vida sexual[4].

En Mateo 5, Jesús habla de la naturaleza del pecado. Dice que quien mira a una mujer con lujuria (*epithumeó*: codiciar)[5] comete adulterio en su corazón. Sin embargo, a menudo se pasan por alto las observaciones de Jesús sobre la ira, que aparecen por primera vez en Mateo 5:22. Jesús dice que quien se enfada con un hermano o una hermana es culpable de asesinato. Santiago 4 las asocia: la lujuria y la ira están relacionadas[6]. Las palabras de Jesús son una píldora difícil de tragar. En nuestro pecado, no solo somos adúlteros, sino también asesinos.

La lujuria y la ira están incluso presentes en la vida de mis hijos, aunque su manifestación suele ser muy entrañable. Cuando mi hijo tenía casi dos años, a mi mujer y a mí nos complacía que le gustaran casi todos los alimentos. Le gustaba todo, no importaba si era chocolate, galletas de peces dorados, kimchi, algas o col rizada. Un día llegué a casa con comida de un restaurante tailandés. Vio la icónica caja blanca de la comida comprada y su cuerpo empezó a bailar de emoción. Puse la comida en la mesa, levantó la vista y se señaló la lengua con los dedos, diciendo: "Mmm, mmmm, mmmmm". Abrí la caja de comida y le ofrecí un trozo de pollo. Se enfureció. Se tiró al suelo y golpeó con sus pequeños puños el duro suelo de madera. "¡No! ¡Grande! ¡Más grande!". Como ves, el deseo, si no se satisface, suele dar lugar a la ira.

La lujuria y la ira son los principales afluentes que desembocan en el río del comportamiento sexual no deseado. Nunca he conocido a alguien que luche profundamente con la lujuria y que no esté también luchando contra la ira. Tú puedes desear la pornografía, pero en el fondo, estás enojado con tu cónyuge porque no es lo suficientemente sexual. Puedes estar enfadado porque un amigo no te invitó a una fiesta, y casi inmediatamente te encuentras deseando tener en encuentro casual para superar la experiencia de esa traición. La lujuria es importante, aunque es como la batería de un coche: enciende el motor, pero es la ira la que alimenta nuestro impulso en los comportamientos sexuales indeseables.

Inequívocamente, creo que la ira masculina está en el corazón de gran parte de los quebrantamientos y violaciones sexuales en nuestro mundo. Exploraremos este concepto con más detalle en los siguientes capítulos. Rara vez me encuentro con hombres que sean conscientes de su ira erotizada. En cambio, ven su deseo sexual como una mezcla de emociones como la soledad, la frustración y la decepción.

Un cliente lo expresó así:

Mi mujer y yo estábamos cenando y nos peleamos
por una tontería. Creo que en realidad fue una de esas
peleas para ver quién sacaba la basura. Empezamos a dar
evasivas y, al final, se levantó de la mesa y puso Netflix.
Me enfadé y me fui al sótano. Lo siguiente que recuerdo
es que estaba navegando por las redes sociales y acabé
viendo porno en Tumblr. Odiaba la situación en la que
me encontraba. No quería ver porno, pero me siento muy
sexual cuando estoy frustrado.

Podemos desear sexo, podemos desear comida, podemos desear prácticamente cualquier cosa. Pero cuando no obtenemos lo
que deseamos, nuestro corazón se llena de ira y exigimos que nos
sacien. Por eso, los tratamientos que se centran exclusivamente
en la gestión de la lujuria (*software* para bloquear aplicaciones,
grupos de apoyo en los que rendir cuentas) o la terapia focalizada
en el trauma (teoría del apego, Desensibilización y Reproce-
samiento de Movimientos Oculares, EMDR por sus siglas en
inglés) solo llegarán hasta cierto punto en la maduración de
las personas. Estos paradigmas contienen peligrosas "verdades
parciales" que predisponen a las personas a seguir fracasando
sexualmente porque la otra mitad de la ecuación continúa dete-
riorándose en la clandestinidad.

¿Quieres averiguar por qué te sientes tan inclinado a comportamientos sexuales indeseables? Averigua qué te ha enojado
tanto.

Echemos un vistazo a cómo la confluencia de la lujuria y la
ira dio forma a las fantasías sexuales de los encuestados en mi
investigación. La fantasía sexual más común entre los hombres
era el deseo de poder sobre las mujeres. Los hombres que deseaban someter a las mujeres tendían a fantasear con mujeres

adolescentes, menudas y universitarias de otra etnia y tenían fantasías en las que las mujeres aparecían como sumisas. ¿Qué predecía este tipo de fantasías sexuales en los hombres? Según los resultados, había tres factores principales: su relación con la vergüenza, su sentimiento de futilidad y el rigor de sus padres.

LOS HOMBRES CON FANTASÍAS DE PODER SOBRE LAS MUJERES
TIENEN MÁS PROBABILIDADES DE

Altos niveles de vergüenza	Falta de propósito	Ser hijos de padres muy estrictos

Los hombres que querían ejercer su poder sobre las mujeres tenían los niveles más altos de vergüenza, carecían de un propósito significativo y sus padres eran extremadamente estrictos. Era evidente que los hombres encontraban excitante el sometimiento de mujeres precisamente porque les ofrecía un espacio para sentirse en control en medio de las dificultades que enfrentaban en su vida. La lujuria da a los hombres la oportunidad de escapar del dolor, pero la ira erotizada exige que se utilice a otra persona para vengarse de la situación o de quien causa su malestar.

Si no nos maravillamos ante la belleza y la honramos, inevitablemente trataremos de controlarla. Como sociedad, parece que estamos despertando a la realidad de la extensión en que se ha explotado la belleza de las mujeres para el beneficio sexual de los hombres. En el porno, lo vemos aún con mayor claridad. Durante muchos años, el sitio pornográfico más visitado del mundo estaba dedicado a mujeres que se desnudaban frente a cámaras web. Una característica única de este sitio era que les permitía a los hombres decirles a las mujeres lo que querían que hicieran frente a la cámara. Se calcula que, de los mil millones de usuarios de internet, el 2.5 % visitaba este sitio cada mes, lo que equivale a la astronómica cifra de treinta y dos millones de personas[7]. Sitios como éste, aunque bastante benignos para los estándares del porno, muestran hasta qué punto los hombres están obsesionados no solo con la belleza, sino también con controlar las vidas de las mujeres para obtener beneficios sexuales. Estoy convencido de que una de las razones por las que el consumo de pornografía no se ha reducido más es que, al parecer, muy pocas personas, aparte de Jesús y los pornógrafos, entienden que el corazón es seducido por comportamientos que calman la lujuria y la ira. La pornografía traza la trayectoria del corazón humano desde el deseo lascivo hasta la exigencia de controlar la belleza y, si te quedas el tiempo suficiente, hasta el deseo de ver degradados el cuerpo y el rostro de una mujer.

Si quieres ver transformado tu comportamiento sexual indeseable, reconoce que la ira y la lujuria son cómplices en el crimen. Con demasiada frecuencia, las personas religiosas han sido locuaces sobre la pureza, la lujuria e incluso la adicción sexual, pero han guardado silencio sobre la ira y el poder en relación con la violencia masculina hacia las mujeres. Nuestra preocupación por la lujuria y nuestra evasión de la ira pueden ser la causa principal de que muchos de nosotros no hayamos sido capaces de encontrar la libertad. No podemos transformar la ira sexualizada cuando tenemos tan pocas palabras o tan poca voluntad para afirmar su existencia.

Las seis experiencias centrales de privación, disociación, excitación inconsciente, futilidad, lujuria e ira revelan la causa de tu actual comportamiento sexual indeseable. Estas son las historias que esperan tu participación. Aunque el quebrantamiento sexual te haya parecido durante mucho tiempo un impedimento para cultivar una vida espiritual, puede ser el medio que Dios utiliza para transformarte en la persona que siempre has querido ser.

PARA REFLEXIONAR:

- Recuerda una ocasión en la que adoptaste un comportamiento sexual indeseable cuando no te cuidabas bien a ti mismo.

- ¿Cuál es la forma principal en que te disocias? ¿Te sirve como "droga de entrada" a tu búsqueda de conductas sexuales indeseables?

- Escribe tus dos o tres fantasías sexuales más frecuentes. ¿Qué crees que pueden estar diciéndote?

- ¿En qué área de tu vida sientes la mayor falta de propósito? ¿Cómo buscarás la honestidad y la madurez en esa área?

- Piensa en una ocasión en la que te encontraste inclinado a la lujuria después de haberte enojado con alguna persona o algún acontecimiento.

- Si eres una mujer, recuerda una situación en la que hayas experimentado la imposición de los privilegios sexuales o la cólera de los hombres.

CAPÍTULO 9

TRES SECUESTRADORES
DE NUESTRAS ALMAS

DIOS SABÍA MUY BIEN QUÉ TIPO de poder liberaría la excitación sexual en el mundo cuando la diseñó. Por lo tanto, el secuestro de nuestra vida sexual con fines destructivos no debe confundirse con su bondad inherente. Los factores clave que exploramos en la primera parte, como la triangulación, la desvinculación y el abuso, son los orígenes de la vulnerabilidad de nuestras vidas sexuales a ser secuestradas. Ahora exploraremos cómo ejecutan calculadamente sus planes los terroristas de la resignación, la perversión y la degradación.

Nadie se levanta y dice: "Estoy dispuesto a entregar mi vida sexual a la perversión y la degradación". La mayoría de nosotros, sin embargo, descubrimos que cuanto más tiempo permanecemos en una conducta indeseable, más secuestrada está nuestra experiencia. Cuando la capacidad de mantener la autoridad sobre nuestras historias sexuales está en riesgo, más desesperación experimentaremos.

Con frecuencia, nuestra vida sexual queda secuestrada en tres áreas: la futilidad es secuestrada por la resignación, la lujuria por la perversión, y la ira por la degradación. A medida que estudiemos estos tres secuestradores, viajaremos a las partes más profundas del pantano del que parece no haber escapatoria. Lo que espero que descubras es que no necesitas fabricar la esperanza para salir de este atolladero; más bien, la esperanza existe en los mismos desechos de tu dolor. La honestidad y el coraje que te han llevado hasta aquí te han preparado para la parte más dura de nuestro viaje juntos.

La resignación: la futilidad secuestrada

Como mujer, me siento como si soportara
formas de violencia todo el día.
Con el porno, me resigno a ello.
VICTORIA

A mi mujer no le gusta el sexo, así que sí,
voy a portarme mal de vez en cuando.
AARON

Cada una de estas afirmaciones revela un alma secuestrada por la resignación. La palabra resignar proviene del latín *resignare*, que significa *quitar un sello* o *cancelar*[1]. Cuando nos resignamos a un comportamiento sexual indeseable, estamos cancelando, quitando el sello de nuestro compromiso de ser hombres y mujeres íntegros. Cuando la futilidad no se aborda, acabará burlándose de nosotros con el mensaje de que nada se puede hacer para cambiar nuestra situación. Cuando intentamos cambiar, puede que incluso nos oigamos a nosotros mismos decir: "Hay demasiado quebrantamiento sexual en mí para superarlo. Soy indeseable e irreparable". En lugar de transformar este mensaje tóxico, nos resulta más fácil aceptarlo. Nos secuestran la vida cada vez que elegimos ser indiferentes a las cosas que importan.

Puede ser que tus primeras experiencias con la resignación no hayan sido abiertamente sexuales. En su lugar, se presentan bajo la forma de una tercera copa, un atracón de tus series favoritas, y un retraso gradual en el trabajo. Estas experiencias suelen ser las "drogas de entrada" que bajan nuestras defensas o aumentan nuestra frustración. Si no se atienden, nos impulsan hacia comportamientos sexuales indeseables. En un estudio realizado con 932 personas que batallaban con una conducta sexual compulsiva, el 42 % declaró una dependencia química y el 38 % un trastorno alimentario[2]. La resignación es como el interés compuesto de un préstamo: empieza siendo pequeño y se va acrecentando con el tiempo.

La pornografía explícita es la punta del iceberg de nuestra lujuria colectiva por contenidos que nos permitan escapar de nuestras vidas y matar nuestro deseo. Debra Hirsch, la autora de *Redeeming Sex* (Redimir el sexo), escribió:

Nadie siquiera pestañearía si una mujer llevara a la iglesia una revista *Women's Day*, ¡pero habría un alboroto si un hombre llegara con una *Playboy* bajo el brazo! ¿Acaso no son pornográficas ambas revistas? Yo incluyo las revistas femeninas en la categoría de "pornografía social", porque pueden ser tan perjudiciales para las mujeres como la "pornografía blanda" para los hombres. Piensen en todas las nociones erróneas de belleza que engendra, la codicia que genera, por no mencionar los rumores que produce... El porno es porno, independientemente de la forma que adopte[3].

Hirsch nos ayuda a reconocer que en el corazón de todo hombre y mujer existe el deseo de pornografía, en una versión u otra. Piensa en el espectro de la pornografía como en la diferencia entre el humo y el monóxido de carbono. Hemos sido entrenados para instalar alarmas de humo en nuestros corazones para los comportamientos sexuales indeseables. Ellas nos alertan contra las formas más obvias de peligro: el humo de la pornografía explícita o la primera cita de una aventura sexual. El "porno social" y otros contenidos inconscientes son el monóxido de carbono. Puede parecer inodoro e incoloro, pero conduce al mismo envenenamiento de la pasión y el propósito.

El objetivo del mal en la resignación es la propagación. El mal nunca se contenta con la futilidad en una esfera de la vida; quiere invadirlas todas, en particular aquellas que encierran el mayor potencial de belleza. No creo que al reino de las tinieblas le importe mucho si la futilidad comienza con nuestro comportamiento sexual, nuestras carreras o nuestras familias. Sabe que cuando nos resignamos en un área, nuestras defensas en todas las demás seguirán su ejemplo. Cuando se establece el patrón de la resignación, nos encontramos aceptando historias sexuales que nunca hubiéramos querido. Su avance es brutal y, sin embargo, muy sencillo.

Abby, una diseñadora gráfica, entró en terapia debido a una larga batalla contra la pornografía. "He venido a darme cuenta de que, en mi vida, cada vez que intento resistirme a la tentación sexual, esta solo vuelve con más fuerza. Al final me cansé de luchar contra ella y me resigné al hecho de que es menos enloquecedor ceder. Antes me relacionaba con hombres porque me parecía excitante. Ahora busco hombres cuando me siento mal por lo que soy". Las personas como Abby a menudo se resignan a actuar sexualmente no porque amen el sexo, sino porque están sometidas al desprecio por ellas mismas. Cuando describen sus búsquedas de sexo o pornografía, utilizan palabras como *loca*, *ninfa* y *enferma mental*.

Si al sexo se le quita la responsabilidad y la reciprocidad, lo que queda es pornografía. Por esta razón, muchos hombres como Daryl se resignan a creer que la pornografía es una de las mejores dimensiones de sus vidas. "¡El porno es la mejor experiencia VIP!". La pornografía es atractiva porque solo es necesario sentirse derrotado, enojado, lujurioso o merecedor, y cualquier contenido erótico nos proveerá lo que deseemos. En la pornografía, no hay nadie con quien debas compartir tu lucha continua con la eyaculación precoz, ni tu dolor por no ser elegido por una pareja, ni nadie que te pida un compromiso emocional o rendir cuentas por haber soportado los deseos distorsionados de tu corazón.

Los hombres y las mujeres a menudo esperan hasta las crisis antes de confrontar su resignación a un comportamiento sexual no deseado. Cuando me reúno con estos clientes, a menudo derraman lágrimas al hablar del papel insidioso de la resignación. Para algunos, el punto de inflexión fue su entrada en la pornografía dura o infantil. Para otros, fue la elección de solicitar servicios sexuales o de iniciar una aventura. Se trata de sesiones desgarradoras, pero extraordinarias. Su dolor es el fuego que descongela el mar helado de su interioridad.

Sin embargo, los que más luchan por transformar su vida sexual no son los que más han caído; son los que han aprendido a resignarse a pequeñas dosis de comportamiento sexual indeseable a lo largo de la vida. No se han resignado a problemas extremos, sino al conflicto sexual ocasional. En la mayoría de los casos, seleccionan conflictos que probablemente no les costarán sus carreras o sus relaciones. No se trata de hacer estallar sus vidas, sino de ir apagando poco a poco la capacidad en sus corazones de creer que algún día pueda producirse un cambio significativo. Si quieres saber por qué te has resignado a un comportamiento sexual indeseable, averigua qué acontecimientos en tu vida te convencieron de que la esperanza no tiene sentido.

La resignación te desvía del trabajo necesario para madurar. No creo que al reino de las tinieblas le importe mucho si caes en la pornografía cada año, cada mes o cada noche. Sabe que una vez que te has resignado a pequeñas dosis de toxinas en tu corazón, tu potencial para disfrutar de la plenitud de la vida ya está en riesgo.

Perversión: la lujuria secuestrada

Si no me hubiera descubierto mi mujer,
creo que me habrían encarcelado en algún momento
porque el porno que empecé a ver
se estaba volviendo realmente horrible.

ANDY

La palabra *perversión* procede del latín *pervertere*, que significa *dar la vuelta*[4]. Cuando hablamos de perversión sexual, nos referimos a formas de sexo y fantasía que se han dado vuelta, que se han desviado de la bondad original creada por Dios. En la tradición judía, un hombre hace el Voto de Onah el día de su boda. La doctora Tina Sellers, terapeuta matrimonial y familiar, ha señalado diez instrucciones dentro de este voto que son de extrema relevancia para nuestra cultura actual. Para nuestra discusión sobre la perversión, destaquemos tres de estas instrucciones relacionadas con la intimidad sexual:

1. El sexo se considera un derecho de la mujer, no del hombre (el marido debe asegurarse de que todas las formas de contacto sexual sean placenteras para ella).
2. El sexo egoísta para la satisfacción personal, sin tener en cuenta el placer de la pareja, está mal y se considera nocivo.
3. El contacto sexual y el coito deben celebrarse con alegría y no con tristeza, enojo, indiferencia o egoísmo.

El Voto de Onah ofrece una ética sexual necesaria en nuestros días. Piensa en lo que ocurre en nuestra cultura y en nuestros matrimonios cuando el sexo se considera un derecho del hombre, cuando se ejerce sin garantizar que todas las formas de contacto sexual sean placenteras, o cuando se practica con enojo o egoísmo. En estos casos, el sexo entra en el espectro de la perversión; aleja al sexo de la intimidad en favor del privilegio.

El Dr. Robert Stoller, profesor de psiquiatría de la Universidad de California en Los Ángeles, creía que la perversión era "el resultado de una interacción esencial entre la hostilidad y el deseo sexual"[5]. Según la teoría de Stoller, la pornografía y otras fantasías sexuales son vehículos que permiten transformar simbólicamente el trauma infantil en poder sexual. Afirma que "en el corazón [de la pornografía] hay un acto de venganza fantaseado, que condensa en sí mismo la historia de la vida sexual del sujeto: sus recuerdos y fantasías, traumas, frustraciones y alegrías. Siempre hay una víctima, por muy disfrazada que esté: sin víctima no hay pornografía"[6].

Mientras que la lujuria se caracteriza por un deseo frenético de consumir a alguien o algo, la perversión es provocada por la hostilidad. Pocas mujeres y hombres con los que he trabajado reconocen inicialmente la hostilidad en su comportamiento sexual indeseable. En su lugar, dicen que se sienten frustrados o solos. Pero luego cuentan que están molestos y enojados con sus parejas, como el caso de un hombre que está enfadado con su pareja por no querer tener sexo y consume porno después de que ella se duerme, o el caso de una mujer que percibe lo dedicado que está su marido a su carrera y en respuesta comienza una aventura con el amigo de la universidad de su marido. La perversión se produce al asociar la lujuria sexual con la ira incrustada en nuestros corazones.

Según los sitios de pornografía más populares, cada vez que los hombres se conectan, pasan un promedio de nueve minutos consumiendo pornografía. Nueve minutos. Las mujeres pasan un minuto más. Me parece que si realmente anheláramos la belleza, el vínculo, el disfrute y el placer tanto como la gente afirma, pasaríamos mucho más tiempo buscándolos. La evidencia sugiere lo contrario. Vamos hacia la pornografía no porque persigamos la belleza, sino precisamente porque preferimos consumirla y controlarla. Con el tiempo, la pornografía se convertirá en una forma de compensación en la que exigimos que el objeto de nuestra lujuria sufra la soledad, la ira y la confusión que nosotros no sabemos cómo sufrir.

El matrimonio de Danny estaba en una situación difícil cuando decidió hablar con su pastor sobre su conflicto con la pornografía. La esposa de Danny tenía una historia de abuso sexual y evitaba el sexo o se mostraba desinteresada. Él quería estar conectado con su esposa, pero pronto descubrió que los intentos de propiciar el encuentro sexual o la intimidad se encontrarían con la resistencia y la decepción. "Me parecía más fácil apagar el deseo por mi mujer. Cuando lo dejaba encendido, me sentía muy enojado con ella y con su pasado por controlar así nuestra intimidad".

Danny pudo manejar esta decepción durante varios años, hasta que su mujer tomó la decisión de volver a estudiar. Aunque en su matrimonio no había mucha actividad sexual, igualmente encontraban formas de crear intimidad y disminuir la soledad cuando estaban juntos. Todo cambió cuando la mujer de Danny empezó a asistir a clases nocturnas. Él se deprimió más y siguió tan desmotivado como siempre. "Nunca pensé que sería tan difícil. Llegaba a casa del trabajo y me quedaba solo por tres horas un par de veces a la semana. Volvieron los viejos sentimientos, la necesidad del vínculo, el deseo de tener sexo y la rabia porque mi matrimonio, que se suponía que ofrecía estas cosas, era completamente incapaz de satisfacerlas". Por primera vez desde la universidad, Danny empezó a consumir pornografía.

La pornografía que buscaba tenía que ver con un género de historias en las que hombres jóvenes tienen relaciones sexuales con las madres de sus amigos. La escena suele consistir en que el hombre está solo en casa cuando la madre de un amigo lo visita "por casualidad". El actor suele sentirse solo en la escena, pero lo excita la presencia y el coqueteo de la madre. Danny se vio cada vez más atraído por este tipo de videos y sintió crecer en su interior la idea de que tenía derecho a que una mujer mayor le diera lo que no tenía. Con su pastor comenzó a confrontar la soledad y el dolor que habían estado presentes toda su vida. Lloró al ver hasta qué punto su deseo de un buen vínculo había sido secuestrado y pervertido por una búsqueda hostil de la pornografía.

Si quieres detener tu perversión, aprende a escuchar tu lujuria. Cuando le prestas atención a un nivel más profundo, la perversión sexual puede convertirse en tu mapa del camino hacia la curación. Estudiar los aspectos específicos de tu perversión te ayudará a entender lo que realmente buscas. Por ejemplo, los hombres que, como Danny, desarrollan fantasías sexuales en las que las mujeres tienen el poder —ya sea una figura materna atractiva, una jefa o alguien mayor— suelen tener una historia bastante predecible.

LOS HOMBRES QUE FANTASEAN CON MUJERES CON PODER TIENEN MÁS PROBABILIDADES DE

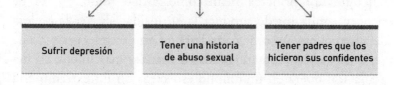

| Sufrir depresión | Tener una historia de abuso sexual | Tener padres que los hicieron sus confidentes |

El camino de Danny hacia la sanación implicó el reconocimiento de que no sabía realmente quién era. Su depresión era un síntoma de esta falta de propósito. Se sentía bien cuando su mujer estaba cerca, porque su presencia le permitía evitar aprender a convertirse en un individuo con identidad propia. Más tarde dijo: "Querría que el daño de la pornografía no volviera a entrar en mi familia. Pero me demostró que no sabía quién era, que no sabía buscar lo que necesitaba, que no sabía enfrentarme a las dificultades. No diría que estoy agradecido a ese daño, pero ciertamente Dios lo usó para darme una vida".

Degradación: la ira secuestrada

Me preocupa convertirme en un monstruo.
Antes podía separar el porno de las relaciones. Ahora no estoy tan seguro.
KEVIN

No estoy preparada para contártelo todo,
pero es simplemente muy perverso.
BRITTANY

Permítanme afirmar sin duda alguna que creo que la pornografía existe predominantemente debido a la violencia masculina contra las mujeres. Cuando la ira masculina es secuestrada sexualmente, se dirige a la degradación de lo femenino. Los orígenes de la palabra *degradar* implican bajar a alguien a un rango inferior, principalmente como castigo. Aunque el uso de la pornografía puede suponer la curiosidad de ver la belleza del cuerpo femenino, se convertirá en un deseo secuestrado de ver a las mujeres sometidas a las demandas masculinas. La degradación opera en un amplio espectro. En un extremo está la consideración de la mujer como inferior al hombre, en la que rápidamente se convierte en un objeto sexual; en el otro extremo, el cuerpo de una mujer es desfigurado y castigado en una abierta violación sexual.

El mundo de fantasía creado por la pornografía o la prostitución requiere que la mujer sea reducida a un objeto o mercancía. En la pornografía, el rango de la mujer como correveladora de la imagen de Dios se reduce a un género que existe para satisfacer sumisamente los anhelos descarriados del hombre. Por eso es probable que hayas visto una escalada en la crudeza de la pornografía que consumes. Puede que hayas empezado con un catálogo de lencería o trajes de baño, pero la pornografía avanza hacia más exposición, más pérdida de inocencia, más sometimiento, más mujeres y, en última instancia, más degradación.

Los pornógrafos saben que los hombres pasan de tener corazones lujuriosos a exigir la posesión de la belleza y, si permanecen el tiempo suficiente, pasan al deseo de ver degradados los cuerpos y los rostros de las mujeres. El pulso del mundo de la pornografía consiste en seducir a los hombres a través de su lujuria para ofrecerles la posibilidad de desfigurar la belleza y el poder vivificante de las mujeres.

La pornografía pone al descubierto una de las dimensiones trágicas del corazón del hombre: su violencia. El problema del derecho sexual masculino y la ira es un asunto maligno, aunque a menudo pasado por alto. El movimiento *#MeToo* fue proclamado a las naciones precisamente porque puso nombre a lo que se le escapa consistentemente a la mayoría de los líderes religiosos: el mal uso del poder, el control y la ira en la vida sexual de los hombres. Aunque la iglesia debería estar a la vanguardia en la denuncia de la violencia masculina contra las mujeres, mayormente ha guardado silencio.

Los hombres tienen que abrir rápidamente los ojos a la cuestión sistémica de nuestra violación sexual de las mujeres. Por ejemplo, hablamos del número de mujeres que sufren daños sexuales, pero no decimos casi nada del número de *hombres* que lastiman sexualmente a las mujeres[7]. Nos referimos a las mujeres, incluso a las adolescentes, como zorras y putas, pero nos referimos a los hombres como solitarios, clientes y cachondos. El lenguaje revela no solo hasta qué punto los hombres se distancian del problema, sino también dónde sitúan realmente la culpa del quebrantamiento sexual. Jackson Katz, autor y reconocido comentarista cultural, escribió:

> Hablamos de cuántas mujeres fueron violadas el año pasado, no de cuántos hombres violaron a mujeres. Hablamos de cuántas chicas de un distrito escolar fueron acosadas el año pasado, no de cuántos chicos acosaron a chicas. Hablamos de cuántas adolescentes del estado de Vermont quedaron embarazadas el año pasado, no de cuántos hombres y jóvenes dejaron embarazadas a adolescentes... Incluso el término "violencia contra las mujeres" es problemático. Es una construcción pasiva; no hay ningún agente activo en la frase[8].

Si la violencia masculina contra las mujeres prevalece en nuestras relaciones íntimas y en nuestras escuelas y organizaciones, seguramente también está haciendo metástasis en el mundo clandestino de la pornografía.

EN COMPARACIÓN CON LOS HOMBRES, LAS MUJERES FANTASEABAN

8 % más con escenas pornográficas de sometimiento

9 % más con sexo agresivo

10 % más con ver sexo violento

Una de las conclusiones más sorprendentes de mi investigación fue que las mujeres buscaban formas de pornografía más agresivas, violentas y degradantes. Las mujeres se inclinaban hacia una pornografía caracterizada por el sometimiento o el sexo violento y agresivo en una proporción mayor que los hombres. Seth Stephens-Davidowitz, excientífico de datos de Google y economista formado en Harvard, también descubrió esta tendencia. Escribió: "Si hay un género de porno en el que se ejerce violencia contra una mujer, mi análisis de datos muestra que casi siempre atrae desproporcionadamente a las mujeres"[9].

Me sorprendieron estos resultados, hasta que empecé a verlos a través de la lente del poder masculino y la violencia contra las mujeres. El principal motor de las fantasías femeninas de agresión y violencia era el deseo de ver a otra persona con más poder sobre ellas. Esto incluía el deseo de ver a alguien mayor que ellas, situaciones en las que ellas eran las más desvalidas y escenarios que las hacían sentir como si estuvieran siendo usadas.

La excitación femenina encierra una enorme cantidad de misterio y complejidad, y no pretendo llegar a una conclusión definitiva sobre por qué las mujeres buscan la violencia sexual en la pornografía en mayor número que los hombres. Dicho esto, parece existir una relación entre la violación sexual que sufren las niñas y las mujeres y la pornografía que buscan más tarde. Las investigaciones llevadas a cabo por los Centros para el Control y la Prevención de Enfermedades (CDC por sus siglas en inglés) estiman que aproximadamente una de cada cuatro mujeres sufrirá abuso sexual antes de los dieciocho años[10]. En un estudio de nueve escuelas, la Oficina de Estadísticas de Justicia (BJS por sus siglas en inglés) descubrió que una de cada cinco mujeres (21 %) fue agredida sexualmente después de entrar en la universidad[11]. Además, la edad promedio de inicio en la pornografía se sitúa actualmente entre los ocho y los once años.

Estas estadísticas nos dejan ver que hombres y mujeres buscan pornografía violenta con fines diferentes. Mientras que los hombres tienden a buscar pornografía para sentir poder sobre su vergüenza y su sufrimiento, las mujeres tienden a buscar pornografía violenta para repetir su vergüenza y su sufrimiento. Nuestra elección de la pornografía revela las historias no solo del daño que padecemos, sino de las formas en que tratamos de revertir o repetir estas dinámicas en el presente. Lo trágico es que cualquiera de estos intentos termina en la degradación de la mujer. El mal nos seduce hacia la degradación para eclipsar los grandes anhelos que Dios ha puesto en nuestros corazones. La pornografía nos ofrece una imitación de la justicia y el descanso que solo se encuentran en Jesús. En la pornografía se elige a una víctima para que sufra una violación con el fin de ofrecerle al usuario de la pornografía venganza y evasión. En el Evangelio, la humanidad elige a una víctima inocente para que sufra la muerte. En la expiación de Jesús, paradójicamente, se nos ofrece la justicia y el descanso que más deseamos. Tanto la pornografía como Jesús apelan a los anhelos más profundos de nuestro corazón. Solo uno nos hace libres.

Podemos ver, entonces, la idolatría efectiva que tiene lugar en el uso de la pornografía. En lugar de aceptar el sacrificio voluntario de un Dios que ofrece expiar nuestros pecados, buscamos un sacrificio alternativo —una víctima a la vez reacia e inadecuada— y descargamos allí nuestra lujuria y nuestra ira. En lugar de someternos a un Dios amoroso, nos hemos sometido al mal (y nos hemos involucrado en él).

La sanación es una de las principales formas de recuperar el terreno que el mal intentó robarnos. Esta sanación requiere que enfrentemos nuestra inclinación a la degradación. Los hombres necesitan la honestidad de dar nombre a las formas en que han abusado de su poder, específicamente en perjuicio de las mujeres. Las mujeres necesitan la honestidad de afrontar que gran parte de su atracción hacia la degradación de la pornografía fue motivada por el abuso de los hombres. Para muchas mujeres, la honestidad consiste en reconocer cuántas de sus historias sexuales fueron no deseadas y perseguir historias sexuales que conlleven honor, belleza y libre elección.

Comportamiento sexual indeseable: la película

Ahora que hemos explorado las seis experiencias fundamentales de la conducta sexual indeseable y las tres formas en que nuestras vidas sexuales son secuestradas, veamos esta película de principio a fin. Les presentaré a un hombre llamado Chandler, pastor principal de una iglesia en el Medio Oeste. He señalado sus experiencias entre paréntesis al final de las frases importantes.

Antes de hacer terapia, Chandler habría dicho que nació en un hogar piadoso. Ahora reconoce que la historia es más complicada. El padre de Chandler era un contratista de obras de construcción bastante exitoso. Proveía lo necesario, asistía a los partidos de Chandler y se hacía tiempo para pasarlo con su familia. Chandler contó la verdad más flagrante sobre su padre: "Nunca tuve la sensación de que mi padre quisiera de verdad a mi madre. Rara vez disfrutaba con ella y criticaba casi todas las decisiones que tomaba. Yo era muy sensible a eso. De alguna manera, sabía que parte de mi tarea era ser un buen hijo y convertirme en el tipo de hombre que mi padre nunca pudo ser para mi madre".

La madre de Chandler era alegre, pero sufría. Aunque ella nunca lo dijo, él podía ver su dolor. Lo que hace de Chandler un pastor extraordinario es también lo que lo llevó a la pornografía: "Aprendí a ver y a satisfacer bien las necesidades de los demás, pero nunca aprendí a atender las mías" (privación y triangulación).

En la secundaria, Chandler descubrió que su padre tenía un descodificador en la televisión del sótano. Era un aparato que le permitía ver canales que normalmente estaban codificados, sobre todo Cinemax y el canal Playboy (excitación: fíjate también en la decisión deliberada de su padre de tener pornografía en casa). Un fin de semana, Chandler se quedó a dormir con unos amigos y los inició en la pornografía. Chandler recuerda lo que pasó cuando su padre bajó las escaleras: "Mi corazón latía muy deprisa y mi padre, tan tranquilo como siempre, me dijo: 'Chandler, tengo que hablar contigo'. Entramos al cuarto de lavado y me dijo: 'No quiero que veas esas cosas con tus amigos. Tienes que disculparte con ellos y mantener la tele apagada el resto de la noche'". Chandler se sintió aliviado y confuso. Su padre no estaba enfadado, sino que le estaba dando permiso para hacer lo que quisiera en privado. "Ya no tenía que resistirme a ver pornografía. Era tan extraño, pero me enojaba que no estuviera enojado" (resignación y enojo). A Chandler no se le ocurrió que su padre también era adicto a la pornografía hasta que hizo terapia.

En el seminario, Chandler experimentó éxito y sanación en su relación con la pornografía. No quería dejarse seducir por cosas que lo avergonzaban; quería tener la conciencia limpia. Conoció a su esposa en el último año del seminario, y seis años más tarde tuvieron tres hijos. Chandler desarrolló un ministerio para jóvenes adultos que llegó a tener más de quinientas personas, y en pocos años los líderes de la iglesia le hablaron extraoficialmente de la posibilidad de que se convirtiera en el pastor titular. "Deseaba mucho el puesto, y empecé a hablar de lo fuera de contacto que estaba el pastor principal con la nueva generación" (lujuria). En dos años, Chandler fue contratado como el nuevo pastor titular. La vida era hermosa y estaba llena de sentido.

Convertirse en pastor titular fue lo mejor y lo peor que le pudo pasar a Chandler. El crecimiento de su iglesia se convirtió en su único objetivo. Él comenta: "Cuando me convertí en pastor, dejé de preocuparme por mí mismo. Solía hacer *footing* e ir al gimnasio varias veces por semana, pero mi horario se hizo más exigente tras mi ascenso. Me adapté rápidamente a la nueva normalidad de mi rol: la crisis. Llegó a ser demasiado para mí. Tenía que predicar más de cuarenta y cinco veces al año, hacer crecer una iglesia y dirigir un personal de casi cien empleados. Había algunas cosas que hacía bien, pero otras en las que estaba fracasando completamente (privación e inutilidad). Mi mujer y mis hijos me demandaban más, y eso me molestaba" (ira).

El primer consumo de pornografía de Chandler como pastor se produjo cuando estaba solo en su despacho a última hora de la tarde de un viernes. Casi todo su personal se había marchado y él intentaba terminar un sermón que no quería dar (futilidad). Se conectó a Facebook y pasó media hora recorriendo su biografía (disociación). Chandler hizo clic en el perfil de una mujer de la que se había enamorado en la secundaria. Se preguntó cómo habría sido su vida si no hubiera sido pastor, si se hubiera dedicado a un trabajo normal, como parecía haber hecho el marido de ella (disociación).

En el momento en que pensó que no quería ser pastor, sintió un increíble deseo de ver pornografía. Chandler apagó el Wi-Fi de su teléfono se metió en un baño privado, cerró la puerta con llave y se masturbó viendo pornografía (excitación y disociación).

Chandler sintió una inmensa vergüenza después, pero descartó su error como algo casual. Rezó, pidió perdón a Dios y volvió a casa a ver una película con su mujer. "Sentí como si quisiera decirle a ella o a alguien que estaba cansado y que quería algo más para mi vida. Enterré ese sentimiento y pensé que con el tiempo desaparecería" (privación). Tres semanas más tarde, Chandler estaba otra vez en su despacho un viernes por la noche y decidió repetir su error anterior (excitación y resignación).

A medida que pasaban los meses, Chandler sentía cada vez más resentimiento por todo lo que su iglesia y su familia le exigían (ira). Criticaba cada decisión que tomaba su mujer y menospreciaba abiertamente a otros pastores en las reuniones de personal por su incompetencia (ira). Chandler se sentía atrapado en su trabajo y en su creciente participación en comportamientos sexuales indeseables (futilidad). La peor noche del ministerio pastoral de Chandler fue en un baño de su casa mirando pornografía que le repugnaba (perversión y degradación). "Estaba muy avergonzado. Era un contenido que nunca pensé que me excitaría. Era un hipócrita, pero la vergüenza me llevó a la perversión. Cuando no me sentía pésimo, me sentía anestesiado. Pasaba más tiempo en Facebook, leyendo blogs, realmente cualquier cosa que me sacara del lugar en que estaba en mi vida" (disociación).

Fue entonces cuando Chandler empezó a utilizar la computadora del trabajo para ver pornografía. "Era como si me liberara. Sabía que si la miraba en la computadora de mi oficina, el departamento de informática se enteraría y mi trabajo correría peligro. Pensé en resistirme, pero me rendí, pensando que realmente no importaría si al final iba a dejar de ser pastor (futilidad y resignación). Dejé de preocuparme por lo que me pudiera pasar. Esperaba que algo explotara. Entonces, un martes de marzo por la mañana, un anciano llamó a mi puerta y me dijo: 'La iglesia va a hacer que te tomes un par de meses de descanso. Tenemos que hablar'".

Mi esperanza es que la lectura de la historia de Chandler te inspire un compromiso más honesto y valiente con tus propias experiencias, que anotes y menciones cosas que has evitado durante mucho tiempo. Estas seis experiencias y sus formas secuestradas son los constructos que responden a la pregunta "¿Por qué me quedo?". El trabajo necesario para desmontar las experiencias es intenso e implacable. Aunque me duela decirlo, es solo una parte de la batalla. Pero estos elementos no se perpetúan dentro de ti solo por sí mismos; están influidos por los sistemas que te rodean.

PARA REFLEXIONAR:

- Recuerda un momento en el que te permitiste resignarte a un comportamiento sexual indeseable. ¿Qué estaba ocurriendo en tu vida en ese momento (por ejemplo, aislamiento, intentos y fracasos en todo enfoque terapéutico, etc.)?
- ¿De qué manera tu comportamiento sexual no deseado te ofrece escape y venganza?
- ¿Has tenido alguna vez un momento en el que hayas notado que algo dentro de ti deseaba usar o ser usado de una forma que conllevara agresión?
- Si eres mujer, ¿dónde has experimentado formas de coerción sexual por parte de hombres? ¿Cuándo fue la primera vez? ¿La última?

CAPÍTULO 10

LA INDUSTRIA DEL SEXO
La pornografía como violencia masculina contra las mujeres

EL COMPORTAMIENTO SEXUAL indeseable está determinado no solo por tu historia personal, sino también por nuestra cultura. Aunque es fundamental comprender el aparato de tu conflicto personal, sería negligente de mi parte no develar al menos una de las fuerzas y sistemas más amplios que trabajan incansablemente para que mantengas tu conducta sexual indeseable. Podríamos decir que vivimos en una época sin parangón en la historia de la humanidad en cuanto a la disponibilidad y normalización de contenidos sexuales eróticos y violentos. En otras generaciones, la violación y el consumo sexual podían ser tácticas que utilizaba el enemigo cuando conquistaba tu imperio o tu tribu, pero nunca un niño de once años hubiera podido buscar en Google, como hace hoy, un video de una violación en grupo, ni una criatura de siete años hubiera podido ser el objetivo del *typosquatting* de un pornógrafo, que atrae a niños desprevenidos a sitios pornográficos basándose en los errores ortográficos o tipográficos comunes en la infancia.

Todos los días interactúas consciente e inconscientemente con fuerzas sistémicas. Hay que comprender la ubicuidad y las dimensiones ocultas de estos sistemas, porque incluso tus esfuerzos más rigurosos por abstenerte de comportamientos indeseables podrían quedar doblegados por su poder. La transformación requiere que mantengas tensa la cuerda entre conocer tu historia y anticipar la influencia de estos sistemas. Abordar solo una dimensión te deja vulnerable a la otra.

Hay muchos otros sistemas, como la prevalencia de los medios de comunicación y la hipocresía de la iglesia, que contribuyen a reforzar tus conflictos sexuales. Pero para el propósito de este capítulo, me centraré en el sistema con el que, según he observado, mis clientes interactúan más a lo largo de su proceso de recuperación: la industria del sexo.

Antes de entrar en tema, reconozcamos rápidamente que la industria del sexo es tan seductora debido a lo que la comunidad de tratamiento de adicciones denomina las tres A:

- *Anonimato*
- *Asequibilidad*
- *Accesibilidad*

Piensa por un momento en cómo se relaciona esto con el contenido de la industria del sexo. La mayoría de la gente cree que sus búsquedas en internet son anónimas y, por lo tanto, no inhiben su gratificación sexual. Una conexión a internet puede requerir un costo mensual, pero es relativamente asequible, sobre todo si se tiene en cuenta lo necesario que es el servicio para otras áreas de la vida. Por último, tenemos acceso a internet las veinticuatro horas del día, los siete días de la semana. No hay casi nada en el mundo tan constante y accesible como la posibilidad de consultar nuestro correo electrónico, actualizar Facebook o buscar pornografía.

El anonimato, la asequibilidad y la accesibilidad revelan lo ineficaz que sería el mero deseo de detener tu comportamiento sexual indeseable. Fuerzas de las que ni siquiera eres consciente están operando en tu contra. Para contrarrestarlas, hay que cambiar de actitud y adoptar medidas prácticas. Algunas personas deciden canjear sus teléfonos inteligentes por teléfonos plegables, otras piden a un amigo que se una a ellos en el uso de un *software* para controlar y filtrar el contenido pornográfico de internet como Covenant Eyes, y otros se unen a un programa de doce pasos o de terapia para ser menos anónimos. Estas acciones no reducirán necesariamente tu atracción hacia comportamientos sexuales indeseables. Por el contrario, crean barreras para evitar que el torrente de contenido sexual te ahogue mientras intentas reconstruir los cimientos de tu vida.

Permíteme dejar claro que la industria del sexo nunca es la culpable última de tu implicación en conductas sexuales no deseadas. Al contrario, funciona como quien ocupa ilegalmente una casa vacía. Si no te comprometes a asumir la responsabilidad de tu vida con honestidad, hay muchos ocupantes ilegales que estarán encantados de hacerse cargo.

Existe una conexión profunda e inextricable entre el mundo de la pornografía y la prostitución (también denominada explotación sexual comercial). Muchas de las mujeres que trabajan en la industria del porno también sufren explotación sexual comercial. El consumo de pornografía está más extendido en los círculos cristianos que la compra de sexo. Esto se debe, por supuesto, a las dimensiones de accesibilidad y anonimato, pero también a lo fácil que es trazar líneas artificiales en la arena entre un comportamiento y otro para demostrar cuál es el peor. Este tipo de distinciones nos impiden ver que nuestra propia superioridad moral, al igual que la deshonestidad del mundo, es responsable del continuo quebrantamiento sexual que nos rodea. He aprendido que, al estudiar la prostitución, vemos con más claridad y precisión lo que implica la demanda y el consumo de pornografía.

Un viaje al otro lado del mundo

Hace varios años, volé a Seúl, Corea del Sur, para visitar a mi hermano que daba allí clases de inglés. Una noche estábamos en un bar y acabamos sentados junto a una mesa de hombres de Estados Unidos y el Reino Unido. Nos pusimos a conversar y me preguntaron a qué me dedicaba en Seattle. Les hablé de mi práctica terapéutica y, sin pedirlo, cada uno de ellos empezó a hablarme del sexo que compraban en Corea del Sur y el Sudeste Asiático.

Lo que oí me dejó atónito. Cada uno de ellos dijo haber visto la falta de vida en los ojos de las mujeres y adolescentes a las que les habían pagado por sexo. Un hombre especialmente sincero me contó que fue a un pequeño pueblo de Tailandia donde lo trataron como a un rey. Tenía acceso a cualquier mujer o niño que deseara. Me lo contó así: "Recuerdo que pensé: '¿En quién me he convertido?'. Empezó con la fantasía de tener sexo en Tailandia y, al final del viaje, estaba haciendo cosas horribles que había jurado que nunca haría en mi vida".

Para la fecha en que regresé de Corea del Sur, había oído una historia tras otra de hombres que habían cedido a sus deseos secuestrados. Cuanto más lo hacían, más alienación interna y externa experimentaban. Decían que sentían como si su conciencia hubiera quedado mancillada por su comportamiento, y algunos incluso experimentaban náuseas al recordar sus acciones con las mujeres y niñas a las que explotaban por dinero. El tiempo que pasé en Corea del Sur me hizo darme cuenta de que nuestra batalla no es únicamente contra la carne y la sangre del quebrantamiento sexual personal, sino contra los poderes y principados de este mundo que se deleitan viendo cómo se degrada el don divino del sexo. Más allá de la placa de Petri de nuestras propias historias, vemos el falso privilegio de los hombres predominantemente heterosexuales que motivó el movimiento *#MeToo*, las realidades de los niños que son víctimas de la trata sexual, y el objetivo de la industria sexual de erotizar la degradación de las mujeres. Vivimos en un mundo de violación sexual. La violación sexual será remediada en la medida en que sea reconocida. Por eso es fundamental encontrar un diagnóstico holístico de la locura sexual de nuestro tiempo. Ese diagnóstico debe incluir la lujuria, la historia de traumas personales y la futilidad de nuestro presente, pero también debe abordar la dimensión a veces deplorable de la condición humana. Judith Herman, profesora de psiquiatría clínica en la Facultad de Medicina de Harvard, escribió:

El deseo de control sobre otra persona es el denominador común de todas las formas de tiranía. Los gobiernos totalitarios exigen la confesión y la conversión política de sus víctimas. Los esclavistas exigen gratitud a sus esclavos. Los cultos religiosos exigen sacrificios rituales en señal de sumisión a la voluntad divina del líder. Los agresores domésticos exigen a sus víctimas obediencia y lealtad absolutas, sacrificando cualquier otra relación. Los agresores sexuales exigen que sus víctimas encuentren satisfacción sexual en su sometimiento. El control total sobre otra persona es la dinámica de poder en el corazón de la pornografía. El atractivo erótico de esta fantasía para millones de hombres aterradoramente normales fomenta una inmensa industria en la que se abusa de mujeres y niños, no en la fantasía sino en la realidad[1].

Herman describe el meollo de la cuestión de la demanda con una honestidad pasmosa. Nos invita a abandonar la perspectiva de que las mujeres que trabajan en la pornografía simplemente están haciendo una carrera placentera y a ver, en cambio, que la industria del sexo exige un control total sobre los cuerpos de mujeres y niños para producir su contenido. Son los hombres quienes deben decidir si aceptan un mundo que exige continuamente la degradación sexual y la posesión de las mujeres. La violencia contra las mujeres es una cuestión no solo de perversión individual, sino también de justicia. Nuestra demanda colectiva de este material alimenta una industria en la que mujeres y niños sufren violencia y muerte para cumplir los deseos corrompidos del corazón de los hombres. Nuestras heridas nos invitan al amable camino de la sanación, pero nuestras perversiones nos desafían preguntándonos: ¿Es la violencia contra las mujeres el modo en que deseamos expiar estos traumas? Como dijo el sacerdote franciscano Richard Rohr: "'Si no transformas tu dolor, siempre lo transferirás'. Siempre tiene que sufrir otro porque *yo* no sé sufrir; a eso se reduce todo"[2].

Crímenes contra las mujeres

Históricamente, los hombres han intentado presentar la prostitución y la pornografía como actividades sin víctimas. La base que sostiene esta creencia es que las mujeres existen para satisfacer las necesidades de los hombres. Nuestro lenguaje para referirnos a un comprador de sexo ha sido clásicamente la palabra "cliente", que significa cualquier hombre. En cambio, el lenguaje que utilizamos para referirnos a las mujeres y los niños atrapados en la explotación sexual es más despectivo: *puta, zorra, prostituta, vagabunda*, y la lista continúa. El mensaje es claro: pagar por sexo es común a todos los hombres, pero el sexo femenino es el verdadero culpable de este problema.

Las estadísticas son abrumadoras con relación a las mujeres en la vida de la prostitución y la pornografía. Aproximadamente el 90 % de estas mujeres han sufrido abusos sexuales, y la edad promedio de su iniciación en la prostitución oscila entre los catorce y los dieciocho años, que es inferior a la edad de consentimiento sexual en Estados Unidos. Algo falla gravemente cuando culpamos a quienes ejercen la prostitución por su estilo de vida, cuando legalmente ni siquiera tienen edad suficiente para dar su consentimiento. Esto es una violación.

Además, el 58 % de las prostitutas estadounidenses denunciarán agresiones violentas a manos de clientes. Como puede imaginarse, la gran mayoría de las agresiones sexuales no se denuncian. Lamentablemente, el 92 % de las mujeres que ejercen la prostitución declaran su deseo de abandonarla, pero no pueden hacerlo por falta de sustento o dinero. La tasa de homicidios entre las mujeres que practican activamente la prostitución es diecisiete veces superior a la de las mujeres de la población general[3]. Y tras la revisión de múltiples fuentes y el análisis de nueve conjuntos de datos diferentes, otro estudio concluyó que las mujeres prostituidas "tienen la tasa de victimización por homicidio más alta de cualquier conjunto de mujeres jamás estudiado"[4]. Hay algo tremendamente erróneo y a la vez revelador cuando la "libertad" sexual conduce a la violación y al asesinato de mujeres.

Metáforas y cortinas de humo

Lamentablemente, estas realidades horribles no son lo primero que viene a la mente de los hombres cuando piensan en las mujeres que han sido explotadas sexualmente y maltratadas a través de la prostitución y la pornografía. En cambio, muchos hombres utilizan un lenguaje para distanciarse de la violación y el privilegio de ejercer violencia. Algunos compradores de sexo utilizan el lenguaje de un deportista. Los foros en línea para ayudar a mejorar las experiencias de los hombres con trabajadoras del sexo explotadas comercialmente dicen cosas como: "Buena suerte y feliz cacería", "No pesques demasiado en este lugar" y "No abuses de ella y la envíes a esconderse, es un trofeo". Otros compradores de sexo se refieren a las mujeres y niñas como "carne" y a los actos sexuales como formas de comida: "Me encanta la variedad, la carne blanca y la carne oscura. Me gusta todo". Otros mencionan la etnia y se refieren al coito: "Había una chica tailandesa que quería ciento cincuenta dólares por el plato principal, pero la convencí de que bajara a cincuenta porque se parecía más a la carne picada que al *filet mignon*".

Los investigadores han descubierto que los hombres que compran sexo tienen expectativas y fantasías bastante parecidas. Los investigadores señalaron: "En distintos grados, la fantasía implica que los hombres deben controlar por completo el encuentro sexual y que las mujeres prostituidas deben parecer felices, entusiastas e insaciables mientras satisfacen las necesidades sexuales de los clientes; las mujeres deben hacerles creer a los clientes que los encuentran atractivos; las mujeres deben parecer atentas a complacer a los hombres; y las mujeres deben apreciar y valorar la 'ayuda' económica de los clientes"[5].

Estos ejemplos pueden parecer extremos, sobre todo si nunca se ha pagado por sexo. Pero lo mismo puede decirse de la pornografía, en la que aparecen actrices entrenadas para satisfacer el apetito de los hombres. Esto puede incluir actuar como si la degradación, que dañará sus cuerpos, fuera erótica, o esos clientes casuales o vulgares fueran completamente irresistibles, o ellas tuvieran el mejor trabajo del mundo porque lo único que hacen todo el día es tener sexo. La trágica realidad es que estas mujeres son engañadas para entrar en la industria del sexo mediante la fuerza, el fraude y la coacción. En el camino, también contraen habitualmente enfermedades de transmisión sexual, vomitan entre toma y toma y declaran que sus vidas están arruinadas por los años perdidos en ese negocio. La pornografía no es menos dañina que la prostitución callejera; simplemente aleja al usuario del envilecimiento y la explotación que sufren estas mujeres a diario. Como señaló la investigadora Melissa Farley, "la pornografía es prostitución en imágenes"[6].

Refutaciones comunes pero inútiles

Cuando los clientes o amigos hablan de la pornografía que consumen, suelen decir rápidamente algo parecido a "Yo no me meto en esas cosas violentas. Me gusta más [completa el espacio en blanco]". Puede ser "solo fotos, no videos", "solo parejas en actos sexuales consentidos, no varios hombres", "solo *webcams* de mujeres desnudándose, no practicando sexo oral", "solo mujeres que sé que tienen más de dieciocho años, no más jóvenes". La lista continúa. Inventamos estas justificaciones para distanciarnos de la realidad de que estamos utilizando a seres humanos para llenar nuestro vacío (lujuria) y convirtiéndolos en objetos sustitutos de nuestra hostilidad (perversión). La pornografía es violencia contra las mujeres, y la industria del sexo nos permite elegir el nivel de degradación que podemos tolerar.

Mi respuesta a estas refutaciones suele ser educativa y se queja de nuestra ingenuidad cultural ante la violencia sexual. La pornografía crea un mundo de ilusión sexual, en el que imaginamos que las mujeres están ahí para servir y disfrutar de los hombres y para someterse a sus deseos. Esta es la realidad, según los investigadores que analizaron el contenido de más de trescientos videos pornográficos populares[7]:

- El 88.2 % de las escenas porno más vistas contienen actos agresivos.
- En el 70 % de los casos, el agresor es un hombre; en el 94 % de estas instancias, la agresión va dirigida a una mujer.
- Solo el 9.9 % de las escenas más vendidas analizadas contenían besos, risas, caricias o cumplidos verbales.

- Las bofetadas aparecen en el 41.1 % de las escenas.
- El sexo representado en las películas porno suele centrarse en el placer sexual y el orgasmo del hombre más que en el de la mujer.

Además, las escenas porno tienen temas sexistas y racistas. Los sitios web suelen contener menús en los que los usuarios pueden seleccionar categorías específicas de etnias, tipos de cuerpo y edad de las mujeres. Los hombres y mujeres que no son blancos son representados de forma estereotipada y degradante. Y quizá lo más trágico sea que, según el FBI, la pornografía infantil es uno de los delitos que más rápido crece en Estados Unidos. A nivel nacional, se ha producido un aumento del 2,500 % en las detenciones por esta causa.

La respuesta predeterminada ante la industria del sexo tiende a ser ambivalente. Sabemos que el contenido que consumimos es problemático y nos afecta negativamente, pero se convierte en algo tan central en nuestras vidas que no podemos imaginarnos sin él. La ambivalencia hacia la industria del sexo es un signo revelador de que nuestros conflictos no van a ceder en un futuro próximo.

La industria del sexo siempre se impone a nuestros sentimientos contradictorios. La pornografía no solo es excitante, sino también omnipresente. La industria del sexo sabe que la mejor manera de garantizar nuestra permanencia en la adicción es ofrecer un contenido infinito (recordemos las tres A: anonimato, asequibilidad y accesibilidad). La pornografía será seductora para cualquier dimensión debilitada de nuestras vidas.

Comprender las razones individuales y sistémicas que hacen necesaria tu conducta sexual indeseable es un precedente indispensable para escribir una nueva historia sexual. El enfoque de la sección final de este libro te hará pasar de la comprensión del porqué de la conducta sexual no deseada a una transformación activa de tu vida, tus relaciones y tu comunidad.

Aunque puede que hayas empezado por desear un conjunto de estrategias pautadas basadas en una fórmula, ahora puedes ver que esas estrategias simplistas se quedarían muy cortas para conseguir la libertad duradera que anhelas y mereces. Las meras técnicas y fórmulas rara vez producen un cambio duradero, sobre todo si no están arraigadas en las historias particulares que dieron forma a tu práctica una conducta indeseable. En la primera parte, examinaste el mapa del mundo que recibiste, y en la segunda, exploraste de qué modo recreaste esos recorridos como adulto. En la tercera parte, encontrarás un saber confiable y pasos prácticos para crear un nuevo mapa que te llevará a salir del comportamiento sexual indeseable. Este viaje comienza, como todo viaje, con la preparación.

PARA REFLEXIONAR:

- ¿De qué manera has visto que la industria del sexo ha moldeado tu excitación o tus preferencias sexuales?
- Si eres hombre, ¿de qué manera has sido cómplice de la violencia sexual contra las mujeres en nuestra sociedad? Piensa en alguna ocasión en la que hayas transferido tu dolor a las mujeres.
- Si eres mujer, ¿de qué manera podrías recuperar tu sexualidad de las garras de la industria del sexo?

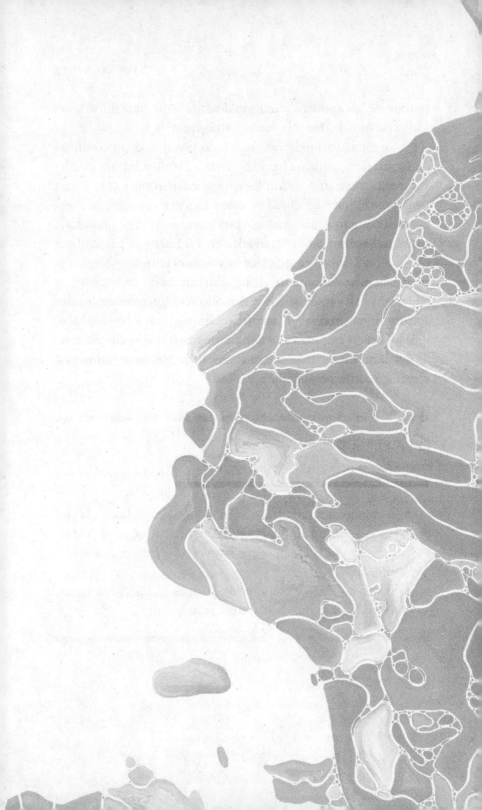

TERCERA PARTE

¿CÓMO SALGO DE AQUÍ?

CAPÍTULO 11

TRANSFORMACIÓN PERSONAL

Aprender a amarte y cuidarte a ti mismo

ESTA SECCIÓN FINAL ES PROBABLEMENTE la razón por la que compraste este libro. Espero que ahora puedas apreciar por qué las partes 1 y 2 fueron pasos vitales para pensar en un camino hacia la libertad. Estas secciones te guiaron a través de un viaje reflexivo por tu vida y algunas de las decisiones, tuyas y de otros, que afectaron tu relación con el sexo. Más allá de simplemente explicar algunas de las dinámicas más profundas que se ponen en juego en el comportamiento sexual indeseable, mi intención era alterar radicalmente tu visión de tu propia historia. Para asegurarme de que puedas emprender las acciones prácticas que están por venir, necesitaba que consideraras tus decisiones desde puntos de vista dramáticamente diferentes a los que probablemente tenías al comienzo del libro.

Mi promesa es que liberarte del comportamiento sexual indeseable es realmente posible. Lo he visto suceder, pero nunca sin que hombres y mujeres se enfrenten al dolor y la belleza de sus propias historias de vida. El comportamiento sexual indeseable eventualmente se convierte en odio a la esperanza que existe en nosotros de que los anhelos sagrados de nuestros corazones puedan cumplirse alguna vez. Los sufrimientos en nuestras vidas y las argucias del mal intentan convencernos de que la esperanza que tenemos es solo un sueño. El mal intentó atraparnos en el comportamiento sexual indeseable para destruirnos, pero la gran revocación del Evangelio es esta: el quebrantamiento sexual revela nuestro camino hacia la sanación.

En este capítulo abordaremos la transformación personal; en el siguiente exploraremos la transformación de tus relaciones primarias y, después de eso, la transformación de tu comunidad en general. Cada una de estas áreas influyó en tu participación en el comportamiento sexual indeseable y, por lo tanto, la libertad vendrá en la medida en que sean transformadas. Al comenzar la transformación, ten en cuenta que este no es un proceso de una semana o de un mes, ni siquiera de un año.

Quien eres hoy es el resultado de décadas de formación, y la mejor investigación que tenemos dice que los viajes de recuperación más exitosos llevan de dos a tres años para que el participante sienta que ha recuperado la estabilidad en su vida. Esto no significa que pasarán años antes de que experimentes la sobriedad, pero sí significa que tendrás que prepararte para transitar las dificultades de la vida sin recurrir al comportamiento impulsivo. Las acciones que estás a punto de leer son aquellas que he encontrado más beneficiosas para los valientes hombres y mujeres que han buscado y encontrado una profunda transformación.

Preparándote para una nueva historia
El profesor de escritura de guiones Robert McKee dijo:

Cuando las personas me piden que las ayude a convertir sus presentaciones en historias, empiezo por hacer preguntas. Hago una especie de psicoanálisis de sus compañías y de allí brotan asombrosos dramas. Sin embargo, la mayoría de las empresas y ejecutivos esconden la suciedad bajo la alfombra, las dificultades, los antagonismos y los conflictos. Prefieren presentarle al mundo una imagen ideal y aburrida. Pero como narrador, quieres traer los problemas a un primer plano y luego mostrar cómo los has superado[1].

Lo que me encanta de esta cita de McKee es que nada se desperdicia, ni siquiera el dolor. No hay derrota más grande del mal que la transformación que Dios hace de sus violentos ardides en historias que sirvan a nuestra alegría. Al final de *El Señor de los Anillos*, todos los que lucharon por liberar la Tierra Media se reúnen en el bosque para honrar a los hobbits. Frodo y Sam, para su sorpresa, son sentados en un trono para recibir las palabras de gratitud del pueblo. El autor de la saga, J. R. R. Tolkien, escribió sobre Frodo y Sam: "Sus corazones, heridos con dulces palabras, se desbordaron, y su alegría era como espadas, y su pensamiento voló a regiones donde el dolor y el deleite fluyen juntos y las lágrimas son el verdadero vino de la bienaventuranza"[2]. El dolor y el conflicto que has soportado no serán desperdiciados; se convertirán en el verdadero vino de la bienaventuranza.

Desarmar el poder de la vergüenza

La vergüenza es la experiencia dolorosa de que algo que has hecho o dejado de hacer te ha vuelto indeseable o indigno. Mi investigación encontró que la vergüenza era el motor clave más consistente del comportamiento sexual no deseado. La vergüenza nos convence de que somos indeseables, y perseguimos comportamientos que lo confirman. Para encontrar la libertad, desarma el poder de la vergüenza.

Cuanta más vergüenza sientas, más pornografía buscarás. Puede sonar obvio que la vergüenza impulsa el uso de la pornografía, pero las cifras en sí mismas pueden alarmarte. Los hombres en mi muestra eran casi trescientas veces más propensos a buscar pornografía por cada unidad de vergüenza que sentían por su comportamiento, y las mujeres eran cuatrocientas cuarenta y seis veces más propensas. Hay que decirlo: la vergüenza, no el placer, impulsa el uso de la pornografía.

Además de la pornografía, la vergüenza fue un predictor clave de varios de otros tipos prominentes de comportamiento sexual indeseable. Considera los siguientes dos gráficos que describen cómo la vergüenza sexual afecta a hombres y mujeres:

VERGÜENZA FEMENINA Y COMPORTAMIENTO SEXUAL INDESEABLE

1 SER USADA SEXUALMENTE	2 AVENTURAS SEXUALES CON ALGUIEN DESCONOCIDO	3 AVENTURAS SEXUALES CON ALGUIEN CONOCIDO
La vergüenza fue el principal factor de riesgo para las mujeres que deseaban ser usadas sexualmente. Las mujeres con los puntajes más altos de vergüenza tenían 13 veces más probabilidades de fantasear con este comportamiento o buscarlo.	La vergüenza fue el principal factor de riesgo para las mujeres que deseaban tener una aventura sexual con alguien desconocido. Las mujeres con los puntajes más altos de vergüenza tenían 7.7 veces más probabilidades de fantasear con este comportamiento o de buscarlo.	Las mujeres con los puntajes más altos de vergüenza tenían 3.6 veces más probabilidades de fantasear con tener una aventura sexual con alguien conocido o de buscarla.

VERGÜENZA MASCULINA Y COMPORTAMIENTO SEXUAL INDESEABLE

1 PAGAR POR SEXO	2 AVENTURAS SEXUALES CON ALGUIEN DESCONOCIDO	3 AVENTURAS SEXUALES CON ALGUIEN CONOCIDO
Los hombres que compraron sexo eran 5 veces más propensos a tener puntajes de vergüenza más altos.	Los hombres que buscaban o fantaseaban con tener una aventura con alguien desconocido eran casi 4 veces más propensos a tener puntajes de vergüenza más altos.	Los hombres que fantaseaban o buscaban una aventura con alguien conocido eran casi 2 veces más propensos a tener puntajes de vergüenza más altos.

Una de las historias más disfrutables que he leído en los últimos años provino de una entrevista con Andy Casagrande, el camarógrafo del famoso programa *Shark Week* del canal Discovery. A Casagrande se le preguntó qué demonios se debe hacer cuando un gran tiburón blanco viene nadando en dirección a nosotros. Él respondió que se debe hacer algo contraintuitivo: nadar directamente hacia el tiburón con la cámara. Esta acción parece desencadenar un mecanismo de defensa en el tiburón. "Ahora el tiburón piensa: 'Un momento, todos en el océano huyen de mí'. La realidad es que si no actúas como presa, no te tratarán como presa".

La respuesta de Casagrande tiene mucho que enseñarnos sobre cómo desarmar el poder de la vergüenza: debemos enfrentarla. El sentimiento de vergüenza es el depredador más grande en nuestras vidas, y tratar de alejarnos de nuestros recuerdos de ese "tiburón blanco" nos resulta natural a la mayoría de nosotros. Nadamos lejos de la vergüenza cada vez que minimizamos la importancia del dolor, abrazamos teologías que hacen que el olvido o el perdón fácil de daños pasados sea virtuoso, y adoptamos comportamientos adictivos en los que castigamos nuestros cuerpos mil veces por la crueldad originalmente cometida contra nosotros[3]. Aquí radica el problema: el poder de la vergüenza a menudo se deriva de nuestra huida de ella. Cuanto más corremos, más nos persigue.

El giro hacia la sanación implica que fijemos nuestros ojos en el tiburón de la vergüenza, lo desafiemos, lo desarmemos y le demostremos que debe someterse al paradójico poder de la vulnerabilidad. Cuanto más nadamos en dirección a la vergüenza, más reconocemos que nuestros conflictos actuales son a menudo pantallas de humo que nos distraen de la presencia de experiencias más amenazadoras. Puede que hayas recogido este libro en un intento de resolver un problema con la pornografía, pero rápidamente aprendiste que había mucho más flotando bajo la superficie. La vergüenza es ciertamente una bestia aterradora, pero cada vez que elegimos no vivir como su presa, la encontramos menos poderosa de lo que imaginábamos.

La acción de enfrentar nuestra vergüenza es espejo de algo que Dios instruyó al pueblo de Israel que hiciera cuando serpientes venenosas amenazaban su civilización en el impredecible desierto. Los israelitas estaban sin hogar y las provisiones caían del cielo. Aterrorizados por la posibilidad de morir y disgustados con sus escasas opciones de sustento y vivienda, los israelitas comenzaron a hacer lo que les resultaba natural: hablaron en contra de Moisés y de Dios por haberlos llevado a ese calvario. La respuesta de Dios fue agravar su situación. El Señor envió serpientes venenosas para morder al pueblo de Israel. Los cadáveres de los envenenados se acumulaban y, una vez más, el pueblo estaba angustiado. En su horror e impotencia, reconocieron que sus quejas y difamaciones contra sus líderes podían ser la causa de su actual circunstancia. Moisés escuchó el arrepentimiento de Israel y pidió a Dios que sanara al pueblo.

La solución de Dios fue simple y casi cómica: les hizo fabricar una serpiente de bronce, ponerla sobre un asta y hacer que los israelitas envenenados la miraran. La alegoría es bastante transparente: los hebreos debían mirar aquello que los estaba matando. El Evangelio de Juan retoma esta historia en el capítulo 3 y la recrea, pero esta vez es Jesús quien es colocado en una cruz, y la gente debe mirarlo para salvarse[4]. Nos curamos en la medida en que podemos darnos vuelta para enfrentar y nombrar aquello que nos está matando.

Enfrentar tu vergüenza es una decisión increíblemente difícil, pero liberadora, ya que nunca sabes realmente qué historias están por encima y más allá de los confines de la vergüenza. El camino hacia la sanación implica el compromiso de sanar las heridas que han marcado tu vida. Pero eso no es todo. Hay belleza más allá de los muros de la prisión de la vergüenza. Encontrarla te costará todo lo que tienes, pero podría darte precisamente aquello que has buscado toda tu vida. La derrota final de la vergüenza ocurre cuando las mismas experiencias que intentaron convencerte de que eras indeseable se convierten en fuentes de la alegría inmensa de ser amado.

BENEFICIOS DE ENFRENTAR LA VERGÜENZA

Al enfrentar tu vergüenza eres menos susceptible a su poder. Cuando ya no eres silenciado ni descalificado por la vergüenza, permites que se convierta en uno de tus más grandes maestros para la redención. Al confrontar la vergüenza en lugar de vivir como su presa, descubres la verdadera victoria que Jesús ha logrado en tu nombre a través de su derrota de la vergüenza y la muerte.

CÓMO DESARMAR LA VERGÜENZA:

1. Habla con un asesor de confianza (un terapeuta, pastor o padrino) sobre las historias específicas que te avergüenzan.

Rara vez intentarás revelar toda tu vergüenza de una sola vez (aunque algunos programas de recuperación optan por hacerlo de esta manera). En cambio, desarmar la vergüenza consiste en contar las historias que intentan arruinar tu identidad de ser alguien merecedor de amor. Los buenos asesores tienen formación en trauma y comportamiento sexual indeseable y se comprometen a trabajar contigo para descubrir la salud sexual libre de vergüenza.

2. Escribe una historia de tu infancia en la que la vergüenza esté presente de manera evidente. Después de escribirla, pasa tiempo reflexionando sobre ella con un asesor. Mientras reflexionas sobre la historia, ¿dónde sientes la vergüenza en tu cuerpo? ¿Sentiste vergüenza porque experimentaste placer? ¿Alguien te avergonzó o estuviste completamente solo cuando ocurrió algo doloroso? ¿Cómo crees que esta historia te afecta hoy? Piensa en un momento en el que te entregaste a fantasías o comportamientos sexuales después de sentir vergüenza. El Dr. Mark Laaser, uno de los líderes cristianos en el campo de la adicción sexual, dijo: "Nuestras fantasías no son algo de lo que avergonzarnos; de hecho, son nuestras mejores maestras"[5]. Permite que tus fantasías sexuales te enseñen aquellas partes de tu historia que esperan ser sanadas.

3. Continúa educándote sobre la vergüenza y su asociación con el comportamiento sexual indeseable. Recomiendo dos libros que, desde distintas perspectivas, pueden ayudarte a comprender mejor los problemas que enfrentas. Por ejemplo, invito a mis clientes a leer *Sex, God, and the Conservative Church: Erasing Shame from Sexual Intimacy* (Sexo, Dios y la Iglesia Conservadora: Borrando la vergüenza de la intimidad sexual) de la Dra. Tina Schermer Sellers, junto con *Out of the Shadows* (Saliendo de las sombras) del Dr. Patrick Carnes o *Healing the Wounds of*

Sexual Addiction (Curar las heridas de la adicción sexual) del Dr. Mark Laaser. Otra gran lectura sobre la vergüenza es *The Soul of Shame* (El alma de la vergüenza) del Dr. Curt Thompson.

Elige la alegría y desarrolla una rutina placentera

Quizás la única lección útil que he aprendido de las instrucciones de seguridad previas al vuelo de una aerolínea es que, en caso de una emergencia a bordo, debo ponerme mi propia máscara de oxígeno antes de ponérsela a otros. Básicamente, si no puedo respirar, ¿qué ayuda puedo dar a los demás? Uno de mis amigos aplica este principio a la crianza de sus hijos: debe tomar una taza de café por la mañana antes de comenzar su día como padre. Aquellos que luchan con un comportamiento adictivo tienen dificultades con la privación; tienden a ignorar cuestiones del cuidado personal. Esto se relaciona con tu historia. Si has experimentado vergüenza y abandono, es menos probable que creas que mereces cuidarte bien.

Asegurar tu oxígeno consiste en comprender las cosas que te ayudan a "respirar" y cerciorarte de que estén anotadas en tu calendario y que tu familia las acepte. A menudo, cuando mis clientes comienzan a asegurar su oxígeno, sus parejas se alteran, ya que comienzan a preguntarse: "¿Y yo qué?". Ellos también, por supuesto, deben asegurarse su oxígeno. Colabora con los demás para hacer que esto sea una realidad.

Cuando tomé un curso para conducir motocicletas hace unos años, el instructor pasó la mayoría de nuestro último día enseñando al grupo cómo hacer un ocho. Nos hizo saber que esta maniobra es en la que más fracasan los conductores en el examen final. Lo que los conductores nóveles tienden a hacer cuando ingresan al arco en la parte superior o inferior del ocho es mirar hacia el suelo. Esta acción, aunque bien intencionada y natural, termina haciéndolos caer al asfalto, a menudo con lesiones. "Lo que tienes que hacer en su lugar es contraintuitivo" comentó el instructor. "Si quieres ir hacia la izquierda, debes mover tu trasero hacia la derecha de tu asiento y mirar por encima de tu hombro izquierdo. Necesitas mirar hacia donde quieres ir, no hacia donde estás".

Lo mismo ocurre para aquellos que han conocido la adicción. Nuestra forma natural de vivir es sentirnos crónicamente atrasados en nuestras tareas, estresados y avergonzados. Esto es lo que solemos mirar. Lo que debemos aprender a hacer en su lugar es mirar por encima de nuestros hombros para encontrar el oxígeno que más necesitamos. Todo en nosotros nos dirá que mantengamos nuestras cabezas inclinadas hacia el suelo de nuestra miseria. Cuando hacemos esto, es común escucharnos decir: "No tengo tiempo" y "No me lo merezco". Practica una maniobra contraintuitiva cuando escuches pensamientos negativos sobre ti mismo, y sabes que antes o después, esto te resultará más natural. Permítete pensar dónde quieres ir o qué sería bueno para tu cuerpo, incluso si parece poco práctico. Por ejemplo, en momentos en que me siento particularmente ocupado, sé que mi cuerpo necesita surfear o hacer senderismo. Pero lo primero que me digo es: "Eso lleva demasiado tiempo. ¿De verdad vas a postergar a tu esposa de nuevo? Si estás tan ocupado, no puedes hacer eso".

El diálogo interno negativo hace muy fácil renunciar a nuestros buenos deseos. Enterrar nuestros deseos nos lleva a acumular derechos o privilegios compensatorios no merecidos. La estrategia contraintuitiva es inclinarse hacia lo que tu corazón desea. Las necesidades tuyas y de tu pareja no tienen que estar en conflicto unas con otras. Piensa en "y", no en "o". A menudo le digo a mi esposa: "Necesito seis horas el sábado por la mañana para ir a las montañas. Si hago eso, ¿qué necesitas hacer en la tarde? Me encantaría que a la noche estemos juntos para jugar con los niños".

Elige la honestidad personal

Hablar de honestidad puede llevarte de vuelta a esas soluciones incompletas e inadecuadas para el comportamiento sexual indeseable que se centraban en prácticas de privación o de rendición de cuentas a los demás, mientras ignorabas la vergüenza profunda y las heridas que el mal te infligía para corromper tu deseo. Si la palabra *honestidad* es un obstáculo para ti, exploremos un significado alternativo. La honestidad no se trata de huir o enterrar el deseo sexual; se trata de ser coherente y sincero al perseguir los deseos holísticos que hay en ti. Muchas personas que conozco anhelan realmente la belleza, la plenitud y la creatividad en sus vidas. También saben que alcanzarlas requiere un trabajo intencional y consistente. Cuando nos encontramos con la adversidad, tendemos a poner en riesgo los anhelos sagrados que pujan en nuestro interior. Esta atracción hacia el deseo amenazado está en el centro de nuestro conflicto con la honestidad.

La traición a nuestra honestidad no comienza cuando miramos pornografía, sino en el momento en que empezamos a preocuparnos menos por las cosas que importan. Cuando experimentamos ansiedad, necesitamos ser honestos para transitarla en lugar de huir a nuestras formas más comunes de distracción. Cuando queremos vidas sexuales apasionadas, pero sentimos que nuestras parejas están distantes, necesitamos de la honestidad para mantener una conversación amable sobre eso. Cuando nos encontramos en trabajos rutinarios que odiamos, necesitamos de la honestidad para buscar nuestra verdadera vocación. La honestidad fortalece todos los aspectos de nuestras vidas para perseguir los deseos, talentos y ambiciones que Dios tejió en nuestros corazones. El comportamiento sexual indeseable no es la causa radical de la falta de honestidad, sino uno de los muchos síntomas.

Anticipa tus conflictos

Como discutimos en la segunda parte, las fantasías sexuales son mapas. Estos mapas te ayudarán a anticipar los conflictos que enfrentarás. Estudia los momentos, lugares y temas previsibles asociados con tu comportamiento sexual indeseable. Cuando lo hagas, es probable que encuentres que son predecibles. Los temas más comunes que escucho mencionar son la soledad, la frustración, la futilidad y el aburrimiento, y los momentos más comunes para practicar la conducta no deseada son antes de irse a la cama o en la frecuente caída de energía después del almuerzo. Salir de tu comportamiento indeseable no se trata de escaparle a estos temas y momentos; se trata de transformarlos en lugares de descanso, e incluso reveladores. Si no tienes un plan para estos momentos, volverás a tu comportamiento anterior. La sanación no se trata solo de decir no; se trata de decir sí a lo bueno, lo verdadero y lo hermoso.

Uno de mis clientes, Stanley, reconoció que su extensa agenda de viajes debía cambiar. Notó que estaba haciendo muchos más viajes de negocios de los que realmente necesitaba. "Viajar era como una vacación para mí, especialmente debido a lo mal que me sentía en mi matrimonio. Necesitaba confrontar mi matrimonio con honestidad en lugar de huir de él". Clientes como Stanley reconocen que muchos de sus patrones de escape pueden ser transformados anticipando lo que desean experimentar en lugar de sentir vergüenza o que tienen derecho a una compensación.

Un año después del tratamiento, se le ocurrió a Stanley que podía pedirle a su asistente que le hiciera reservaciones en pequeños hostales siempre que fuera posible. Un ambiente más hogareño le brindaba comodidad (le recordaba a sus abuelos), pero un hotel lo hacía sentir fuera de control. También buscó terapia de pareja porque sabía que, si no se ocupaba de su matrimonio, su comportamiento sexual lo tentaría constantemente a alejarse de él. La honestidad de Stanley para anticipar sus conflictos nos muestra una tarea esencial: mirar los contextos de esos comportamientos que más nos permitimos y buscar alternativas para el placer y la transformación en su lugar. En otras palabras, no solo debemos decir que no, sino planear formas de dar placer a nuestros cuerpos de maneras no orgásmicas.

Placer diario

Procurar el placer es una tarea diaria, y las mejores actividades para hacerlo son aquellas que involucran tus sentidos. Nadar, cocinar, escuchar música y hacer actividades al aire libre son buenas opciones para comenzar. Una de las cosas más significativas que un amigo ha hecho por mí fue comprarme unos auriculares muy caros. Le parecía absurdo que trabajara en el campo de la salud mental y rara vez escuchara música. Más anonadado se sintió al saber que cuando escuchaba música, usaba auriculares baratos. Dejó un par de auriculares en mi casa y pasó los siguientes meses enseñándome sobre varios tipos de música y su historia.

Mi vida y, más importante aún, mi viaje diario en autobús, se transformaron. En el pasado, me sentaba apretado como una sardina en un ruidoso autobús, tratando de distinguir las palabras de una conferencia en medio de la cacofonía de otros ruidos. La música, a través de unos buenos auriculares, era un nuevo mundo mágico. En el pasado, me han emocionado las letras de algunas canciones, pero nunca la música misma. Puede parecer extraño, pero escuchar música me llevó a una vida más sensual. Cuanta más atención le prestaba a la música, más sentía la brisa en mi piel y más apreciaba los olores hasta hacérseme agua la boca. Si tenemos oídos para oír, ojos para ver y piel para sentir, hay un mundo fascinante y sensual esperándonos.

LOS BENEFICIOS DEL ARREPENTIMIENTO

La alegría del arrepentimiento se encuentra en pasar de creernos con derechos o privilegios no merecidos a la búsqueda de lo que realmente merecemos. La primera es la actitud de considerar que tenemos el derecho inherente de obtener lo que nos fue privado. El arrepentimiento nos permite concentrarnos no en lo que exigimos, sino en lo que merecemos. El arrepentimiento es creer que Dios realmente desea darnos lo que es mejor para nosotros.

Notarás que creerse con derechos y el arrepentimiento se sienten diferentes en tu cuerpo. El primero te hará sentir tenso y rígido hasta obtener lo que exiges. El arrepentimiento te llenará de anticipación por la alegría y el descanso que están por venir. Con el paso de los años, te sentirás menos seducido por la comodidad y los privilegios falsos.

Los cajeros bancarios dirían que la mejor manera de descubrir un billete falso es pasar mucho tiempo manipulando dinero real. Lo mismo ocurre con el placer: cuanto más vives una vida de honestidad total con tu deseo, menos atractivo se volverá ese comportamiento que promete liberación, pero termina en juicio.

Aquí tienes algunas sugerencias para establecer una rutina alegre y placentera:

ACTIVIDADES DIARIAS Y SEMANALES

1. Hazte miembro de un club de yoga o gimnasio, y ve tres o cuatro veces a la semana. Concéntrate regularmente en tu respiración.
2. Intenta dormir al menos siete horas y media por la noche. Deja de usar tu teléfono o tableta y de ver televisión media hora antes de acostarte.

3. Compra un excelente par de auriculares. Crea una lista de reproducción de música hermosa y relajante. Si no puedes encontrar una lista que te guste en Spotify, pídele a un amigo que la compile para ti. Algunos de nosotros recordamos lo hermoso que era recibir un CD grabado por un amigo; una *playlist* provocará el mismo efecto.

4. El comportamiento sexual indeseable tiende a eclipsar otros comportamientos problemáticos. Haz un inventario de las áreas de tu vida que siguen siendo poco saludables. Los problemas comunes pueden consistir en una relación desordenada con el alcohol, el tabaco o la comida. Discute estas áreas con tu grupo, tus amigos y tu terapeuta.

ACTIVIDADES MENSUALES Y ANUALES

1. Cada mes, agrega cuatro o cinco cosas a tu calendario que te traigan alegría y dales un color especial. Podrían ser unas vacaciones, una película, un restaurante nuevo, una caminata, un concierto o un evento deportivo. La investigación ha demostrado que la anticipación de algo que nos gusta es la experiencia más placentera (no la memoria ni la experiencia real en el presente). Muestra tu calendario actualizado a tu pareja, amigo y terapeuta.

2. Elimina cualquier aplicación que tiendas a usar principalmente con fines pornográficos o disociativos. Por ejemplo, en Instagram y Tumblr suelen aparecer aquellos que buscan tentarnos. Puedes decir que estas aplicaciones te conectan con los demás, pero hay otras formas de conectarse. En su lugar, instala aplicaciones de conciencia plena (*mindfulness*) o meditación. Una que uso es Headspace.

3. Visita un parque nacional. Pasa un día en el museo de arte de tu ciudad. Dedica tiempo a traer relajación saludable y sensualidad a tu vida. Si tienes la posibilidad económica, programa seis tratamientos de *spa* en los próximos doce meses. Si es posible, paga por ellos ahora y pon las citas en tu calendario para que no tengas excusas para no ir. Se trata de cuidar tu cuerpo más que de una cuestión de belleza.

4. Si vas a un viaje de negocios, investiga los mejores lugares para comer en la ciudad. En lugar de ir a una cadena de restaurantes familiares, prueba con uno barato y de moda en el lugar al que vas, o, si quieres derrochar, uno que haya ganado un premio "James Beard". Además, un hostal es a menudo una alternativa que muchos de mis clientes (como Stanley más arriba) prefieren cuando han tenido fracasos personales importantes en hoteles.

5. Programa una cita médica y dental ahora mismo si no recuerdas cuándo fue la última vez que hiciste una.

CAPÍTULO 12

UNA NUEVA HISTORIA SEXUAL

Sanación sexual

UNA NUEVA HISTORIA SEXUAL ES POSIBLE. Has comenzado a examinar las historias que esperan tu sanación sexual, y ahora exploraremos lo que significa prepararse para un futuro sexual nuevo y hermoso. No es suficiente decir que no; no es suficiente identificar tus heridas; no es suficiente mirar únicamente el daño. Debemos volver al problema central del deseo. ¿Qué quieres? ¿Crees que el sexo podría ser algo que una el cielo con la tierra en lugar de la tierra con el infierno? Estas preguntas en sí mismas nos enfrentan al problema de la fe. ¿Creemos que Dios, el dador de toda vida, belleza y deseo, está verdadera y radicalmente comprometido a traernos lo que nuestros corazones anhelan en lo más profundo?

Creo que Dios está profundamente comprometido con nuestra alegría. Sacrificó a su único Hijo para cumplir ese compromiso, y tengo que creer que no hay fracaso personal que me separe de esa promesa. Para traernos alegría, creo que Dios se une a nosotros para sanar el daño.

Sanar el daño

Si tuvieras un accidente automovilístico y tu brazo se rompiera, habría un protocolo a seguir. Irías al hospital para que te enyesaran el brazo y luego permanecerías en contacto con tu médico y varias compañías de seguros durante los meses siguientes. Tu automóvil sería llevado a un taller mecánico. Uno de los problemas en el tratamiento del quebrantamiento sexual es que no tomamos medidas prácticas para abordar el destrozo. La curación solo vendrá en la medida en que evalúes los detalles del daño que han causado años de comportamiento sexual indeseable. El dolor emocional es más difícil de ver que una lesión física, pero el proceso de restauración no es del todo diferente.

La sanación sexual involucra cuatro dimensiones: reclamar tu cuerpo, abandonar el pecado sexual, perdonarte a ti mismo y a los demás, y abordar maldiciones y ataduras del alma.

- **Reclama tu cuerpo.** Eres el dueño de tu cuerpo y tienes control sobre lo que hace. Esto incluye obviamente tu comportamiento sexual, pero también los pensamientos que tienes sobre tu cuerpo. Es probable que haya partes de tu cuerpo a las que hayas maldecido. Muchas personas con las que trabajo han maldecido sus narices, sus cuerpos delgados o gruesos, sus senos, sus líneas de cabello en retroceso, sus penes o sus vaginas. Cuando no somos amables con nuestros cuerpos, nos volvemos indiferentes a su comportamiento.

  Elegir un asesor o terapeuta experto te ayudará a recorrer las historias que distorsionaron la relación amorosa con tu cuerpo. A medida que avanzas en tu viaje, recuerda que la belleza de tu cuerpo te ha sido dada en tu calidad de portador de imagen e hijo de Dios. Puede ser útil repetir ciertas frases a diario o en momentos de tentación, como "El Señor está para mi cuerpo, y mi cuerpo es para el Señor" y "Soy un hijo de Dios".

- **Abandona el pecado sexual.** Dejar el pecado significa expulsar a los ocupantes ilegales que no tienen lugar en tu corazón. Esto surge de la convicción de que el pecado sexual no tiene cabida en tu vida, y es un giro consciente hacia cosas que conllevan belleza y honestidad. Para algunas personas esto se aborda en un programa de doce pasos, donde harás un inventario de lo que hace ingobernable tu vida y explorarás, en toda su dimensión, el efecto de tu comportamiento en los otros. El propósito de este proceso es hacerte reconocer la extensión de tu conflicto. Los datos serán dolorosos, pero la evidencia preparará tu corazón para decir no a tu antigua forma de vida y sí a todo lo que Dios quiere lograr en ti.

- **Perdónate a ti mismo y a los demás.** El perdón no es un evento único, sino un proceso continuo en el que recordamos, sentimos y entregamos nuestro oprobio, dolor y enojo a Dios. Solo cuando evalúas el daño sabrás el alcance de tu perdón. Mi amiga Becky ha dicho: "El perdón es como una pala: solo penetra hasta donde el suelo lo permita"[1]. Cuando primero ponemos la pala en la tierra, a menudo reconocemos no solo la hostilidad hacia nosotros, sino también cuánta hostilidad tenemos hacia quienes nos han lastimado. Por lo tanto, la pregunta inicial más importante relacionada con el perdón de uno mismo y de los demás es la siguiente: "¿Cuánta violencia, amargura y vergüenza quiero tener en mi corazón?". Aramos la tierra de nuestras historias con el duelo y la vulnerabilidad.

- **Ponle fin a las maldiciones generacionales y ataduras del alma.** Al explorar tu historia, es probable que hayas reconocido que el comportamiento sexual indeseable tenía un componente generacional. Podría tratarse de un padre o madre que consumen pornografía, del abuso sexual a lo largo de generaciones en tu familia extendida, o de otros miembros de la familia adictos a las drogas o al alcohol. Escribe lo que sepas o lo que puedas reconstruir. Comparte y reflexiona sobre esta información con un amigo de confianza o consejero. Descubro que cuando mis clientes ven que el quebrantamiento sexual es un problema de larga data en sus familias, se sienten tremendamente motivados a dejar un legado diferente para sus hijos.

Una atadura del alma se desarrolla cuando una persona tiene poder erótico o vergonzante sobre tu alma y cuerpo. Puede tratarse de un examante, un abusador del pasado, alguien de tu familia extendida, un colega o un artista de la industria del sexo. Es cualquier persona a la que tu alma sigue ligada con fantasías o remordimientos infames. El propósito de explorar estas ataduras del alma es examinar cómo ciertas personas te mantienen cautivo en fantasías sexuales, el odio o la vergüenza.

Cuando el apóstol Pablo habló del tema de las ataduras del alma, se refería a hombres en la ciudad de Corinto que tenían relaciones sexuales con prostitutas del templo. Estos hombres, como muchos de nosotros, minimizaron en gran medida el efecto de su comportamiento sexual sobre sus almas y cuerpos. Pablo insistió en que unir nuestros cuerpos sexualmente con alguien más es también una unión espiritual conmovedora.

En un mundo de acceso indiscriminado al sexo, abuso y promiscuidad, es casi imposible pasar por la vida sin desarrollar una atadura del alma con otro ser humano. Existe una tendencia en nuestra época a minimizar la forma en que nuestro comportamiento sexual pasado ha afectado nuestras almas y cuerpos. El apóstol Pablo afirmó que esta separación no solo es falsa, sino también profundamente destructiva. Para escribir una nueva historia sexual debes comenzar por prestar atención al ruido erótico y psicológico en tu mente. Puede haber personas, escenas y fantasías que necesitan ser combatidas con la oración y abandonadas para avanzar hacia un florecimiento sexual. Considera tratar estos asuntos con un terapeuta, un amigo de confianza o un pastor que comprenda su propia fragilidad en estas áreas.

BENEFICIOS DE LA SANACIÓN SEXUAL

La herida abierta del comportamiento sexual no deseado comienza a sanar a través del duelo y la ira. Tu dolor disminuye y encuentras que la búsqueda de un comportamiento sexual insalubre es menos deseable. Descubres una alegría renovada al dejar atrás la carga de una vida vergonzosa. Te encuentras en conversaciones difíciles pero sanadoras con tu cónyuge, hijos y amigos. También puedes encontrarte en conversaciones en las que debas extender el perdón y la gracia a aquellos que infligieron daño o fueron testigos silenciosos de ello. Estas conversaciones pueden ser literales o figurativas. En este proceso de reconciliación, tu corazón se libera.

En busca de una nueva historia sexual

En la década de los ochenta, la famosa campaña "Di no a las drogas" tenía como objetivo disuadir a los niños y adolescentes de su uso. La iniciativa no fue efectiva e, irónicamente, pudo haber aumentado el consumo de alcohol y cigarrillos entre los adictos[2]. El fracaso puede resumirse en que decir "no" no es una solución útil para un comportamiento destructivo; uno debe buscar algo generativo. Lo mismo ocurre con el sexo. Muchos programas de recuperación fallan porque están obsesionados con decirles a las personas qué comportamiento evitar. La verdadera recuperación no se trata de poner el cuerpo en cuarentena, sino de restaurarlo. Una nueva historia sexual implica invitar a tu cuerpo, tu corazón y tu alma a la plenitud del cuidado, la sensualidad y el erotismo. La sanación consiste en una santidad apasionada, reservando tu cuerpo para experiencias hermosas, apasionadas y tranquilas. Dios nos invita a una nueva historia sexual al convocarnos a recibir cuidado y al estimular nuestra sensualidad y nuestro erotismo.

Dios nos invita a ser cuidados

El cuidado recibido es la primera dimensión integral para escribir una nueva historia sexual. Como recordarás, el sexo, en su nivel más básico, se trata de un anhelo de conexión. El cuidado es el medio a través del cual damos y recibimos este deseo de conexión. Puede incluir el sexo genital, pero también existe fuera de él. Una de las cosas que descubro es que muchas personas no saben cómo buscar el verdadero cuidado. Cuando están felices, quieren sexo. Cuando están tristes, quieren sexo. Cuando están confundidos, quieren sexo. Esto puede indicar su amor por el sexo, pero también revela sus limitaciones en la búsqueda de ese cuidado que sustenta.

Hasta ahora, no he conocido a nadie en mi consultorio de terapia que sea fluido en el lenguaje del cuidado. Muy pocos saben cómo calmarse sin un orgasmo o una sustancia química, y muy pocos buscan relaciones para recibir cuidado y sustento y así convertirse en adultos más conscientes de sí mismos, independientes y amorosos.

Una de las cosas interesantes que hemos aprendido de las ratas, mamíferos como nosotros, es que cuando una madre no lame a sus ratoncitos, los bebés no desarrollan receptores de opioides en sus cerebros. A nivel humano, el equivalente sería que si una madre o un padre no abraza, besa, disfruta de su criatura y muestra interés en su bebé, el cerebro del niño no desarrollará los receptores necesarios para recibir y brindar cuidado humano más adelante en la vida.

Las personas sexualmente rotas tienden a evitar experiencias en las que corren el riesgo de ser consideradas incompetentes o el de ser avergonzadas, por lo que a menudo se pierden oportunidades de experimentar el cuidado. Para madurar, debemos permitir que nuestras necesidades de ser guiados y cuidados sean atendidas. En mi matrimonio, constantemente me sorprende cuántas veces mi esposa reconoce que no estoy respirando de manera constante. Es una señal reveladora de que me siento ansioso o avergonzado. Su amorosa atención me invita a volver a mi respiración y a la vulnerabilidad de compartir mi mundo interior. El cuidado nos invita a compartir nuestra ansiedad y vergüenza con quienes se preocupan por nosotros.

De todas las historias que tengo la oportunidad de escuchar sobre la transformación en la vida de las personas y sus matrimonios, algunas de las mejores suponen la búsqueda de formas de cuidar y ser cuidados. Jennifer era una cliente a quien le dijeron a lo largo de su vida que era torpe. Como un desafío, se inscribió en clases de escalada en roca. La semana siguiente, le pregunté cómo le fue. Ella respondió: "Soy parte araña. ¡Quién lo hubiera dicho!". Asher siempre quiso aprender sobre vinos, pero nunca pudo admitir, ni siquiera frente a un dependiente de una tienda de comestibles, que no sabía casi nada al respecto. Para su cumpleaños, reservó una mesa en Canlis, uno de los mejores restaurantes de Seattle, y le pidió al *sommelier* dos botellas de vino de regiones que a él le interesaban. La parte más angustiante pero redentora de la noche para Asher fue invitar al *sommelier* a quedarse tres minutos más en su mesa para enseñarle cómo oler y degustar cada cosecha. Y David, que luchó contra la obesidad toda su vida, me preguntó, después de comprometerse a practicar yoga por más de un año, si quería verlo pararse de cabeza. Estas historias son notables no porque vayan a ser titulares de los diarios, sino porque cada una de estas personas buscó cuidar una parte de sí misma que había sido herida. Al buscar ese cuidado, Jennifer, Asher y David recibieron el empoderamiento que buscaban.

Dios solicita nuestra sensualidad

La sensualidad es el segundo componente en nuestra búsqueda de nuevas historias sexuales. Al igual que con el cuidado, si tienes dificultades para tener sensualidad en tu vida cotidiana, no esperes que aparezca mágicamente en tu vida sexual. Las siguientes preguntas sirven para evaluar cuánta sensualidad te permites experimentar:

- Cuando cocinas tu plato favorito, ¿disfrutas de los colores y los olores durante el proceso?
- Cuando ves un colibrí, ¿te maravillas de su vuelo?
- Cuando ves a un deportista olímpico, ¿sientes admiración por su habilidad y dedicación?

Cada día, si prestamos atención, Dios nos invita a experimentar la sensualidad en las cosas simples.

Uno de los trabajos que he tenido a lo largo de los años es el de dar charlas en la escuela de "clientes" de la ciudad de Seattle. Se trata de un programa para hombres que han sido arrestados por solicitar servicios sexuales. Por casi una década, he comenzado cada clase pidiéndole a cada uno de ellos que presten atención a lo que sienten en sus cuerpos. La mayoría de ellos dicen sentirse cansados o estresados por un largo día de clases. Les entrego menta fresca y les pido que la huelan y presten atención a cualquier cambio que ocurra en sus cuerpos o su energía. Generalmente, el salón se llena de sonrisas. De todos los hombres a los que he invitado a oler menta, solo uno reaccionó de manera diferente. (Había pasado gran parte de su vida trabajando en campos de menta. Es comprensible que se sintiera visiblemente repelido).

Inevitablemente, estos hombres comparten experiencias que hacen que les guste la menta: mojitos, té de menta, chicle de menta y aceites esenciales de menta. Continúo invitándolos a prestar atención a sus cuerpos mientras reconocen la dimensión olfativa de la menta. Cuando lo hacen, dicen que sus cuerpos se sienten más tranquilos, seguros y relajados. Los estoy invitando a experimentar cómo ser hombres sensuales sin necesidad de erotismo. Quiero que contemplen la bondad de sus cuerpos y el placer que pueden experimentar en las sensaciones cotidianas. Quiero que vean que la sensualidad se trata de abrir nuestros cuerpos para estar presentes, excitados y conmovidos por el mundo que nos rodea. Si no sentimos asombro ante el vuelo de un colibrí o un águila, o ante el aroma de la menta, ¿cómo podremos siquiera empezar a sentir la deslumbrante sensualidad del sexo?

Una de las recomendaciones más comunes de tratamiento para aquellos que luchan con un comportamiento sexual indeseable es abstenerse de la actividad sexual por un período de sesenta a noventa días. La razón de esta sugerencia es que las vías neuronales de atención y motivación en nuestro cerebro necesitan ser reconfiguradas. Lo que la investigación sobre el trastorno alimentario de la bulimia (atracones de comida seguidos de purgas mediante el vómito o ejercicio intenso) ha demostrado es que la gran mayoría de la alimentación bulímica no tiene nada que ver con el hambre. En su lugar, estas personas experimentan estrés, enojo, ansiedad y depresión, y usan la comida para modificar esas emociones desagradables. La pornografía y el comportamiento sexual pueden utilizarse de manera similar. Al comprometerte a dos o tres meses de abstinencia, aprendes a leer tu cuerpo y a despertar la sensualidad en él. Habrá momentos en los que necesitarás enseñarle a tu cuerpo a estar tranquilo y otros en los que podrás llevarlo a actividades apasionadas, sensuales y no orgásmicas. Es crucial que aprendas actividades sensuales que cuiden de tu cuerpo y lo exciten de forma no erótica.

Dios nos invita al erotismo

La mayoría de los hombres y las mujeres que tienen una relación problemática con el sexo creen que son individuos muy eróticos, quizás demasiado eróticos para su propio bien. Por lo tanto, ser invitado a buscar el erotismo puede parecer redundante o incluso aterrador, especialmente si estás tratando de controlar tu deseo sexual. Recuerda, sin embargo, que el significado original del término griego *eros* tiene que ver con una fuerza creativa capaz de transformar el mundo (ver capítulo 1). Como afirma el psicólogo y autor Rollo May: "Eros es el centro vital de una cultura, su corazón y su alma. Y cuando la liberación de la tensión reemplaza al eros creativo, la caída de la civilización está garantizada"[3].

Eros, cuando se lo procura adecuadamente, es una de las principales fuerzas con que Dios nos mueve hacia la redención. Él no está usando nuestros pecados sexuales en nuestra contra, esperando la decadencia de nuestra cultura. Más bien, está haciendo lo que siempre hace: ofrecernos una salida de la esclavitud, invitándonos a una tierra que hemos anhelado, pero aún no hemos encontrado. A través del eros, Dios nos invita a ser mucho más sexuales de lo que ni siquiera hubiéramos concebido en el apogeo de nuestro comportamiento sexual indeseable.

Experimentamos las primicias de esta tierra prometida cuando nuestras relaciones dan y reciben cuidado, nuestros sentidos están rodeados de risas y alegría, y nuestros cuerpos experimentan un éxtasis tan superior a nuestra comprensión que la explicación más probable es que el Autor de este placer es el ser más increíblemente sexual que pudiéramos buscar. De esta manera, el erotismo revela que los deseos sexuales en nuestra cultura no son demasiado fuertes, sino demasiado débiles[4].

Encuentros con Eros

Te encuentras con Eros cuando tu cuerpo descansa después del sexo y tus ojos se llenan de lágrimas, sabiendo que no hay más secretos, ni una doble vida que debas ocultar. Eros te saluda cuando ves a tu hija casarse y te maravillas de que, de alguna manera, incluso los años dolorosos y conflictivos con tu cónyuge sean parte de la bendición de ese día. Haces participar a Eros cuando imaginas cómo será estar unido con tu cónyuge y amante en la desnudez sagrada de sus cuerpos. Eros se descubre cada vez que tu cuerpo experimenta la coincidencia del deseo y la gratitud. De esta manera, el erotismo, entendido apropiadamente, siempre te une a tu cuerpo, a tu amante y aparentemente a toda la creación.

Uno de los autores más vendidos, Christopher West, en su libro *Fill These Hearts* (Llena estos corazones), dice que nuestros corazones saben que fuimos hechos para la dicha y el éxtasis, que son nuestro destino eterno. Escribió: "La palabra latina *destinare* es un término del tiro con arco que significa 'apuntar a'. El deseo tiene una trayectoria. Dondequiera que lo dirijamos, ahí es donde finalmente llegaremos"[5]. La singularidad sagrada del eros es que en ninguna otra dimensión de la vida Dios y el hombre están tan mutuamente comprometidos a encontrarse el uno con el otro. A través del eros, Dios apunta al corazón del hombre. Y el hombre, a través del eros, apunta al corazón de Dios.

Dios nos invita a renovar nuestras mentes, no a restringir el deseo. Es de suma importancia esta distinción para nuestra comprensión del erotismo. Solos en nuestro esfuerzo, intentamos controlar nuestra excitación por miedo a que se salga de control. Cuando lo hacemos, inadvertidamente le ponemos un techo muy bajo a nuestras vidas sexuales. Sin embargo, Dios quiere que cambiemos nuestras chozas por catedrales. La sanación no se encuentra condenando el deseo, sino liberándolo para buscar historias sexuales que se eleven a nuevas alturas de gloria, honor y adoración.

A través del eros, Dios une la belleza del placer corporal y la fascinación del cielo. Cuando estos mundos chocan, nos conectamos con la adoración, donde las cosas son exactamente como deben ser y, sin embargo, demasiado buenas para ser verdad. Nuestros corazones saben que fuimos hechos para vivir en catedrales de adoración, no en chozas de vergüenza sexual. Hasta que encontremos la adoración, nuestros corazones estarán inquietos[6].

En tu comportamiento sexual indeseable, estabas buscando una versión falsa de la adoración. El comportamiento te sedujo, pero cuando mordiste el fruto, tu alma supo que había sido engañada. Por lo tanto, el mayor riesgo que afrontarás en tu sanación sexual será permitir que tu corazón sea liberado para ser seducido nuevamente. Si usas el sexo para escapar de la vida o buscar placer fuera de una relación, te marchitarás. Pero si permites que el sexo te lleve a la adoración, descubrirás los anhelos más profundos de tu corazón. Dios transforma nuestras indeseables cenizas en belleza, el silencio sexual en descubrimiento y la vergüenza en placer erótico.

BENEFICIOS DE BUSCAR CUIDADO, SENSUALIDAD Y EROTISMO

Al buscar el cuidado, la sensualidad y el erotismo, le enseñas a tu vergüenza que no tiene la última palabra. Esta es la Buena Nueva del evangelio: has sido herido y has causado daño, pero el antídoto no es el aislamiento sino una mayor participación en la bondad de tu cuerpo. Procurar una nueva historia sexual mueve el foco de tu quebrantamiento hacia imaginar de manera renovada lo hermosa que puede ser esa pasión erótica.

Conclusión: una vida de serenidad

Uno de los fenómenos más extraordinarios del mundo de la botánica es un rizoma. Un rizoma es un tallo horizontal en crecimiento continuo que emite raíces y brotes en intervalos aleatorios. Si alguna vez has comprado jengibre fresco en una tienda de comestibles o te has topado con un bosque de álamos, has visto un ejemplo de rizoma. A nivel del suelo, un bosque de álamos parece un conjunto de árboles individuales, pero debajo, sus raíces están todas conectadas en un rizoma. Encuentro sorprendentes dos características de los rizomas: primero, pueden prosperar en casi cualquier entorno y, segundo, si se cortan en pedazos, cada uno de ellos puede dar origen a un nuevo rizoma.

Un rizoma es un buen ejemplo de lo que debe ser la experiencia de la serenidad. La serenidad es la capacidad de permanecer íntegro en entornos diferentes y condiciones cambiantes. La serenidad es a lo que se refería el salmista cuando dijo: "En verdad que me he comportado y he acallado mi alma. Como un niño destetado de su madre; como un niño destetado está mi alma" (Salmo 131:2, RVR).

En mi trabajo con clientes, he notado que alrededor del segundo año de tratamiento, parecen comentar cada vez más sobre esta experiencia de serenidad. La serenidad ocurre principalmente en los pequeños y sutiles momentos de la vida: la brisa de una mañana, la frescura de las sábanas y el calor de una manta cuando te acuestas, el deseo de tomar café con un amigo y contarle algo de la vergüenza que has estado soportando, y sentirte bien en tu cuerpo cuando tu cónyuge o tu compañero de apartamento están de viaje. La vida no siempre tiene que ser épica o salvaje o extraordinaria; es suficiente sentirse centrado, tranquilo y ameno.

Tuve el privilegio de entrevistar a Craig Gross, fundador de xxxchurch.com, quien me dijo que una de las quejas que su ministerio recibe de quienes se subscriben a su producto estrella, X3watch (que monitorea la actividad en línea y envía informes a tu padrino para fomentar conversaciones abiertas y honestas), son las limitaciones de su monitoreo de *software*. Craig me dijo que los usuarios quieren vigilancia en todo su uso de aplicaciones, como Tinder, e incluso seguimiento GPS de sus autos, para disuadirlos de ir a clubes de *striptease*. Craig señaló con perspicacia que "lo que la gente generalmente quiere es restricción, pero eso no es libertad"[7]. La vigilancia construye una prisión, pero la serenidad abre las puertas para disfrutar de la verdadera libertad. La vigilancia es una falsificación.

Como rabino, Jesús instruyó a sus seguidores a ser perfectos como él era perfecto, lo que significa "completos" o "maduros". En cierto sentido, Jesús estaba diciendo: "Sé perfecto, como una fruta madura", no "sé perfecto, como una gramática impecable". En la sociedad, especialmente en las comunidades religiosas, es probable que hayas sentido la presión de parecer y pensar de manera perfecta y gramatical en tu vida sexual. Esta es una invitación inútil a enterrar tu lujuria a expensas de escucharla y transformar tus anhelos. Dios quiere madurez no solo para tu santidad, sino también para tu placer.

La buena noticia es que Dios ama a todas las personas, especialmente a aquellas que no son aceptadas por la sociedad. El camino hacia la sanación no consiste en tratar de conformarse a esta demanda de perfección evitando errores, desviando la mirada o eliminando el deseo sexual. La sanación se da a través de la honestidad de convertirse en alguien que cuida y se cuida, y es sensual y erótico con su cuerpo y su alma. Puede parecerte que tu historia sexual no es como crees que debería ser en este momento, pero se está volviendo un todo completo. Mide tu crecimiento no por la perfección, sino por la habilidad de superar tu necesidad de conductas sexuales indeseables. Cuando te seduzcan más la belleza y la santidad, sabrás que algo dentro de ti está transformándose de adentro hacia afuera.

CAPÍTULO 13

CULTIVA LA SINTONÍA Y LA CONTENCIÓN EN TUS RELACIONES

La paradoja de las relaciones es que son el contexto tanto de nuestro sufrimiento más intenso como de nuestra sanación más profunda. Como afirmó el autor Harville Hendrix, "nacemos en una relación, sufrimos heridas en una relación y, finalmente, podemos encontrar la sanación a través de una relación"[1]. Al explorar los patrones relacionales problemáticos en la vida de mis clientes, a menudo me miran desconcertados y dicen: "¿Qué es normal en una relación? ¿Cómo deberían ser realmente?".

La alternativa a los patrones poco saludables en los vínculos radica en aprender a invertir en relaciones transformadoras, caracterizadas por "sintonía y contención", "conflicto y reparación" y "vulnerabilidad y fortaleza". Estos atributos representan paradojas que toda relación saludable debe equilibrar. Así como necesitarías ajustar los niveles de graves y agudos en un equipo de audio para lograr la mejor calidad de sonido, de igual manera, debemos aprender a manejar adecuadamente estas tensiones en nuestras relaciones. Las relaciones son como contenedores caóticos de tensiones que más maduran cuanto más permitimos que coexistan los elementos dialécticos y paradójicos.

El corazón humano tiende a calcificarse en uno de los extremos de estas polaridades relacionales. En los últimos años, los padres de mi esposa enfrentaron con valentía graves problemas de salud. La angustia y el temor en el rostro de mi esposa eran evidentes durante los peores meses. En mi afán por ayudarla, intenté que "contuviera" su dolor dirigiendo su atención hacia los aspectos de su familia que ella podía controlar. Por supuesto, esta estrategia generó conflictos, ya que ella entendía que mi inclinación hacia la contención era simultáneamente una decisión de no brindarle el apoyo emocional (sintonía) que necesitaba en ese momento. Mi calcificación en la contención me protegía de sentirme perdido y desamparado ante la complejidad del duelo, pero también me robó la posibilidad de una temporada de mayor ternura con mi esposa.

La calcificación también puede ocurrir cuando evitamos los conflictos necesarios en nuestras relaciones. En mi último año de universidad, un amigo se comprometió, y ninguno de nosotros, en nuestro grupo de amigos, sabía cómo celebrar esta noticia. Veíamos una pareja enredada en una relación tan intensa que era difícil distinguir dónde terminaba uno y empezaba el otro. Cada vez que mi amigo expresaba su deseo de pasar tiempo a solas o con sus amigos, su pareja lo percibía como egoísta. La solución fue evitar este conflicto con ella, lo que indirectamente significó para él perder contacto con sus amigos. A pesar de que sus amigos le expresaran su preocupación, él siguió por este camino complicado. Hablé con él años después y expresó lo dividido que se sentía por dentro. Deseaba el respeto de sus amigos, pero temía no poder casarse si no priorizaba los deseos de su prometida por encima de los suyos. Al igual que la calcificación en mi caso, mis amigos lo protegieron de enfrentar los conflictos inherentes a las relaciones.

En este capítulo los invito a comprender estas polaridades relacionales como contradicciones sagradas que Dios pretende utilizar para nuestra transformación. El grado en que permitas que estas tensiones naturales existan determinará la calidad y sustancia de tus relaciones. Como alguien que tiende a la calcificación en formas sustitutas de contención, fortaleza y conflicto, estoy destinado a crecer en mi capacidad para practicar la sintonía, la vulnerabilidad y la reparación. Mi amigo de la universidad está destinado a desarrollar su capacidad para tolerar el conflicto, volverse sabio en la contención y fortalecerse para comprometerse con él mismo y los demás con mayor honestidad. Sin duda, te encontrarás con tu falta de habilidad cuando te muevas de tu polo calcificado. Eso está bien. Tu valentía para persistir construirá gradualmente la competencia. En este capítulo, nos centraremos en la sintonía y la contención; abordaremos las otras prácticas en los capítulos que siguen.

Sintonía y contención

Imagina que eres el padre de un niño de séptimo grado. Te dice que hay una pijamada en la casa de su amigo Brady y que le gustaría ir. Como padre, podrías pedir más detalles. "¿Quiénes van a ir? ¿Los padres de Brady estarán presentes?". Tu hijo aparta la mirada, sabiendo que su pedido se complica, y responde: "No creo. No sé por qué eso importa".

Tu radar de padre se activa, advirtiéndote que es probable que estos amigos planeen hacer algo más que simplemente jugar videojuegos. En este momento, es probable que te sientas dividido. Reflexionas sobre el dilema por un momento: ¿Niños de séptimo grado sin supervisión? ¡Qué pésima idea! ¿Los padres de Brady *están siquiera enterados?*

Al mismo tiempo, algo en ti te recuerda que tu hijo ha tenido un año muy difícil académica y socialmente. Recuerdas ese destello de alegría en su rostro cuando te dijo que lo habían invitado a una fiesta, algo que sabes que ha estado esperando durante todo el año. Esta situación requiere que los padres practiquen la sintonía y la contención.

Ahora, imagina que recibes una llamada de un amigo que acaba de contarte algunos de los problemas que está enfrentando en sus relaciones íntimas y su carrera. Es la tercera vez que escuchas una versión de esta historia en seis meses. Quieres ser empático, pero te sientes cada vez más cansado e irritado. Lo has escuchado, le has ofrecido sugerencias para que busque un terapeuta y un asesor para su carrera, le has ofrecido tomar un café, pero está claro que tu amigo está decidido a recrear los problemas a su alrededor. Y cuando se siente abrumado, se desahoga. Simultáneamente, sientes cierta indiferencia, pero realmente deseas que estos problemas se resuelvan en su vida, aun si es para no volver a escuchar sobre ellos.

Las relaciones nos alertan sobre la realidad de que no existen soluciones simples ni arreglos fáciles. Sin embargo, la mayoría de nosotros no enfrentaremos con honor y honestidad los lazos relacionales que se nos presentan. En cambio, tendemos a seguir escuchando con nuestros oídos, pero cerramos nuestros corazones y almas. O nos alejamos de los demás y nos ocupamos en estar ocupados.

En el libro *How Children Raise Parents* (Cómo los niños crían a los padres), Dan Allender señala que cada niño se hace al menos dos preguntas fundamentales: (1) ¿Me aman?, y (2) ¿Puedo conseguir lo que quiero?[2]. Como adultos, seguimos haciéndonos preguntas muy similares. El papel de la sintonía en las relaciones es decirles a los demás: "Sí, eres amado". Y el papel de la contención es madurarnos al hacerles saber a los demás: "No siempre obtendrás lo que quieres de mí. Tengo mis propios límites, necesidades y perspectivas".

La tarea principal de la sintonía consiste en reconocer el rostro y la historia de la persona que está frente a ti con amabilidad y curiosidad. La principal tarea de la contención implica establecer límites. Los límites son importantes porque cuando sientes que no puedes decirle que no a los demás, no hay forma de que puedas decir un sí verdadero. En las relaciones, la sintonía sin contención se convierte en acuerdo y la contención sin sintonía se transforma en una especie de dogmatismo.

Imagina que eres el padre del niño de séptimo grado que fue invitado a la pijamada. La sintonía te permite compartir la alegría de tu hijo por haber sido invitado a la fiesta. Sin embargo, la contención podría inclinarte a no dejarlo quedarse en la casa de su amigo sin supervisión de adultos. En el ejemplo de tu amigo que experimenta dificultades constantes en sus relaciones y su carrera, la sintonía te permite escuchar el dolor en su voz y hacerle saber cuánto te importa. La contención, por otro lado, te permite decirle: "Estoy dispuesto a seguir hablando de esto, pero solo si en una parte de esa conversación exploramos por qué estas dinámicas se repiten de manera tan consistente en tu vida. Me importa esta relación y no quiero que se reduzca a sesiones de desahogo".

La creatividad es el antídoto cuando percibes la tensión entre la sintonía y la contención en las relaciones. Un padre podría sintonizar con la emoción y la importancia del deseo de su hijo, pero también con decir "no", proponiéndole como alternativa organizar la pijamada en casa o llevar a su amigo al cine. De manera similar, una propuesta a tu cónyuge para tener sexo podría recibir un "no" o un "es demasiado tarde". Aquí, se necesita sintonía no solo con tu cónyuge sino también contigo mismo. El diálogo interno podría ser algo así: *Realmente esperaba tener relaciones sexuales con mi esposa, pero está claro que está exhausta. Mi deseo de sexo es válido [autosintonía], y en lugar de recurrir a la pornografía después de que se acueste, puedo relajarme con ella e invitarla a contarme* más sobre los aspectos más agotadores de su día [autocontención y *sintonía centrada en el otro]. Por la mañana, volveré a abordar la conversación sobre la intimidad sexual y encontraremos el mejor momento para estar juntos.* Cada dilema relacional que enfrentamos es un lugar para practicar la armonización de la sintonía y la contención.

Cómo sintonizar y contener

Para practicar la sintonización, crea espacio para que tu pareja y tus amigos te conozcan y para que tú los conozcas a ellos. A no ser en un espejo o un autorretrato, no puedes ver tu propio rostro. Una de las consecuencias de esto es que necesitas que otros te ayuden a saber quién eres. Cuando permites que los otros vean tus emociones, dependerás menos de la necesidad de escapar de ellas. Cuando sintonizas con las necesidades de tu pareja y amigos y les permites hacer lo mismo, se reduce la hostilidad que impulsa gran parte del comportamiento sexual indeseable. Aquí tienes algunas cosas que puedes hacer y son beneficiosas para tus relaciones:

- **Compartir.** Cuéntales a las personas más importantes en tu vida en qué consiste tu día o semana. ¿Qué te entusiasma? ¿Qué te está causando ansiedad? ¿Dónde te sientes olvidado o molesto?

- **Escuchar (primera parte).** Sintoniza con tu vida emocional escuchando lo que tu cuerpo está experimentando. Puedes notar ansiedad, enojo o vergüenza. En lugar de huir de esos sentimientos o compartirlos inmediatamente, sintonízate con ellos. Imagina que tus inhalaciones traen consuelo o poder a los lugares de incomodidad y visualiza la tensión abandonando tu cuerpo en la exhalación.

- **Preguntar.** Pregúntales a tu cónyuge y a tus mejores amigos acerca de sus vidas. Aquellos que luchan con comportamientos sexuales indeseables suelen tener dificultades notorias para cuidar a los demás porque están demasiado centrados en sí mismos y rara vez han tenido modelos apropiados de sintonía. Pregúntales a las personas en tu vida qué les depara el próximo día, semana o año y a qué se enfrentan. ¿Dónde parecen entusiasmarse? ¿Qué les infunde temor?

- **Reflexionar.** Al final de cada semana, reflexiona sobre cuándo lograste sintonizar adecuadamente y cuándo deseaste evitarlo.

- **Sé creativo.** Practica la contención de tus emociones utilizando la creatividad. Jon Kabat-Zinn, creador del Centro para la Atención Plena en la Medicina, la Atención Médica y la Sociedad, dijo: "No puedes detener las olas, pero puedes aprender a surfearlas"[3]. Habrá momentos en los que las tensiones y la futilidad de la vida sean demasiado difíciles de soportar. Una de las mejores formas de practicar la contención es anticipar nuestras necesidades. Esto nos obliga a decir que sí a las cosas que necesitamos y decir que no a las que nos llevarán más profundamente al estrés y la privación. A menudo, los clientes con los que he trabajado contratan un servicio de limpieza semanal o a una empresa local para que lleve comida a sus casas en las noches en que la familia está particularmente ocupada, y encuentran niñeras regulares para las noches en que deciden salir con sus parejas. La creatividad en la contención te proporcionará la flotabilidad para navegar las dificultades y transiciones.

- **Escucha (segunda parte).** Cuando el salmista escribió: "Exa-míname, oh Dios, y conoce mi corazón; pruébame y conoce mis pensamientos" (Salmo 139:23, RVR60), estaba sinto-nizado con la realidad de que tenía pensamientos ansiosos. Dedica cinco minutos cada día a aprender a sintonizar y lue-go contener tus emociones. ¿Qué te está diciendo tu cuerpo? ¿Está enojado y sientes una bola de fuego en tu pecho? ¿Está lleno de adrenalina, impulsándote hacia adelante de manera temeraria? ¿Está triste, invitándote a encontrar consuelo? Cuanto más sepas lo que tu cuerpo está sintiendo, más po-drás contener tus emociones antes de que se descontrolen. Reflexiona sobre cómo estas experiencias podrían estar pi-diéndote que crezcas personalmente. Invertir en tus relacio-nes es un ingrediente importante para una vida saludable, pero no exime tu responsabilidad de cuidarte a ti mismo mediante la contención.

- **Prevé.** ¿Dónde es probable que te lleven tus emociones ne-gativas si se quedan sin contención? ¿Hay eventos en tu calendario o momentos del día en los que estarás particu-larmente tentado a practicar conductas sexuales indeseables? Fortalece tu determinación para decir "no" al buscar con honestidad lo que realmente necesita cuidado o finalización.

- **Busca la conexión.** Cuando experimentas situaciones emo-cionalmente difíciles con otros, busca la conexión. Cuando nos sentimos olvidados o rechazados, tendemos a aislarnos o culpar. En lugar de eso, comparte lo que *tú* sientes, no lo que la otra persona hizo. Por ejemplo, cuando sientas que una persona importante en tu vida está distante, programa un momento en el futuro cercano para hablar al respecto. En lugar de comenzar la conversación con "nunca piensas en mí", di: "He notado que está ocurriendo un cambio en nuestra relación, y me he preguntado si también lo has notado".

• **Busca la creatividad con otros.** En tu lucha contra comportamientos sexuales indeseables, has aprendido a pasar mucho tiempo solo. Estar solo, entonces, se asocia con fuerza a la búsqueda de comportamientos sexuales indeseables u otras distracciones. La planificación de comportamientos sexuales indeseables ha secuestrado sin duda tu energía creativa. Practica la contención en los momentos más predecibles para esas conductas a través de la búsqueda de actividades placenteras o productivas con otros.

BENEFICIOS DE LA SINTONÍA Y LA CONTENCIÓN

Al practicar la sintonía y la contención, aprendes cómo dar y recibir cuidado, el principio básico para la construcción de las relaciones. Desde la sólida base de conocer y ser conocido, alcanzarás nuevas alturas en tu intimidad con otros.

Pocos de mis clientes varones reconocen tener alguna necesidad, excepto el sexo. Esto ejerce una tremenda presión sobre sus parejas de ser sexuales a fin de experimentar intimidad. Esta presión inevitablemente erosiona el deseo. ¿Cómo puede una pareja desear precisamente aquello que se le exige que ofrezca? La sintonía y la contención permiten que el sexo se convierta en algo más que la liberación de la tensión o el único símbolo del compromiso. El erotismo en una pareja se fortalece al tejerse con pasión, placer y cuidado plenos.

CAPÍTULO 14

PRACTICA EL CONFLICTO Y LA REPARACIÓN EN TUS RELACIONES

IMAGINA A UN NIÑO DE TRES AÑOS en una cafetería a quien acaban de decirle que solo puede comer una dona. El niño se enfurece después de que se impone el límite a su consumo de azúcar. Se tira al suelo llorando y, cuando el padre intenta levantarlo, el niño le da una bofetada. En ese momento, el padre echa un rápido vistazo a su alrededor y ve que todos lo están mirando. Sumido en la vergüenza, el padre intensifica su enojo y regaña a su hijo a gritos por su comportamiento. Levanta al niño y se dirigen directamente al auto. Todavía gritando y pateando, el niño queda sujeto en su silla de auto para lo que seguramente será un viaje a casa enloquecedor.

En este momento, la escena está llena de conflicto. Padre e hijo están enojados el uno con el otro, y ambos están llenos de animosidad. Lo que el hijo más necesita es que se repare la relación, no que se deteriore aún más a través del castigo (ya sea físico o psicológico) o el silencio.

Un padre sintonizado es capaz de reflexionar sobre la situación y hablar con su hijo de tres años sobre lo que sucedió. El padre puede decir algo como esto: "Me enojé mucho contigo en la cafetería y grité. Estoy seguro de que fue aterrador ver a papá con una cara tan malvada. Lo siento mucho, hijo. Quiero tratarte con amabilidad". La reparación comienza, pero el padre también debe abordar el berrinche del niño después de que el cuerpo del niño se haya calmado. El padre podría esperar veinte minutos o más para recordarle a su hijo lo sucedido: "Sé que te enojaste mucho cuando dije que solo podías comer una. Las donas son ridículamente deliciosas, y entiendo que quieras comer más. Está bien enojarse, pero no está bien usar tus fuertes brazos para golpearme".

En el transcurso de la infancia, experimentamos miles de ciclos de conflicto (situación en la cafetería) y reparación (conversación en casa después). Esto permite a los niños desarrollar un lenguaje para lo que está sucediendo interna e interpersonalmente. Tanto o más importante, les permite saber que su comportamiento y sus emociones, ya sea enojo o tristeza o cualquier otra, no resultarán en el fin de la relación. Cuando los niños no saben recurrir a relaciones saludables para la reparación, eventualmente buscarán el rescate fuera de sus padres o cuidadores principales. En la adolescencia, este rescate suele ser un comportamiento o relación que ofrece una mezcla de alivio y venganza por lo que sus padres le proveyeron.

El conflicto por sí solo no es evidencia de una relación enferma. Todo lo contrario. Los que están en relaciones saludables pueden ver el conflicto como un umbral vital para el crecimiento. En lugar de culparse mutuamente, las personas sanas abordan con honestidad su contribución a la locura que tienen ante ellos. Esto es lo que yo llamo conflicto generativo.

Los conflictos perjudiciales ocurren cuando una pareja se dedica a culparse mutuamente sin reflexionar sobre las dinámicas más profundas en juego. En mi consultorio, uno de los escenarios que a menudo presencio con parejas casadas es que el esposo quiere conectarse sexualmente, pero la esposa quiere conectarse emocionalmente. Uno de los cónyuges podría decir: "Estaría más dispuesto a tener relaciones sexuales si estuvieras más dispuesto a conversar", lo que provoca la siguiente respuesta del otro cónyuge: "Estaría más dispuesto a conversar si estuvieras más dispuesta a tener relaciones sexuales".

Para muchas parejas, la conversación termina ahí y se desencadena un conflicto leve o extremo. La esposa que no desea tener relaciones sexuales se da vuelta en la cama, irritada por la demanda, y su pareja se levanta de la cama, enojado porque su deseo es mal recibido. A la hora o al día siguiente, el esposo buscará alguna forma de disociación, llegando a menudo al uso de pornografía. La pornografía le permite apoyarse en algo para escapar del conflicto presente y vengarse de su esposa.

En la mayoría de los matrimonios, los conflictos perjudiciales sirven como una forma inmadura de reparación. Si el esposo está molesto, puede esconder cada vez más su vida emocional. En cierta medida, sabe que su silencio llevará a su esposa a acercarse a él eventualmente para invitarlo a tener relaciones sexuales y así liberar la tensión. Como puedes ver, este es un ejemplo de reparación inmadura. Lamentablemente, la reparación inmadura es el tipo más común que veo en mi práctica terapéutica. Si la esposa no ofrece alivio al conflicto, la tensión en la pareja a menudo se perpetúa. O si el conflicto desagradable continúa durante años, la pareja se peleará sobre quién es el que desea menos el sexo y la intimidad[1].

En este escenario matrimonial que acabamos de explorar, el conflicto no se utiliza para hacer crecer a la pareja en salud (conflicto generativo). En cambio, se utiliza para mantener el estado actual de la relación sexual. Rara vez la pareja reconocerá que el cónyuge que tiene menos deseo sexual puede ser el más saludable. Después de todo, ¿por qué alguien desearía realmente el sexo cuando su significado simbólico es ser la catarsis del conflicto? En cambio, se considera más saludable a quien desea más sexo, a pesar de que desea una forma de sexo llena de privilegios.

Para que una pareja haga la transición de conflictos perjudiciales a conflictos generativos, y de la reparación inmadura a la reparación madura, sus integrantes necesitan ser honestos sobre la mutua hostilidad y explorar las dimensiones de su propia integridad que han sacrificado. En el ejemplo anterior, el esposo necesitará ser honesto para reconocer cuánto más fácil ha sido culpar a su esposa por la falta de deseo sexual que aceptar que su falso derecho a demandar satisfacción sexual socava la intimidad. La esposa necesitará ser honesta para reconocer que permitió que el significado del sexo fuera el de liberar tensiones, porque las consecuencias de su deseo de ser conocida profunda y plenamente habrían sido demasiado difíciles de soportar.

Antes de abordar el conflicto y la reparación

Antes de comenzar a abordar el conflicto en tus relaciones, hay tres cosas importantes que debes tener en cuenta:

1. Solo puedes hacer tu parte por los demás.
2. Acercarte a los demás requiere trabajo consistente.
3. Cada persona que conoces te ofrece un espejo que refleja alguna parte de ti.

Examinemos cada uno de estos puntos más detenidamente y por qué son importantes cuando te acercas a los demás para ofrecerles tu empatía.

La primera cosa que debes recordar en el conflicto es que no es tu responsabilidad cambiar a la otra persona. Durante el conflicto, muchas personas sienten el enorme peso de esa responsabilidad, que es su deber cambiar a la otra persona. Debes recordar que Dios está mucho más comprometido con esta persona en tu familia o comunidad de lo que tú podrías estar, incluso si le dedicaras todo tu tiempo. El cambio es un proceso lento y a menudo misterioso, y deberás ajustar tu sentido de la oportunidad. Cuando se trata de abordar una aventura o el uso de pornografía, debes darles a quienes has lastimado tiempo de sentir el dolor, la traición, la confusión, la ira y la ambivalencia que tus elecciones han provocado.

En segundo lugar, cada persona que encuentras tiene un estilo distinto de relacionarse. Puedes considerarlo como la personalidad de cada uno. Cada persona que conoces te está pidiendo dos cosas al mismo tiempo. Con una mano, te hace señas para que te acerques: "Conóceme un poco más. Comparte una comida conmigo. Quiero dejarte entrar". Pero con la otra mano, te da una señal de alto. Tiene un profundo miedo de ser visto y conocido. Te advertirá, a veces con un golpecito y otras veces con una trompada, si te acercas demasiado o percibes su identidad de una manera contraria a la imagen que ha construido cuidadosamente. Las respuestas de "acércate" y "no te acerques más" son ambas normales, y en esta etapa lo único que haces es recopilar datos sobre la forma de relacionarse de alguien.

Conocer los estilos en que se relacionan tus familiares o amigos es importante porque ayuda a explicar los sentimientos que experimentas en su presencia. Por ejemplo, puedes verlos haciéndote señas para que te acerques y sentir miedo de lo que necesitan de ti. O puedes sentirte muy rechazado cuando ponen sus señales de alto. Eres responsable de cómo metabolizas este miedo o rechazo. Al mismo tiempo, estas reacciones ofrecen pistas valiosas sobre la distancia con que otras personas quieren que orbites a su alrededor. Mantén el interés en tus respuestas y la persona frente a ti. A lo largo de tus relaciones, podrás compartir estas reflexiones. Recuerda, esto no sucede en una sola conversación; tendrás innumerables oportunidades para sacar a colación estas dinámicas con quienes están cerca de ti.

En tercer lugar, permite que lo que te resulta difícil de la persona con la que tienes un conflicto te lleve a una comprensión más profunda de ti mismo. Los conflictos con los demás a menudo son reveladores, nos invitan a enfrentar realidades desagradables sobre nosotros mismos. Como dijo el psiquiatra suizo Carl Jung: "Todo lo que nos irrita de los otros puede llevarnos a una comprensión de nosotros mismos"[2]. Por ejemplo, podríamos culpar a la falta de deseo sexual de nuestras parejas o al estrés inherente de nuestros trabajos por nuestro consumo de pornografía. Esto nos resulta atractivo porque podemos ubicar la irritación fuera de nosotros en lugar de comprender que no sabemos cómo tolerar dinámicas difíciles en nuestro interior. Cuanto más permitimos que los conflictos con los demás nos hagan conscientes de nuestra ceguera, más veremos los aspectos de nuestra vida que necesitan madurar.

Practicar estos tres puntos antes de abordar el conflicto te beneficiará inmensamente. En lugar de entrar en conflicto, aprenderás a reflexionar sobre lo que la relación está despertando dentro de ti. En los próximos meses, es probable que recibas malas noticias en el trabajo, que tu cónyuge o pareja se acueste sin avisarte o llamarte, o que te sientas excluido por tu grupo de amigos. Por ejemplo, en lugar de gritarle a tu pareja por ignorarte, tu responsabilidad es reflexionar. ¿Es tu responsabilidad controlar el comportamiento de tu pareja? ¿Cómo podrían estas experiencias estar invitándote a curar una herida abierta? ¿Qué podría estarle sucediendo a tu pareja que la llevaría a acostarse sin avisarte? Reflexionar sobre estas preguntas antes de entrar en conflicto creará un terreno fértil para que comience el trabajo de reparación.

Cómo practicar el conflicto y la reparación en las relaciones

Si tienes un cónyuge o pareja, esta relación será el foco principal de tu proceso de conflicto y reparación. Como mínimo, esto implica considerar la infidelidad o el consumo de pornografía que trajiste a tu relación. También podría significar reparar algunas de las mentiras que les contaste en secreto a amigos y familiares como resultado de tu comportamiento sexual indeseable. Aunque muchas personas atrapadas en una conducta sexual no deseada vacilan sobre si revelarla o no a otros, la investigación ha encontrado que, a pesar de ser difícil, el cónyuge traicionado tiende a preferir tener conocimiento de lo que ha hecho su pareja[3]. Es vital que reconozcas que todas las relaciones, especialmente con seres queridos, se reparan a través de un proceso largo, no de una vez.

Recomiendo enfáticamente que te abstengas de contarle a tu cónyuge u otros los detalles relacionados con tu comportamiento sexual indeseable hasta que haya suficiente apoyo a su alrededor. Esto significa que le dices a tu cónyuge o pareja que has estado abordando algunos de los temas importantes de tu vida con un terapeuta, líder religioso, mentor o amigo de confianza, y que te han aconsejado que los invites a buscar su propio círculo de apoyo cuando llegue el momento del sinceramiento. Si estás buscando un terapeuta para ti mismo, debes preguntarle a cualquier candidato de tu lista sobre su familiaridad y competencia con el proceso de sinceramiento.

Abordar la infidelidad es un proceso multidimensional que depende de los detalles de tu comportamiento sexual indeseable. Aquí hay algunas acciones fundamentales (aunque no excluyentes) a seguir.

1. Ponle fin al secreto de tu infidelidad o participación en un comportamiento sexual indeseable hablando

con un terapeuta o asesor de confianza. Aunque puedas ver algunas de las fuerzas externas que te llevaron a tu comportamiento, la responsabilidad es única y totalmente tuya. Más tarde se abordarán los patrones disfuncionales en la relación que pueden haber contribuido a la infidelidad (en muchos casos, de seis a doce meses desde el momento de la confesión). Mantener el foco en tus acciones será invaluable en posteriores etapas de la sanación de la relación.

2. **Asume tu engaño y/o culpas.** Junto al dolor de la traición, la segunda dinámica que genera más enojo en las parejas traicionadas es hacerles creer que eran ellas el problema en la relación. Durante el proceso de asumir tu comportamiento sexual problemático en el contexto de tu matrimonio, tu terapeuta puede alentarte a escribir una carta de enmienda a tu cónyuge. Esto puede incluir una confesión de las veces que le mentiste, la hiciste sentir como si ella fuera la loca, la engañaste haciéndole creer que tu comportamiento solo había ocurrido una vez, o la culpaste por no ser lo suficientemente sexual o por "descuidar su apariencia". Antes de que pueda darse cualquier grado de perdón, tú y tu cónyuge deben conocer todo lo que debe ser perdonado.

El período de reparación puede ser transitado por tu cónyuge, familia y amigos por meses o años. Por lo tanto, debes prepararte para interactuar con tu deseo de sexo o intimidad cuando tu cónyuge necesite una temporada de separación emocional y sexual para procesar el daño que causaste en la relación. Para muchos hombres, esto a menudo puede desencadenar otra temporada de dependencia de la pornografía. La forma de prevenir esta recaída es pedir ayuda a otros (terapeuta, amigo, pastor) para lidiar con la dificultad y el estrés que estás enfrentando. La comunidad nos fortalece de maneras que nunca podríamos concebir mientras mantenemos el secreto. Además, cercano al momento de la revelación a los cónyuges, muchos elegirán comenzar sesenta a noventa días de abstinencia sexual (discutido en el capítulo 12). Sufrir el dolor que provocaste en la vida de tu pareja mientras aprendes simultáneamente a entender y regular tu vida emocional sin sexo es una de las combinaciones más poderosas para el cambio que experimentarás en este proceso de reparación.

3. **Comienza a reparar las relaciones con tus hijos y familiares**. Si eres padre o madre, especialmente de adolescentes o hijos adultos, es importante reconocer que tus hijos tal vez crecieron bajo un considerable rigor o desapego. Si tu hogar era estricto, es probable que sintieran que sus vidas estaban bajo una constante vigilancia. Si eras negligente, tus hijos probablemente vagaban por la vida preguntándose si realmente eran amados y apreciados. Eres responsable de la coerción o abdicación de tu poder como padre o madre. La tarea que tienes por delante es reflexionar sobre el tipo de hogar que creaste para tus hijos y explorar cómo los afectó.

La contemplación es el comienzo de la reparación. Cuando llegue el momento de compartir tus pensamientos con tus hijos, asegúrate de darles suficiente tiempo para asimilar tus palabras y contarte sus experiencias con sus propias palabras. Uno de mis clientes, meses antes de la boda de su hijo, le dijo: "Cuando estabas creciendo, yo era increíblemente controlador e invasivo con tu vida amorosa y el tiempo que pasabas con tus novias. Usé la vergüenza y la culpa como estrategias para educarte. La verdad es que estaba en una intensa batalla con mi propio quebrantamiento sexual, y era más fácil dirigir mi enojo hacia ti que enfrentar mi propia hipocresía. Desde que comencé la terapia, he estado ahorrando dinero para tu terapia, si alguna vez quieres ir. Sé que he sido un padre intimidante, y quiero que sepas cuánto deseo ser un padre más amable".

4. **Escríbele una carta a tu madre y/o a tu padre contándoles el dolor que experimentaste cuando eras su hijo.** Considérala como una entrada personal en tu diario, no como una carta que vayas a compartir con ellos. No obstante, escríbeles. Puedes optar por escribir sobre la triangulación, la rigidez o el desapego que sentiste, o sobre el modo en que esas dinámicas te expusieron al acoso o al abuso sexual. El propósito de esta carta no es culparlos, sino hacer un inventario del dolor que experimentaste. Recuerda que el honor no niega la necesidad de honestidad. Muchos de nosotros evitamos los conflictos porque no queremos lidiar con el dolor.

A continuación, escribe una carta de respuesta desde la perspectiva de tu madre y tu padre, en la que los imagines reconociendo tu dolor. Aunque la mayoría de nosotros nunca tendremos el privilegio de oír a nuestros padres arrepentirse del daño que nos hicieron, eso no te impide imaginar cómo sería que te dijeran las palabras que tanto has deseado oír. Tómate media hora y escribe estas cartas. Observa lo que sientes cuando tienes la oportunidad de participar en el conflicto y la reparación.

BENEFICIOS DEL CONFLICTO Y LA REPARACIÓN

La confianza se establece a través de la interacción entre el conflicto generativo y la reparación madura (no la perfección). Descubres que la reparación ayuda a reducir la ira que alimenta tu huida hacia comportamientos sexuales indeseables. El estrés crónico derivado de la ambivalencia relacional y el secretismo se reduce. Misteriosamente, te encuentras anhelando el vínculo con tu pareja o amigos en lugar de buscar la desconexión sexual para abordar tu ira y dolor.

CAPÍTULO 15

BUSCA LA FORTALEZA Y LA VULNERABILIDAD EN TUS RELACIONES

En las Escrituras hebreas, el Dios del universo se presenta como una amalgama perfecta de fortaleza y vulnerabilidad. Él es el creador poderoso, insuperable en su fuerza. Aunque algunas tradiciones del Medio Oriente pueden adorar dioses del sol, la luna o las estrellas, el Dios judío es el creador de estos astros celestiales. Sin embargo, este Dios no permanece impasible ante las luchas humanas; al contrario, se involucra constantemente en las situaciones de vulnerabilidad que su pueblo enfrenta. A diferencia de otros dioses, que crean seres humanos por pereza y quieren que sus criaturas se ocupen del trabajo arduo, en la visión hebrea del mundo, las manos de Dios manipulan el barro, dando forma a la vida e invitando a su creación a participar con alegría en el mundo.

Cuando la fuerza de Dios está presente, la creación prospera. Su fuerza no domina a los demás, sino que está a su servicio. Dios sigue a los cansados, aumenta el poder de los débiles (véase Isaías 40:29) y prepara a otros para crear con Él el Reino de los Cielos. La vulnerabilidad de Dios es igualmente notable. Su vulnerabilidad asume las mismas enfermedades y pecados que han contaminado la condición humana. En el punto culminante de los Evangelios, vemos cómo se entrelazan el poder y la vulnerabilidad de Dios. De su mayor derrota surge su máxima fortaleza: la resurrección.

La verdadera fortaleza

Mi amiga Jill es socia directora de una empresa de consultoría. A lo largo de los años, he sido testigo y destinatario de su fuerza divina. Cuando Jill dirige una reunión o una empresa, no tienes la sensación de que intente utilizar sus poderosas ideas contra ti. Por el contrario, sus ideas son compartidas para servirte, prepararte y llamarte a hacer más de lo que podrías imaginar.

Cuando practiques la fortaleza, mantén la tensión entre sostener tu dignidad personal y procurar el bienestar de los demás. Los que solo se atienden a sí mismos se convierten en hombres y mujeres vacíos, ciegos a las necesidades de los demás. Los que solo persiguen el bienestar de los demás desarrollan su personalidad según las necesidades que les imponen los demás y no saben quiénes son realmente. Cuando adquieres conciencia de tu fuerza relacional, caminas por el filo de la navaja del poder. Si la ejerces en exceso, intimidas o irritas a los demás, y si demasiado poco, la gente sabrá que estás eligiendo el camino de la cobardía.

Melissa acudió a terapia porque se había sentido usada toda su vida. Su jefe le debía miles de dólares por horas extras. Su marido le había comprado un perro a su hija a pesar de saber que Melissa era alérgica. Por esta misma época, al hermano de Melissa le diagnosticaron cáncer de páncreas. Ella no sabía qué hacer, así que optó por no hablar con él ni verlo durante seis meses. Además, en los últimos tres años, el matrimonio de Melissa iba erosionándose lentamente y entró en una espiral descendente después de que su marido la descubriera intentando tener una relación romántica con una antigua amiga de su hermandad universitaria, y que su historial de programas de televisión incluía pornografía.

Como puede verse, las circunstancias de Melissa mostraban a las claras su dificultad para practicar la fortaleza. Como resultado, su dignidad en el trabajo se resintió, se sentía paralizada para ayudar a su hermano y se esforzaba constantemente para hacerle notar sus necesidades a un marido emocionalmente insensible. Las fantasías de un comportamiento sexual indeseable a menudo revelan nuestra incapacidad para encontrar lo que queremos y necesitamos en la realidad. Melissa podía ir en busca de lo que quería, pero solo en un mundo de relaciones sin resistencias.

Austin buscó terapia con la esperanza de tratar su adicción a la pornografía y aprender a controlar su ira. La primera vez que me llamó fue después de unas vacaciones familiares en las que su mujer había conducido en medio de una tremenda tormenta, y al dar un volantazo para esquivar a un coche que había frenado delante de ellos, chocó con el que venía por el otro carril. Segundos después del accidente, Austin montó en cólera y reprendió a su mujer por su incompetencia mientras sus hijos pequeños gritaban en sus asientos sin ser atendidos. Esa misma noche, su mujer lo sorprendió masturbándose en la casa que habían alquilado. En el primer mes de terapia, reconoció que estaba utilizando una versión falsa de la fortaleza para dominar a su mujer y a sus hijos.

Tanto Melissa como Austin han distorsionado el propósito y la eficacia de la fortaleza. Para Austin, el disfraz de la fuerza es la ira. Reconoció que había aprendido de su padre este mal uso de la fuerza. Utilizar la ira para intimidar a los demás no es fortaleza; la intimidación es agresión. Melissa lucha con el otro disfraz de la fuerza: la abdicación de poder. Cuando la ira o la abdicación distorsionan la fortaleza, las relaciones se resienten.

Tras explorar estos temas, Melissa y Austin empezaron a utilizar su fortaleza de forma diferente. Melissa invitó a su marido a salir el sábado y le contó lo dolida que estaba porque él había comprado un perro en contra de sus deseos. Le dijo: "Ese perro, por mucho que lo queramos, tiene que irse". Ese mismo fin de semana encontraron un nuevo hogar para el animal. Melissa también le planteó a su jefe el tema de la indemnización, informándole sutilmente que conocía a un buen abogado. Rápidamente acordaron un plan de pagos. Con el dinero extra, Melissa compró un pasaje de avión para visitar a su hermano. Al elegir la fortaleza, se dio cuenta de que esa fuerza se convertía en empatía, lo que le permitió derramar lágrimas por la enfermedad de su hermano. Se disculpó profundamente por haberse ausentado de su relación con él. Tras un año practicando deliberadamente la fortaleza, dijo que había sido el año más tranquilo de su vida adulta.

El cambio de Austin fue igualmente impactante. A su mujer le encantaba correr, y él empezó a correr con ella. Aprovechaba esas salidas para animar a su mujer a contarle historias de su vida. Se reía de que fuera su pobre estado físico lo que hizo posible que por fin escuchara a su mujer. Se enteró de que su padre era un adicto al trabajo, lo que la había dejado constantemente expuesta a una madre cruel. En un recorrido por el parque de su barrio, ella le contó que cuando estaba practicando para obtener su licencia de conducir, su madre le gritaba por cualquier cosa que no hacía bien. En una ocasión, la hizo chocar con un coche estacionado. Austin no tardó en asociar esto con la dinámica en su matrimonio. Detuvo la marcha para abrazar a su mujer mientras ambos lloraban al reconocer que la historia de maltrato de ella y el abuso de fuerza de él habían colisionado en su relación. Austin estaba aprendiendo a hablar y escuchar para interactuar con los demás, lo que le permitió una hermosa sintonía con su mujer, y el resultado fue la tranquilidad para todos los que lo rodeaban.

La verdadera vulnerabilidad

Conocí a un hombre llamado Brent en mi primer año de seminario. Era diez años mayor que yo, e inmediatamente pensé en él como un hermano mayor. Con el tiempo llegamos a compartir apartamento y ser amigos entrañables. Brent es un hombre poco común que, paradójicamente, experimenta dolor y alegría, la encarnación de la vulnerabilidad divina. Conocer a Brent es encontrarse con su dolor: lleva soltero mucho más tiempo de lo que ni él ni los demás hubieran imaginado, una serie de alergias afectan negativamente su vida cotidiana, y los anhelos y las preguntas vocacionales están siempre rondándolo. Al mismo tiempo, conocer a Brent es encontrarse con la alegría. Todos los que conocemos a Brent tenemos historias con él que nos hacen reír y apreciar sinceramente su carácter. A veces es el alma de la fiesta y otras, un hombre sabio.

Una noche, nos quedamos hasta tarde bebiendo *whisky* y compartiendo cosas de nuestras vidas de las que raramente se habla. Mientras Brent me contaba del dolor y las implicaciones de la soltería, me di cuenta de que la vergüenza era una fuerza mucho menos poderosa en su vida que en la mía. Mientras hablaba, me asaltaban múltiples pensamientos: ¿Realmente dijo eso? ¿Cómo ha podido ser tan sincero? Yo también he pasado por eso, ¡pero nunca se lo habría dicho a nadie!

En nuestra conversación, se hicieron evidentes dos cosas. Primero, yo anhelaba profundamente la libertad de ser vulnerable. En segundo lugar, era mucho más reservado de lo que nunca me había dado cuenta. Gracias a la sinceridad y amabilidad de

Brent, las barreras de mi corazón se hicieron visibles y se derrumbaron al mismo tiempo. Su vulnerabilidad le había abierto la puerta a la mía.

A la mañana siguiente, me despertó bruscamente un equipo de música que retumbaba por toda la casa, acompañado de un golpeteo rítmico en el suelo. Estaba aturdido y abrí con curiosidad la puerta de mi habitación para encontrar a Brent vistiéndose frente al espejo del pasillo. Su pie derecho golpeaba el suelo, y su brazo derecho se flexionaba con pasión al ritmo del último álbum de Arcade Fire. Por un momento, me sentí como si estuviera en el zoológico tratando de entender los gestos de una especie que escapaba a mi comprensión. Se dio vuelta para mirarme y ambos estallamos en carcajadas. Volví a mi habitación, pensando en este hombre extraño y extraordinario. Me di cuenta de que alguien que conoce la vulnerabilidad es alguien que no tiene miedo a bailar. La vulnerabilidad reduce la vergüenza y conduce a la libertad. El contraste con mi propia vida no pasó desapercibido. En lugar de provocarme sentimientos de desprecio por lo lejos que tenía que llegar en el aprendizaje de la vulnerabilidad, la presencia de Brent me hizo imaginar con esperanza lo que podría llegar a ser mi vida.

Practicar la vulnerabilidad

La vulnerabilidad supone riesgo, pero nunca llegar a ella es amenazante. La clave de la vulnerabilidad es el movimiento hacia la honestidad personal. Puedes esperar a que la crisis exija tu vulnerabilidad, o puedes elegir la vulnerabilidad de ser honesto hoy mismo. Las experiencias de tu vida te llevaron a creer que debías guardar secreto en tu cruzada por sobrevivir. Pero al mismo tiempo hay algo en ti que reconoce que podrías esconderte tras esas defensas en un futuro previsible. La vulnerabilidad honra tus defensas, pero también te desafía a abandonarlas para recibir el regalo de ser conocido por los demás.

Jeffrey, a quien conociste en la introducción (paseando en bicicleta por la ciudad cuando era niño), hablaba a menudo de su tristeza por estar en un matrimonio en el que su mujer no quería pasar mucho tiempo con él. Su trabajo en un local de conciertos la ponía en contacto con mucha gente de la comunidad musical de su ciudad, y ella acudía a ellos habitualmente tras la dolorosa revelación de la relación de Jeffrey con la prostitución. Al final de una sesión, Jeffrey dijo: "Es un sufrimiento constante. Sé que debo ser fuerte y darle espacio, pero la distancia es aún más dolorosa que antes. Es como si ella estuviera disfrutando de la vida más allá de mí, y ahora yo soy el que se siente traicionado. Odio sentirme así. Me dan ganas de reincidir".

Clayton, que fue abusado por su tío en la infancia durante una reunión familiar (véase el capítulo 7), experimentó mayores dificultades para relacionarse con sus amigos a medida que avanzaba la terapia. Quería compartir su historia con ellos, pero tenía miedo de cómo la recibirían. "Los hombres hablamos de sexo todo el tiempo, pero rara vez de las dificultades que causa en nuestras vidas". Quería ser vulnerable, pero no creía que sus amigos fueran capaces de empatizar con su historia de haber sido abusado.

Un año después de empezar la terapia, Clayton estaba deprimido y se emborrachó durante la fiesta de Navidad de un amigo. Su amigo observó su inusual consumo de alcohol y lo invitó al porche para ver cómo estaba. Clayton tomó la precipitada decisión de desahogarse. "Me siento miserable. Soy adicto al sexo. Mi tío abusó de mí. Soy un victimario y una víctima. Ninguna mujer me querrá jamás". Se fue de la fiesta cinco minutos después, sintiéndose expuesto y avergonzado.

Como puede verse, Jeffrey y Clayton se esfuerzan por permitir que la vulnerabilidad sea la base de sus relaciones. Jeffrey no creía que sus padres se preocuparan por él e, inconscientemente, se casó con una mujer que le daría aquello a lo que estaba acostumbrado. En lugar de compartir su deseo por su mujer, se mantuvo callado y supuso que estaría más solo que nunca. Clayton también creía que debía evitar que los demás conocieran su historia, lo que le llevó a revelar los detalles más sensibles de su vida, no por vulnerabilidad, sino por desesperación. Cuando confesó su historia, estaba borracho, saboteando así su capacidad de recibir la atención que merecía.

Cuando Jeffrey y yo exploramos los patrones relacionales de su vida, se dio cuenta de que, para escribir una historia diferente, tendría que dar a conocer sus necesidades y sentimientos a los demás. Esto empezó de a poco, en terapia, y luego se extendió a su grupo de recuperación. En otro momento habría enterrado sus sentimientos de abandono, lo que le habría llevado a volver a comprar sexo. Ahora permite que sus sentimientos lo conecten con los demás. La vulnerabilidad no garantiza un cambio en nuestras situaciones externas, pero abre el camino para que los demás nos ofrezcan empatía.

Cuanto más practicaba Jeffrey la vulnerabilidad con los demás, más fuerza adquiría para hacerlo con quienes más le importaban. Un fin de semana le preguntó a su mujer si podían hablar y, antes de que pudiera pronunciar una palabra, estaba transpirando a mares. Se tranquilizó y le dijo lo mucho que la deseaba y que no creía merecerla a causa de sus fracasos. A continuación, le contó dos historias de abandono que lo hicieron llegar a la conclusión de que las personas importantes de su vida nunca se quedarían mucho tiempo. Reconoció que ese miedo le impedía interesarse de verdad por su mujer y que ella también debía de sentirse sola en el matrimonio.

La mujer de Jeffrey lloró al comprender lo mucho que él la deseaba. Le sorprendió que él le confesara su miedo a que lo abandonara, ya que siempre le había parecido que no se interesaba por ella. Ella le dijo que había aceptado un trabajo de fin de semana porque esos días le resultaban dolorosamente estériles en su relación. A medida que la pareja se inclinaba más hacia la vulnerabilidad, empezaron a confrontar las dinámicas de su matrimonio que los mantenían desconectados. Con el tiempo, su mujer dejó de trabajar los fines de semana y Jeffrey la acompañó en las cosas que ella le gustaban. Con el tiempo, ella también comenzó terapia tras darse cuenta de que le había resultado más fácil sentirse sola que vivir en una relación con necesidades, vulnerabilidades y deseos.

La niebla depresiva de Clayton se disipó cuando decidió que iba a revertir el paralizante guion de silencio que marcaba su vida. Su pasión se extendió más allá de su sanación personal, y se preguntaba si sus amigos también necesitarían curarse. Presumía que vivían irreflexivamente en una cultura masculina que ignora la realidad del abuso sexual y disfraza la violencia de los hombres contra las mujeres como si fueran fantasías inocentes que no lastiman a nadie.

Le recomendé a mi amigo Peter, que dirige "'Detener la explotación sexual: un programa para hombres', un programa de justicia transformadora de diez semanas para compradores de sexo al que asisten por orden de los tribunales o por decisión propia, basado en los principios de la justicia social y la transformación personal"[1]. Clayton invitó a varios amigos a asistir con él a una reunión, y dos de ellos aceptaron. Unos meses más tarde, los tres fueron invitados a hablar, en nombre de una universidad local, sobre las formas en que los estudiantes varones pueden participar en la lucha contra las agresiones sexuales. Clayton dijo más tarde: "Ahora mis heridas se curan y protegen a los demás. Eso está muy bien".

Les he dado ejemplos de personas que han perseverado en el curso de su comportamiento sexual indeseable. Han dejado caer sus defensas y han recibido respuesta compasiva. A veces no es así. Muchos se divorciarán, muchos tendrán que renunciar a posiciones de liderazgo, y muchos experimentarán dolorosas rupturas en relaciones que a toda costa deseaban mantener intactas. Debes recordar que tu comportamiento ha causado daño, y por lo tanto es apropiado anticipar el enojo y la distancia como respuesta. Tu curación no se basa en recibir la respuesta ideal, sino en convertirte en una persona fuerte y vulnerable a partir de tu honestidad.

Cómo practicar la fortaleza y la vulnerabilidad

Defiende tu dignidad y el bienestar de los demás. ¿Dónde necesitas hacerte escuchar para defender tus necesidades? Puede que en tu casa haya animales que te provoquen alergias, o tengas horarios de trabajo poco saludables, compañeros de trabajo que te menosprecian, arrendadores desagradables, vecinos detestables o amigos complicados. No hay nada glorioso en soportar un sufrimiento absurdo. ¿Y dónde necesitas hacerte escuchar para defender el bienestar de tu pareja, de tus colegas o de los inmigrantes de tu barrio o ciudad? ¿Cómo utilizarás tu fuerza y tus dones para hacer el bien?

Cuenta tu historia y escucha a los demás contar la suya. La novelista y activista política Anne Lamott dijo que el sermón más poderoso del mundo se reduce a dos palabras: "Yo también". El 7 de julio de 2015, publicó esta entrada en Facebook para explicar esta afirmación y compartir su lucha contra el alcoholismo:

> El 7 de julio de 1986, hace 29 años, me desperté descompuesta, avergonzada, con resaca y sumida en una profunda, salvaje confusión...
>
> Tenía 32 años, tres libros publicados y el inmenso amor de mi familia y mis amigos de toda la vida. Me querían sin medida. Daba charlas y hacía lecturas a las que acudían cientos de personas. Había ganado una beca Guggenheim, aunque, como muchos escritores exitosos, estaba borracha como una cuba todos los días. No tenía un céntimo y era bulímica y, sin embargo, me adoraban.

Pero había un pequeño problema. Me estaba muriendo. Oh, también, mi alma estaba pudriéndose a causa de mi enfermedad mental y abuso físico. Mis entrañas se retorcían hasta que tomaba esa primera bebida fresca y reconfortante. Así que me presenté [a la reunión]. Antes de hacerlo recordé a Woody Allen, que dijo que el 80 % de la vida es simplemente aparecer. Y así lo hice. Había otras mujeres que tenían lo que yo tenía, que habían pensado lo que yo había pensado, que habían hecho lo que yo había hecho, que habían traicionado a sus familias y sus valores más profundos, que se sentaron conmigo ese día y dijeron: "¿Sabes qué? Yo también. Yo también pasé por eso. Déjame que te traiga un vaso de agua". Esas son las palabras salvadoras: ¿Adivina qué? Yo también[2].

Tu lucha contra el comportamiento sexual indeseable es el puente hacia la compasión de los demás, y tu valiente decisión de conocer tu historia abrirá un camino de liberación para los que están sumidos en la esclavitud.

BENEFICIOS DE LA FORTALEZA Y LA VULNERABILIDAD

La unión de fortaleza y vulnerabilidad en las relaciones te convertirá en una de las personas más extraordinarias del planeta. Tu fortaleza no permite que te utilicen ni perjudica a los demás. La vulnerabilidad te invita a la posibilidad de cuidar y ser cuidado y asesta un golpe brutal al poder de la vergüenza. El conflicto o la huida en las relaciones se reducen, y te sientes en paz con los que amas.

CAPÍTULO 16

APRENDER A INVERTIR EN LA COMUNIDAD

Eɴ ʟᴏs ᴄᴀᴘíᴛᴜʟᴏs ᴀɴᴛᴇʀɪᴏʀᴇs descubrimos cómo las relaciones están destinadas a ser contextos de formación y cuidado mutuo. En estos capítulos finales, exploraremos cómo estas relaciones funcionan en el contexto de la comunidad. Invertir en una comunidad es una elección importante pero aterradora. Incluso podrías preguntarte si pedirte esto es lo más insensato que he propuesto hasta ahora. Sabes mejor que nadie que los lugares de pertenencia (familia, amistades y comunidades de fe) han sido, en alguna medida, notoriamente insalubres e inexistentes. En un entorno comunitario es precisamente donde experimentaste el dolor de la vergüenza, el abuso, la hipocresía y el abandono. Entonces, ¿para qué invertir en la comunidad?

La comunidad nos transforma al aumentar nuestra capacidad para recibir y ofrecer amor. Tu vida relacional es la raíz principal de todo trauma pasado, y para que esta historia cambie, necesitas reinventar tu paradigma de relaciones. Para que la comunidad alcance su máximo potencial en tu vida, debes:

1. Experimentar estructura y responsabilidad.
2. Aprender a que otros abracen tu historia.
3. Ofrecer empatía y curiosidad por las historias de los demás.
4. Descubrir un propósito, vivir para una historia más grande.

Mi investigación encontró que la comunidad era un aspecto beneficioso aunque sumamente subestimado en la vida de las personas que enfrentan su propio quebrantamiento sexual:

59 %

de las personas que luchan contra comportamientos sexuales indeseables sienten que no tienen a nadie con quien hablar (en gran o grandísima medida).

APENAS 20 %

de los encuestados buscaron afanosamente a alguien con quien pudieran hablar cuando luchaban contra una conducta sexual indeseable.

Estos datos muestran que es muy probable que creas que no tienes a nadie con quien hablar. Esto puede deberse a la vergüenza que sientes por tu comportamiento o por la forma en que te has aislado de relaciones significativas. Superar este aislamiento implicará el riesgo consciente de integrarte a una comunidad de personas. Las mejores comunidades son aquellas que comprenden profundamente los problemas subyacentes asociados con el comportamiento sexual indeseable y entienden claramente que la recuperación, en última instancia, no se trata de combatir problemas de lujuria de manera aislada, sino más bien de cultivar una comprensión más profunda de los deseos, talentos y ambiciones que Dios ha inculcado en tu corazón.

Como muestra el gráfico anterior, apenas el 20 % de las personas que luchan contra comportamientos sexuales no deseados buscaron diligentemente a alguien con quien hablar. Aquellos que lo hicieron experimentaron una reducción considerable en la cantidad de pornografía que consumían:

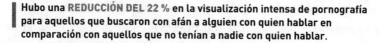

Hubo una **REDUCCIÓN DEL 22 %** en la visualización intensa de pornografía para aquellos que buscaron con afán a alguien con quien hablar en comparación con aquellos que no tenían a nadie con quien hablar.

VISUALIZACIÓN SIGNIFICATIVA DE PORNOGRAFÍA

67 % 63 % 55 % 47 % 45 %

Nunca   Muy pocas veces   Pocas veces   Bastantes veces   Muchas veces

P90: CUANDO ESTOY TENIENDO DIFICULTADES, BUSCO A ALGUIEN CON QUIEN HABLAR.

Como puedes ver, hubo una reducción del 22 % en la visualización intensa de pornografía cuando los encuestados tenían a alguien con quien hablar[1]. La buena noticia es que tener el clásico compañero a quien rendir cuentas y con quien trabajar la responsabilidad por nuestros actos ayuda significativamente a algunas personas. Pero muchos, incluso si fueron diligentes en buscar a alguien con quien hablar, continuaron luchando contra una visualización significativa de pornografía. Esto revela que el ejercicio de la responsabilidad tal como es concebida hoy puede reducir en algo la vergüenza y el aislamiento, pero es insuficiente para abrir caminos hacia una libertad duradera.

Una de las razones por las que la rendición de cuentas y la responsabilidad no producen los resultados deseados es que se centran exclusivamente en la lujuria y la pornografía. Esto es cierto, ya sea que estés a punto de dar tu primer paso hacia la comunidad o ya sea que lo hayas estado haciendo durante años. El sentimiento que escucho con frecuencia de varones *millennials* es algo así: "¡Estoy cansado de hablar de porno! Estoy saturado del tema. Hemos estado hablando de porno desde la escuela secundaria. Todos saben que lo consumimos, y nadie sabe realmente cómo cambiar eso". Para que la comunidad sea efectiva, ciertamente debemos enfrentar nuestros conflictos sexuales. Pero debemos hacerlo a través de la misma lente que utiliza nuestro quebrantamiento sexual para mostrarnos el camino hacia la sanación. La comunidad es donde nos reunimos para entender y participar en las historias de los demás y juntos dar forma al destino de nuestro futuro colectivo.

Antes de entrar de lleno en el tema, tómate un momento para reflexionar sobre tu motivación para buscar una comunidad. Los esfuerzos para asumir la responsabilidad o participar en comunidades específicas fallan porque muchas personas se sienten presionadas a "dar algo a cambio" o "devolver" demasiado pronto. Esto es natural, ya que algunos de los beneficios iniciales que recibimos de una vida abierta y vulnerable se sienten muy liberadores. Salimos de una reunión o de un café con un amigo y nos sentimos mucho más ligeros después de compartir un secreto que nos ha atormentado durante décadas.

La complejidad radica en que el alivio inicial, obtenido a través de la vulnerabilidad, pronto se convierte en la carga familiar de cuidar a los demás o la presentación de una versión "nueva" de nosotros mismos mucho antes de lo que deberíamos. Esto nos lleva de vuelta a una de las experiencias fundamentales del comportamiento sexual indeseable de la segunda parte: la privación. Comenzamos a privarnos de lo que es beneficioso para poder devolver a las iglesias o comunidades lo que creemos que quieren ver. Por favor, ten en cuenta que no tienes ninguna obligación de dar tu tiempo o compartir tu historia o tus recursos como retribución de lo que aprendas. Puede ser que lo que más necesites sea un lugar al que pertenecer, un lugar para descubrir un propósito, no un lugar para liderar.

CAPÍTULO 17

LA COMUNIDAD COMO UN ESPACIO DONDE ENCONTRAR ESTRUCTURA Y APOYO MUTUO

CUANDO NOS ENCONTRAMOS ATRAPADOS en las trincheras de nuestro comportamiento indeseable, nuestra motivación para cambiar surge del deseo de liberarnos de esa conducta. Muchas personas viven intentando liberarse de dificultades como el pecado, la adicción, la ansiedad y la depresión. Este enfoque nos lleva a pelear batallas interminables, evaluar nuestro éxito según nuestro historial de victorias y derrotas, y, en última instancia, vivir como presas de las dificultades que depredan la vida. Este método es agotador y cada vez más insensato, ya que se basa en el esfuerzo de "manejar" el pecado.

La alternativa a un enfoque de liberación de los problemas consiste en hacernos la siguiente pregunta: *¿Para qué nos serviría la libertad?* Consideremos algunas cuestiones personales. ¿Por qué deseamos ser libres? ¿Por quién estamos haciendo todos estos esfuerzos? ¿Qué esperanzas y logros seríamos libres de perseguir si no fueran socavados por nuestro comportamiento sexual indeseable? Reflexionar sobre el propósito de la libertad te invita a cambiar tu enfoque del intento de solucionar tus problemas a la capacidad de soñar con redimir un alma impregnada de vergüenza. Si tu esperanza no dirige tu historia hacia una pasión y tranquilidad mayores, entonces tu deseo de libertad es demasiado pequeño.

Un enfoque para la libertad te desafía a soñar con la redención de las dimensiones más gloriosas y malogradas de tu deseo. El mal engañó a tu corazón con imitaciones falsas para satisfacer estos anhelos sagrados. La sanación exige que los reclames como tuyos. Recuerda las secciones anteriores: el sabotaje ocurre cuando permites que ocupantes ilegales se cuelen en la casa de tu deseo, y la sanación llega cuando fortificas la protección de ese bello espacio para que seas libre de procurar la alegría.

El terreno del deseo es donde el mal y Dios están más activos en tu vida. El reino de las tinieblas trabaja principalmente para adormecer y corromper tu deseo. Quiere que tu corazón se pierda en actividades disociativas y que el poco deseo que quede en tu corazón se corrompa a través de la perversión. Cuando resistes estos engaños, te conviertes en una persona muy peligrosa para el reino de las tinieblas porque tu existencia brilla con intensidad en un mundo aburrido y perverso. El mal preferiría que te despreciaras a ti mismo en conflictos interminables. Quiere que te aproveches de las personas en tu vacío. Quiere que tu eficacia en el mundo se ponga en peligro. Por lo tanto, la sanación nunca se logra mediante la cesación del pecado; incluso el mal estaría de acuerdo con ese armisticio.

Dios, por otro lado, quiere que la belleza florezca en tu corazón, que la busques con tanto fervor que comiences a preguntarte si podrías llegar a ser uno con la belleza misma. Mientras que la adicción roba tu deseo, la belleza toca tu deseo como un violín, invitándote a unirte a otros en una sinfonía. La libertad para la belleza es la base de la responsabilidad en la comunidad que buscas. La comunidad nos une a otros que se preguntan qué canciones podrían surgir si nos reunimos no por nuestra perfección sino por nuestro creciente deseo de belleza.

Rendición de cuentas

Pregúntale a la mayoría de los *millennials* acerca de sus experiencias con la rendición de cuentas en la iglesia, y por lo general obtendrás como respuesta una sonrisa o una expresión de preocupación. Un compañero en los grupos de rendición de cuentas estaba esencialmente allí para ser un espectador de tus "malas" conductas sexuales desde la primera fila. La rendición de cuentas se convirtió en una forma de voyerismo cristiano. Mis clientes y amigos me han contado acerca de frascos en los que tenías que poner entre uno y veinte dólares si te masturbabas, veías pornografía o llegabas demasiado lejos con tu pareja. Mi amigo Jeremy me habló recientemente de un meme viral de su época en la universidad que decía: "Cada vez que te masturbas, Dios mata a un gatito". Años después de que esta generación completara la universidad y comenzara sus carreras, sus conflictos seguían siendo los mismos, y se desilusionaban cada vez más con esto de "rendir cuentas".

La mayoría de las relaciones basadas en la rendición de cuentas fallan porque una persona intenta regular el comportamiento de otra sin entender en toda su dimensión la historia de los conflictos en la vida de ese individuo. Considera este ejemplo: ¿Un *software* te alertará sobre la realidad de que cuando tu cónyuge recibe un ascenso en el trabajo, tú, en tu envidia, te sientes más atraído a consumir pornografía o entregarte a la infidelidad? ¿Las comunidades religiosas han capacitado a los participantes en grupos de rendición de cuentas para reconocer que el comportamiento sexual indeseable de una persona puede ser, de hecho, una repetición del abuso sexual sufrido en la infancia?

Para que esto cambie, tu tarea es invitar a tu comunidad a alejarse de la vigilancia del mal comportamiento y crear un escenario para la transformación. Cuando mis clientes reportan experiencias beneficiosas con la rendición de cuentas, tienden a mencionarme dos cosas. Primero, el énfasis del grupo se encuentra en los factores clave, pasados y presentes, que motivaron el comportamiento sexual indeseable en lugar de centrarse en mantener la pureza. Segundo, el grupo promueve la participación mutua y el crecimiento personal en lugar de enfocarse en la impotencia de su adicción o comportamiento compulsivo.

Una palabra sobre la pureza

Se ha causado mucho daño a aquellos que luchan contra un comportamiento sexual indeseable con una teología equivocada de la pureza, la cual reduce el conflicto sexual a comportamientos puros e impuros o a éxitos y fracasos. Mis clientes a menudo comentan que las teologías de la pureza se parecen a la historia de Sísifo en la mitología griega. El castigo de Sísifo consistía en empujar una piedra cuesta arriba, solo para verla rodar nuevamente hacia abajo. Sísifo repitió esta acción por toda la eternidad. Cuando estás luchando contra un comportamiento sexual indeseable, la piedra que tratas de empujar cuesta arriba es la pureza, incluso si la *pureza* se usa como sinónimo de sobriedad. Desafortunadamente, esto es promovido por muchos libros y organizaciones cristianas que creen ingenuamente que regular la pureza transformará la vida de aquellos más vulnerables al quebrantamiento sexual.

Un objetivo principal de los Evangelios es mostrar que los esfuerzos por purificarse a uno mismo no solo son inútiles sino también destructivos para los más propensos a ser condenados como impuros por las instituciones religiosas. Jesús se rebela contra los expertos en la ley y los critica por agobiar aún más a los más vulnerables. En Lucas 11:46, responde a las autoridades religiosas: "¡Ay de ustedes también, expertos en la Ley! Abruman a los demás con cargas que apenas se pueden soportar, pero ustedes mismos no mueven ni un dedo para levantarlas" (NVI). Aquellos que luchan contra el comportamiento sexual no deseado no necesitan que se les cargue más aún con la condena de ser incapaces para alcanzar la pureza. Cuando la cultura de la pureza se convierte en sinónimo de cultura de vigilancia, debe considerarse cercana a la herejía.

Si eres cristiano, debes recordar que el tema de la pureza ya ha sido abordado de una vez y para siempre en la muerte de Jesús. No hay pecado pasado, presente o futuro que puedas cometer que no haya sido expiado en la crucifixión y resurrección de Jesús. No puedes volverte más puro en el futuro de lo que ya eres, incluso en tus peores conductas. Por lo tanto, los esfuerzos por evitar la lujuria o castigarte por no alcanzar la pureza son nulos y sin valor. Tu pureza ya se ha logrado y aplicado a tu identidad.

Si las miras de la rendición de cuentas no están enfocadas en la pureza, ¿en qué debería centrarse la rendición de cuentas en una comunidad? Richard Rohr argumentó que el aspecto más perjudicial de la vida de alguien no es su fracaso, sino estar desconectado de los demás. Cuando nos desconectamos de la comunidad y de nuestro Creador, la consecuencia inevitable es una vida que se marchita y se pudre. La distinción es fundamental para que la comprendas: no te marchitas y te pudres debido a tu pecado; te marchitas en el pecado porque estás separado de la Vid. Este yo desconectado es de lo que Jesús habla en Juan 15:5-7 (NTV):

> Yo soy la vid; ustedes son las ramas. Los que permanecen
> en mí y yo en ellos producirán mucho fruto porque,
> separados de mí, no pueden hacer nada. El que no
> permanece en mí es desechado como rama inútil y se seca.

Todas esas ramas se juntan en un montón para quemarlas en el fuego. Si ustedes permanecen en mí y mis palabras permanecen en ustedes, pueden pedir lo que quieran, ¡y les será concedido!

Las comunidades son mejores cuando crean un espacio para que las personas exploren las muchas razones que tanto han dificultado la conexión. De esta manera, la conexión es una invitación, no una demanda dogmática, para tener un estatus adecuado ante Dios. Recuerda: las heridas en nuestra vida se producen principalmente en las relaciones. Por lo tanto, al unirse a una comunidad, la precaución y la desconfianza de las personas naturalmente salen a la superficie.

Observa, en el pasaje de Juan 15, que ni siquiera Jesús exige que otros se unan a él. Su mensaje es más existencial, como si nos dijera: "¿Quieres liberarte del pecado sexual? Bueno, tú puedes... si permaneces en mí". Unas líneas más adelante, en caso de que haya alguna duda sobre tu capacidad para permanecer verdaderamente en él, Jesús nos recuerda la idea más importante: Dios está en una implacable búsqueda de ti. "Yo los he amado a ustedes tanto como el Padre me ha amado a mí. Permanezcan en mi amor" (versículo 9, NTV). El diseño de Dios para la transformación sexual reside en el amor, no en el temor a su ira. La vergüenza busca convencernos de que nuestro comportamiento indeseable debe detenerse antes de que podamos vincularnos con otros. Nada podría ser más contraproducente. Nos vinculamos para sanar.

En el versículo 10, Jesús continúa sus enseñanzas al decir a sus seguidores que guarden sus mandamientos (que, en el versículo 12, él resume en "ámense unos a otros de la misma manera en que yo los he amado", NTV) y, que si lo hacen, permanecerán en su amor. Para Jesús, la obediencia es una categoría relacional, no conductual. Este modelo aparece en otros lugares a lo largo de las Escrituras, especialmente en Éxodo 20, en la entrega de los diez mandamientos. Antes de que se pronuncie el primer mandamiento, Dios les recuerda a las personas su relación con ellos: "Yo soy el Señor tu Dios. Yo te saqué de Egipto, del país donde eras esclavo" (versículo 2, NVI). No somos liberados del comportamiento sexual indeseable debido a nuestra obediencia; la obediencia es el fruto de nuestra liberación.

Participación mutua: una tribu de aliados

Muchas relaciones basadas en la rendición de cuentas fallan porque tienen un alcance limitado en lo que ofrecen. Cuando te comunicas con un amigo o mentor principalmente para evaluar tu éxito en el manejo de tu comportamiento sexual, tu interés en la relación disminuirá con el tiempo. Si deseas cambiar esta dinámica de rendición de cuentas, debemos abandonar el voyerismo en los fracasos de unos y otros hacia una participación mutua en nuestras vidas holísticas.

Es central para el camino de sanación elegir una tribu. Dentro de esta tribu, tendrás aliados, guías y sabios. Un aliado es un amigo que te acompañará tanto en los momentos aparentemente monótonos de la vida como en los gloriosos y desafiantes. Un guía es una persona entrenada en la comprensión del corazón y la psicología humanos. Podría ser un terapeuta, un pastor o alguien que ha recorrido el camino de la sanación por varios años más que tú. Un sabio es un líder de pensamiento cuyas ideas y conocimientos te ayudan activamente a comprender tu comportamiento sexual indeseable. Aprendes de los sabios leyendo sus libros, escuchando sus podcasts y tal vez incluso asistiendo a sus conferencias. Por ejemplo, uno de mis sabios es el psicólogo Dan Allender.

Ahora es un buen momento para pensar en los aliados que desearías que formaran parte de tu tribu. Es probable que no sean amigos de la universidad o la secundaria con quienes te conectas una o dos veces al año. Los aliados son aquellos con quienes tiendes a interactuar, o puedes hacerlo, con más frecuencia. Aunque no es un requisito, los aliados a menudo funcionan mejor dentro de una proximidad geográfica razonable, como personas de un grupo pequeño de la iglesia o compañeros de trabajo confiables. Tus aliados no tratan tanto de ponerse al día unos con otros como de fomentar la participación mutua.

Hay una gran diferencia entre ponerse al día sobre la vida de alguien y participar en la vida de esa persona. Ponerse al día con alguien implica compartir un café o una comida y escuchar un largo resumen de su trabajo, su familia y las tensiones de la vida de cada uno, generalmente una retrospectiva de lo que ha sucedido desde la última vez que se vieron meses atrás. El encuentro se termina, y se despiden diciéndose algo así como: "No dejemos que pasen otros seis meses antes de hacer esto de nuevo". La inconsistencia relacional ocurre porque estamos ocupados, pero también porque hemos predeterminado que las relaciones requieren demasiado trabajo, tienen un alcance limitado o se sobrevaloran sus beneficios.

La participación nos permite recargar las baterías agotadas de nuestras relaciones inconsistentes. Cuando alguien participa en tu vida, puede sentirse como descorrer las cortinas después de una larga noche de sueño. La luz puede molestarte un poco mientras te despiertas a un nuevo día. La participación se enfoca en quién eres y en quién deseas convertirte. Alguien que participa en tu vida te sostiene para que mantengas tu dignidad incluso cuando pareces estar abrumado por tus problemas sexuales. No es que estos problemas sean incidentales, pero la participación mantiene la rendición de cuentas adecuadamente enfocada en quién te estás convirtiendo en tu nuevo matrimonio, en el padre o madre que deseas ser para tus hijos adultos y en los sueños hacia los que te estás acercando en tu carrera. La participación libera a la rendición de cuentas de los límites de un paradigma de éxito/fracaso hacia una esperanza compartida de lo que se supone que debe ser tu vida. Mientras que ponerse al día se ocupa del pasado reciente, la participación se ocupa de lo que está por venir.

Participamos con nuestros aliados de manera consistente, placentera e intencional. Por ejemplo, un maravilloso viaje de esquí con un viejo amigo puede ser intencional y placentero, pero no consistente. Una reunión con un patrocinador o terapeuta puede ser consistente e intencional, pero no es esencialmente disfrutable. Además, tomar unas copas después del trabajo o salir a correr una vez por mes pueden ser actividades consistentes y placenteras, pero la persona que te acompaña puede no tener el deseo o la intención de abordar el tema de tu recuperación.

Elegir tu tribu de aliados no significa necesariamente que deban ser todas personas nuevas. Es probable que haya personas que te agraden, pero a las que no te has arriesgado a invitar a una participación más profunda en tu vida. No hay un método único para encontrar un aliado. Alguno de los hombres y mujeres en mi práctica privada me proporcionaron los siguientes ejemplos: un hombre entrenaba con un querido amigo para una maratón (algo que puede no ser divertido para todos), con la intención de mejorar su estado físico y mantener conversaciones significativas sobre su matrimonio después de su infidelidad. Una mujer vio que varias de sus amigas publicaron respuestas *#MeToo* en Facebook después del escándalo de Harvey Weinstein, y decidió organizar un *brunch* mensual para que las mujeres hablaran de los efectos que el abuso sufrido había tenido a lo largo de sus vidas. Después de unos meses, me comentó que en sus conversaciones habían abordado desde trastornos alimentarios hasta la promiscuidad sexual. Un gerente de banco hizo una lista de los doce mejores restaurantes de su ciudad y encontró un aliado en su iglesia para unirse a él una vez al mes a fin de comer y conversar sobre su proceso de recuperación.

Buscar un grupo

Hace unos años, Amnistía Internacional intentó brindar terapia individual a sobrevivientes de la tortura. Aunque parecía una idea útil, no fue muy efectiva. Lo que la organización descubrió, en cambio, fue que los sobrevivientes de la tortura se beneficiaban más con la terapia en grupo, pues necesitaban que otros sobrevivientes compartieran sus historias primero. Este método les dio seguridad a los nuevos miembros del grupo y les permitió desarrollar un lenguaje para abordar el trauma que habían experimentado.

El mismo principio es válido cuando inicias tu recuperación. Necesitas escuchar las historias de los conflictos de otras personas: los abismos de su adicción y su incapacidad para ver la gravedad de sus problemas. Escuchar historias sinceras de otros te permite encontrar las palabras y los recuerdos que más necesitas para enfrentar tus conflictos directamente.

Existen numerosos grupos para la recuperación de la adicción sexual y el consumo de pornografía. Hay grupos clásicos de doce pasos como Sexólicos Anónimos (SA) o Adictos al Sexo Anónimos (ASA). Muchas comunidades religiosas tienen grupos de Celebrate Recovery (Celebrar la recuperación) centrados en el quebrantamiento sexual. El Dr. Mark Laaser tiene talleres de tres días para Men of Valor (Hombres de Valor) en Minnesota, y xxxchurch.com ofrece grupos en línea disponibles para personas en todo el país, así como grupos anónimos para pastores y clérigos que luchan contra la adicción a la pornografía. NoFap, un grupo secular de recuperación del consumo de pornografía en línea, ofrece herramientas y desafíos para ayudar a sus miembros a "reiniciarse". Muchos terapeutas certificados en adicción sexual (CSAT, por sus siglas en inglés), capacitados por el Dr. Patrick Carnes, ofrecen grupos focalizados en la recuperación de la adicción sexual por un costo de veinte a cuarenta dólares por sesión. El Centro Allender tiene un certificado de asesoramiento laico (programa de cuatro semanas a lo largo de un año) que te permite explorar un trauma significativo en la primera semana, tu familia de origen en la segunda, el desarrollo sexual en la tercera y, en la cuarta semana, te permite explorar cómo tus heridas han desarrollado grandes dones en ti y cómo esos dones pueden ser utilizados en el mundo en la cuarta semana. Es decir, hay muchos recursos excelentes disponibles, pero debes decidir cuál responde de manera más efectiva a tus necesidades.

Tu experiencia en el grupo será más significativa según la calidad del facilitador o terapeuta. Por lo que he observado en mi práctica privada y en el trabajo con miles de hombres y mujeres a lo largo de los años, los procesos de recuperación que producen un mayor crecimiento tienden a tener estas características:

- Estaban guiados por terapeutas o pastores que recibieron capacitación específica en sexualidad humana y trauma.
- Si los participantes estaban casados, sus cónyuges también tenían su propia terapia y sus propios grupos para abordar su dolor y dinámicas matrimoniales.
- La rendición de cuentas no se centraba únicamente en las "cosas malas" que hacían, sino en quiénes querían llegar a ser.
- Los integrantes de los grupos participaban constantemente (en grupos de doce pasos o centrados en redimir sus historias sexuales) y encontraban mentores o padrinos a quienes respetaban.

Suelo escuchar estas razones sobre los grupos que no funcionaron bien:

- Los facilitadores del grupo eran intimidantes o usaban la manipulación para promover la pureza.

- Los guías consideraban el comportamiento sexual indeseable de los clientes exclusivamente como "pecados" o "problemas del corazón", y optaban por minimizar la importancia del trauma infantil y los obstáculos actuales.
- Los facilitadores o terapeutas señalaban constantemente la adicción o los conflictos con la lujuria de sus clientes, pero no proporcionaban alternativas para hacer las relaciones sexuales más bellas y saludables.
- Los terapeutas o facilitadores intentaban normalizar el comportamiento de los clientes, a pesar de la evidencia de las consecuencias. (Un exterapeuta de un cliente le aconsejó a la esposa de este que buscara sentirse más cómoda usando lencería erótica y los alentó a buscar pornografía que les resultara excitante a los dos).

CAPÍTULO 18

LA COMUNIDAD COMO UN ESPACIO DONDE EMPATIZAR CON LAS HISTORIAS DE LOS DEMÁS

La sintonización es la base de la empatía, y esta última es el vínculo que une a las personas. La investigadora y autora Brené Brown afirmó: "La empatía no exige que hayamos vivido exactamente las mismas experiencias que la persona que comparte su historia con nosotros... La empatía consiste en conectar con la emoción que alguien está experimentando, no con el evento o la circunstancia en sí"[1]. El propósito de la empatía no es eliminar las dificultades o conflictos de la otra persona, sino más bien decirle: "Entiendo en parte lo que sientes, y estoy aquí para ti. ¿Puedes decirme más sobre lo que te está pasando?". La empatía no supone la presión de encontrar la respuesta perfecta; una presencia amable y sincera es suficiente.

Pienso en la empatía como un ave, y como es obvio, las aves tienen dos alas. El ala derecha de la empatía es la bondad, y la izquierda, la honestidad. Un pájaro no puede volar bien con una sola ala. Lo que descubrirás es que las personas te ignorarán o se aprovecharán de ti si eres demasiado amable. Y si principalmente ofreces honestidad, gradualmente la resentirán y, finalmente, se distanciarán de ti. Para volar bien con los demás, necesitas desarrollar ambas alas.

El ala de la bondad se desarrolla al recibir cuidado de otros y elegir patrones consistentes de autocuidado. Al experimentar la bondad, te sintonizarás más con las necesidades de los otros. El ala de la honestidad se desarrolla a través de una madurez creciente para enfrentar el daño y la dignidad de tu vida. Si no puedes ver cómo el daño ha marcado tu vida, lo pasarás por alto o minimizarás su impacto en los demás. Si no reconoces la dignidad de tu propia vida, pasarás por alto o ignorarás la dignidad de los demás. La bondad atrae a los demás hacia nosotros, pero es nuestra honestidad lo que nos ganará su respeto.

Barreras en nuestros cerebros

La ínsula es una parte del cerebro central que procesa las emociones. También es donde reside nuestra capacidad para la empatía y la compasión. El campo de la psicología ofrece varias explicaciones sobre las alteraciones en la capacidad de empatía. Los dos factores ambientales que encuentro más pertinentes son los vínculos tempranos con nuestros padres y el uso pasado y presente de una tecnología adictiva. Echemos un vistazo a cada uno de ellos.

Un estudio en el *Journal of Psychiatric Research* (Revista de Investigación Psiquiátrica) mostró que las madres que sufrieron maltrato en la infancia se convirtieron en madres con una menor sensibilidad a las emociones y necesidades de sus hijos[2]. Recurriendo a los términos usados en secciones anteriores, estas son madres que no tuvieron sintonización cuando eran niñas y, en consecuencia, se convirtieron en madres que no ofrecieron suficiente sintonización a sus hijos. Como puedes imaginar, los niños en estos hogares corren un riesgo significativo de repetir este ciclo generacional con sus propios hijos. Si sabes que el vínculo con tus padres era deficiente o estaba quebrado, debes evaluar sus consecuencias, para no repetir estos ciclos generacionales. Cuando sufres dolor, abuso y negligencia, pero no tienes una comunidad a tu alrededor que te apoye, la probabilidad de terminar dependiendo de una sustancia o de un comportamiento poco saludable aumentará. Dios nos ha dado la necesidad de estar orientados hacia cuidadores sintonizados, pero si estos están ausentes, nos dirigimos hacia sus sustitutos, como personas poco saludables, experiencias sexuales prematuras o dispositivos tecnológicos.

El segundo factor ambiental que pone en riesgo nuestra capacidad para ser empáticos e interesarnos por los demás es la dependencia de la tecnología, como los videojuegos, la televisión, las computadoras y los teléfonos móviles. En un estudio publicado en la *European Journal of Radiology* (Revista Europea de Radiología), los adictos a los videojuegos mostraron una atrofia significativa en algunas partes de la materia gris del cerebro (ínsula y lóbulos frontales)[3]. En otras palabras, la adicción a un dispositivo conduce a la atrofia de aquellas partes de nuestro cerebro que más necesitamos para conectarnos con los demás. La tragedia de muchos niños es que, una vez que se acercan a la pubertad, las redes neuronales establecidas para la adicción a los videojuegos o a los juegos en línea (OGA, por sus siglas en inglés) los vuelven vulnerables a la adicción a contenidos pornográficos. Las cisuras neurológicas creadas para los videojuegos luego se llenan con el consecuente proceso adictivo. Las mismas partes de nuestro cerebro que se supone que nos permiten conectar con los demás terminan encogiéndose y sirviendo para mantenernos alejados de ellos.

Aprender a cultivar la empatía

La buena noticia es que puedes hacer crecer la materia gris en tu cerebro al tomar conciencia de tu propio cuerpo y tus emociones. Tu cerebro tiene un sistema nervioso simpático y un sistema nervioso parasimpático. La función general de tu sistema nervioso simpático es provocar respuestas de pelea, huida o paralización de tu cuerpo. Cuando te encuentras bajo amenaza, tu sistema nervioso simpático se ocupa de mantenerte con vida. La función general del sistema nervioso parasimpático es controlar la homeostasis y la respuesta de descanso y digestión del cuerpo. Tu sistema nervioso parasimpático es el que le indica a tu cuerpo que está bien relajarse, respirar profundo y conectarse con los demás.

El sistema nervioso simpático puede salvar tu vida cuando funciona bien, pero cuando tu cuerpo está desregulado por estrés o trauma, puede obstaculizar tu capacidad para conectarte con otros. Cuando el sistema nervioso simpático asume el control, no le importan tu reputación o tu jubilación; su objetivo es tu supervivencia, y buscará eliminar cualquier cosa que pueda representar un peligro. Cuando el sistema nervioso simpático controla tu vida, es posible que te encuentres invadiendo de manera agresiva la vida de alguien (conflicto), alejándote de la dificultad (evasión) o quedándote inmóvil cuando te enfrentas a la dificultad (paralización). El primer paso para cultivar la empatía hacia los demás es reconocer tu principal barrera para conectarte con otros: conflicto, evasión o paralización.

Desarrollamos nuestra capacidad de ser empáticos con los otros al aprender a activar nuestro sistema nervioso parasimpático. La oración, la meditación y el yoga nos ayudarán a hacerlo. Estas actividades nos ayudan a sintonizar con nuestros estados emocionales, reducir nuestras frecuencias cardíacas, hacer respiraciones más profundas y, eventualmente, enviar señales a nuestros cuerpos para que se relajen. Cuando nuestros cuerpos se sienten a salvo, es mucho más probable que estemos atentos a las necesidades emocionales de los demás. Al hacerlo, hacemos crecer la materia gris en nuestra ínsula, la parte de nuestro cerebro que se atrofió durante nuestras adicciones.

Conversaciones empáticas

Para evitar que tus impulsos de conflicto o evasión te impidan mostrar empatía, puedes practicar conexiones empáticas antes de llevarlas a la práctica. Al escribir conversaciones que moldeen tu empatía, puedes comenzar a reconocer cómo suena la empatía cuando sale de tu boca y cómo se siente en tu cuerpo. Además, puedes identificar áreas donde los instintos de conflicto o evasión podrían alejarte de la empatía. La siguiente tabla ofrece algunos ejemplos que distinguen las respuestas empáticas de las respuestas instintivas.

Otra persona expresa un dolor o una dificultad	Respuesta empática	Respuesta evasiva	Respuesta conflictiva
Hoy tuve una conversación muy frustrante con mi mamá.	Eso puede ser terrible. Lo siento mucho. ¿Qué es lo que te dijo?	Seguramente ella no quería que te frustraras. Y, por cierto, ¿cómo va tu trabajo?	¿Crees que tu mamá es mala? Deberías conocer a la mía. Comparada con ella, la tuya es una santa.
No importa cuántas cosas buenas le diga, ella siempre encuentra defectos en todo.	Es muy triste que ella no pueda alegrarse por ti. ¿Qué estabas tratando de contarle?	¿Qué madre no lo hace? No deberías dejar que te afecte.	No le permitas que haga eso. Hazle saber lo mucho que te ha molestado.
Realmente quería que se sintiera orgullosa por mi nuevo trabajo, pero ella me ignoró.	Me puedo imaginar lo bien que te hubiera hecho su reconocimiento. Es tan difícil compartir nuestra alegría frente al silencio de los más cercanos a nosotros.	Bueno, probablemente ella no sabía qué decirte.	¿Por qué dejas que te trate así? Debes defenderte o ella nunca cambiará.

El pastor y teólogo alemán Dietrich Bonhoeffer escribió: "Nuestra relación con Dios es una nueva vida que consiste en 'estar allí para los demás'"[4]. Ofrecer empatía es un aspecto fundamental de esta nueva vida de estar allí para los demás. A través de la empatía, aprendemos a sintonizar con los otros en lugar de sentir que necesitamos resolver sus penas o distanciarnos de sus dificultades. Cuando estamos conectados con otros, la soledad se reduce. Sin aislamiento, la vergüenza no puede florecer, cortando así los tributarios más caudalosos hacia las rápidas corrientes del comportamiento sexual compulsivo. A medida que entrenas tu cuerpo para descansar, descubres que tu anhelo de pertenencia tiene más sustancia que tus impulsos hacia compensaciones y placeres falsos.

PRACTICAR LA EMPATÍA

Escribe cuál es el ala más fuerte de tu empatía y piensa en un momento en el que tu amabilidad u honestidad cambió a quienes te rodeaban. Escribe cuál es el ala más débil de tu empatía y piensa en un momento en el que tu amabilidad u honestidad fueron ignoradas o tratadas con desprecio.

Comienza o únete a un grupo o club de lectura que aborde el trauma infantil temprano y su relación con la adicción. Dos recursos excelentes son *In the Realm of Hungry Ghosts* (En el reino de los fantasmas hambrientos), de Gabor Maté, y *El cuerpo lleva la cuenta*, de Bessel van der Kolk. Libros como estos te ayudarán a tener una mejor perspectiva sobre la adicción y el trauma.

Comprométete a practicar la oración, la meditación o el yoga durante un mes. Te recomiendo comenzar tu día con una de estas actividades si es posible. Hay varias buenas aplicaciones disponibles para la meditación y la atención plena. Una que recomiendo a muchos clientes es Headspace: Guided Meditation and Mindfulness (Estado mental: Guía para la meditación y la atención plena). Los primeros diez usos de esta aplicación son gratuitos.

Practica la hospitalidad de manera consistente. Invita a amigos a tu hogar y aprende a compartir la vida a través de compartir una comida.

CAPÍTULO 19

LA COMUNIDAD COMO UN ESPACIO PARA DESCUBRIR EL PROPÓSITO

Vivir para una historia más grande

La comunidad consiste en preguntarnos unos a otros: "¿Qué es lo que realmente deseas? ¿Cuál es tu propósito en esta vida única y hermosa que te ha sido dada?"[1]. A lo largo de este libro, se te ha invitado a ver que el mapa del mundo que te dieron era insuficiente para encontrar las respuestas a estas preguntas sagradas. Al avanzar en tu camino, el comportamiento sexual indeseable y los sistemas de los que formabas parte crearon más obstáculos para descubrir tu propósito. En este punto crucial de la vida, necesitas un nuevo mapa para encontrar el propósito y una comunidad de personas hambrientas por emprender el mismo viaje.

El concepto de un compañero de rendición de cuentas solo puede llegar hasta cierto punto antes de que comiences a sentir "fatiga sobre el tema" con relación a la pornografía y la masturbación. La rendición de cuentas a menudo fracasa porque se centra específicamente en una dimensión de tu vida. Como recordarás, la falta de propósito puede aumentar el consumo de la pornografía en un factor de siete en los hombres. Si tienes un buen amigo con el que te encuentras regularmente, sería mucho más beneficioso pensar juntos en los sueños y deseos que tienen para sus vidas. Cuando se reúnan, háganlo para ver cómo pueden colaborar el uno con el otro para vivir una historia mayor.

La alegría que te espera es sanar las heridas de tu quebrantamiento sexual, reconocer que no tiene la última palabra en tu vida, y desplegar un nuevo mapa para viajar a los lugares que siempre has querido visitar. Paradójicamente, descubrirás que tus heridas y conflictos son precisamente las cosas que más te han preparado para el camino que tienes por delante. La derrota definitiva del mal no consiste en la capacidad de enterrar tu pasado, sino en permitir que la sabiduría nazca de tus heridas para guiarte a un lugar que aún no has encontrado. En la economía de Dios, nada se pierde. Todo, incluso tu quebrantamiento sexual, tiene un propósito.

Una lección de los cazadores furtivos

En los años noventa, el país africano de Namibia llevaba décadas tratando de salvar su vida silvestre de los agresivos cazadores furtivos. Se convocó una reunión en la que los funcionarios del gobierno plantearon la pregunta: "¿A quién necesitamos para proteger a estos animales?". El gobierno necesitaba una fuerza de trabajo con un conocimiento profundo de los animales y de la sabana, y una aguda comprensión del mercado ilegal que promovía la devastadora caza furtiva. En la reunión, un funcionario presentó una idea contraintuitiva y arriesgada: "¡Los cazadores furtivos! Ellos son los que deberían liderar nuestros esfuerzos de conservación". Años después, esta idea se hizo realidad, y hoy los notorios cazadores furtivos de Namibia están a la vanguardia de los esfuerzos de conservación del país[2].

Mucho antes de que cualquier namibio se dedicara a la caza furtiva, fueron exiliados de sus propias reservas de vida silvestre y obligados a trabajar en el cultivo de pequeñas parcelas. Esto ocurrió en la década de 1960, cuando el gobierno del *apartheid* de Sudáfrica controlaba Namibia. En 1966, la Organización de las Naciones Unidas le dijo al *apartheid* que se fuera[3], pero antes de que finalmente se marcharan, otorgaron la propiedad de la vida silvestre namibia a terratenientes predominantemente blancos. Exiliados de sus tierras nativas, los namibios trabajaron en pequeñas granjas, lo que no les permitía cubrir sus necesidades básicas. Frente a una injusticia generalizada, volvieron a sus antiguas tierras de caza en busca de comida y ganancias.

Como sucede con tantos comportamientos problemáticos, la caza furtiva tenía sus raíces en las heridas y la injusticia de su país. Lo que finalmente trajo la transformación fue la oportunidad de adueñarse de la tierra y la fauna que les habían robado. Su sanación no estaba en el castigo, sino en la oportunidad de encontrar un nuevo propósito generador.

Recordar de dónde vienes

Justin era el hijo único de dos ingenieros de Boeing. Le fue bien en sus estudios y fue un destacado futbolista. Justin vino a verme porque su esposa estaba preocupada por su consumo de pornografía. Me contó que había estado usando pornografía desde la secundaria. No se sentía particularmente mal por su comportamiento y pensaba que su esposa estaba exagerando. "Es algo que solo hago cuando estoy aburrido. Todos tenemos nuestra forma de relajarnos, y encontré una que funciona para mí".

Hablamos de su infancia, y le pedí a Justin que me contara sobre una noche típica en familia. "Regresaba de la práctica de fútbol, dejaba mi bolso de ropa en el lavadero, saludaba a mi mamá, me duchaba y luego subía las escaleras, hasta escuchar la puerta del garaje abrirse, señal de que mi papá había llegado a casa. Mi papá y yo nos saludábamos inclinando la cabeza, y los tres nos sentábamos a cenar. Por lo general, mi mamá hablaba de su día o de las últimas novedades con sus hermanas. Poníamos nuestros platos en el fregadero, y mi papá iba a ver las noticias. Mis padres ordenaban un poco y luego me daban las buenas noches. A partir de las ocho en punto, estaba abajo haciendo la tarea o viendo la televisión en el sótano".

Le pregunté: "Entonces, ¿es posible que pasaras semanas sin que alguien te preguntara cómo iba tu vida?".

"Sí", respondió Justin.

Insistí. "¿Y sería justo decir que podías pasar meses sin que ninguno de tus padres te tocara o abrazara?".

"Eso suena correcto", respondió Justin.

Cuando llegó a la pubertad, veía el programa de Howard Stern después de que sus padres se acostaban. Se sentía atraído por el contenido sexual del programa, pero aún más por la propaganda. Justin notó: "Esto fue en el apogeo de la popularidad de Girls Gone Wild. Después de las diez de la noche, había muchos canales para ver esos anuncios. Esa siempre fue la parte más interesante de mi día".

Me llamó la atención que la vida adulta de Justin fuera una recreación en espejo de su infancia. Como adulto, se sumergía en una realidad alternativa. Compartí con él esta interpretación y dijo: "Claro, si de eso estoy hablando. No veo nada malo en ello, y me molesta que mi esposa quiera que haga terapia. Por supuesto, desearía tener otras cosas que hacer además de ver pornografía. Hay días en que quiero algo diferente, pero generalmente me quedo con mi rutina". Más adelante, Justin revelaría que no consideraba la pornografía como su problema principal, sino más bien su profunda sensación de vacío y aburrimiento en la vida. "No sé lo que quiero. Veo a un par de amigos míos que están entusiasmados con sus carreras o parecen disfrutar de sus familias. Pero yo no siento nada de eso. No sé quién quiero llegar a ser".

El mundo está lleno de personas como Justin. Las encontramos en cada ciudad de Estados Unidos, consumiendo pornografía porque no tienen mucho más en su vida. Muchos hombres y mujeres con los que trabajo buscan la pornografía porque sus vidas están vacías, e incursionan en las correntosas aguas de la perversión. Cuando tu vida se caracteriza por una marcada ausencia de placer, aventura e intimidad con las personas a las que amas, las actividades que matan el tiempo y la esperanza a través del escapismo se vuelven cada vez más centrales en tu personalidad. Ejemplos comunes son la pornografía, el fútbol, NASCAR, los videojuegos, la televisión o la realidad virtual. En la historia de Justin, puedes percibir una fundamental falta de vitalidad en su hogar que creó la necesidad de ir a buscar una realidad alternativa. La pornografía estaba mucho más disponible que una familia o una comunidad que lo alentara a descubrir una identidad auténtica.

Tres obstáculos para encontrar el propósito

Si la comunidad es el contexto de la transformación, debe superar los obstáculos que nos impiden descubrir el propósito. El primer obstáculo para aquellos con comportamientos sexuales problemáticos es una sensación generalizada de fracaso. Más del 60 % de las personas en mi investigación miran sus vidas y solo ven fracasos. Cuando mis clientes hablan de su agudo sentimiento de fracaso, los invito a examinar el terreno que hemos recorrido en nuestro trabajo juntos: familias rotas, vergüenza, abuso, falta de sentido y enojo. Les señalo que estas experiencias crean en ellos una imagen muy tóxica de sí mismos. En consecuencia, huyen hacia el comportamiento sexual indeseable en busca de alivio, pero mucho más para reforzar la falsa creencia central de que nunca estarán bien. Su fracaso ciertamente incluye su comportamiento sexual problemático, pero su poder se deriva de su lealtad a guiones pasados.

El segundo obstáculo para el propósito es la obsesión de la comunidad con el fracaso sexual[4]. Las comunidades a menudo hacen un gran desfavor cuando solo se involucran con los fracasos sexuales de sus miembros. La adicción sexual es una realidad en nuestro mundo, pero también creo plenamente que la pornografía puede funcionar como una pista falsa en la vida de muchas personas. Una pista falsa es algo destinado a engañarnos o distraernos del problema real en cuestión. La pornografía es una prominente pista falsa en nuestros tiempos. Los hombres viven en una lucha interminable contra los males de la pornografía, y esta batalla es reforzada, si no alentada, por nuestra cultura y nuestras comunidades religiosas. Se invita a los hombres a luchar por la pureza, pero rara vez se les pregunta quiénes quieren llegar a ser. Como Justin, cuando solo se te invita a luchar *contra* algo en lugar de buscar un propósito *para* algo, simplemente te encuentras arrastrado por la corriente de una adicción:

vacío de significado → escape del dolor y el aburrimiento → búsqueda de un comportamiento sexual indeseable como veneno, ira e identidad falsa → sentirse indeseable → vacío de significado

El ciclo se repite hasta que te invitan a vivir una historia diferente.

El tercer obstáculo para el propósito es la sordera a tus gritos existenciales. En mi investigación, el 56 % de los encuestados se esforzaban por encontrar un propósito, y más del 57 % se sentía desmotivado en la vida. Una forma de pensar en estas estadísticas es ver la pornografía como un síntoma de una vida no vivida. Si estamos tratando de deshacernos del síntoma, pero no sabemos lo que queremos en su lugar, nuestros esfuerzos serán inútiles.

En la cultura occidental, nuestra forma predeterminada de tratar los síntomas es medicar en lugar de escuchar lo que están comunicando. Sentimos dolor, depresión o ansiedad e inmediatamente buscamos una pastilla o bebida. Este impulso de tratar en lugar de escuchar nuestros síntomas está en la raíz de nuestra patología cultural.

Un psicoanalista francés llamado Jacques Lacan creía que no había nadie en el mundo sin un síntoma[5]. Lacan no veía al síntoma como un intruso externo que impide tener una vida normal, sino como un profeta que intenta llamar nuestra atención sobre una forma de vida que no funciona, y nos invita a encontrar un nuevo camino a seguir. ¿Y si tu agonizante participación en la pornografía no fuera un intruso alienígena que debe ser asesinado, sino más bien un síntoma que Dios quiere que compartas con tu comunidad para descubrir el propósito de tu vida?

Jeremías, un profeta del Antiguo Testamento, comparó al pueblo de Dios con camellos en celo, "olfateando el viento en época de apareamiento …" (Jeremías 2:23-24, NTV). Casi lo podemos imaginar, si estuviera vivo hoy, dirigiéndose al desierto del comportamiento sexual indeseable y llamándonos adictos a las búsquedas en internet, que siguen cualquier enlace, imagen o aplicación con el más mínimo olor a sexo. Los profetas nos exponen a lo más verdadero, pero también nos despiertan a sueños más hermosos de lo que pudiéramos concebir. El comportamiento sexual indeseable nos muestra nuestra preocupación por el sexo, pero también nos desafía a escuchar nuestros gritos en busca de un propósito más allá de los pequeñísimos refugios que hemos construido.

Convertirse en un agente de cambio

Los agentes de cambio efectivos no entierran su pasado; permiten que el pasado revele y transforme sus propósitos. Puede ser que Dios te invite a permitir que tu problema con un comportamiento sexual indeseable sea una luz para otros que viven en la vergüenza. Pero tu conflicto también podría ser una invitación a asumir tu autoridad como agente de cambio en tu rol de padre, cónyuge, líder en tu residencia universitaria o líder vocacional. Como mencioné anteriormente, no hay obligación de devolver el favor de tu sanación. En cambio, cuando las semillas de la sanación crezcan, el fruto será una vida orientada al bienestar de los demás.

Si sientes que tu llamado podría ser volver al mundo del comportamiento sexual indeseable como guía, cuentas con mi apoyo. En todo el mundo, mujeres que han sufrido en la prostitución y la pornografía ahora lideran servicios para sobrevivientes que atienden a otras mujeres y niñas atrapadas en ese estilo de vida. De la misma manera, los hombres que han sido los principales perpetradores de la violencia sexual y la utilización de las mujeres ahora lideran grupos para educar a los hombres a no creerse con derechos por su género. Cuando los pastores y líderes comunitarios me preguntan: "¿Qué se puede hacer contra la epidemia de la pornografía y la compra de sexo en nuestras ciudades? ¿Quién puede cambiar esto para la próxima generación?", a menudo me encuentro diciendo: "¡Los adictos! Los adictos que han llegado a conocer sus historias". Lo que nuestras iglesias y ciudades más necesitan son hombres que no quieran simplemente apartar la mirada de la lujuria sino aplastar el mal que promueve la violencia contra las mujeres como antídoto a las heridas masculinas.

Si sientes que tu llamado es dedicarte a tu matrimonio y familia con mayor pasión y lealtad, también tienes mi apoyo. No creo que haya nada más poderoso que la capacidad de crecimiento de los niños cuando viven con padres que cultivan la honestidad y se honran mutuamente. Muchos de los clientes con los que trabajo hablan de un profundo deseo dentro de ellos de dejar un legado perdurable en sus familias. Ven generaciones de adicción y desapego en sus familias y sienten que su principal llamado es sanarse para que en su lugar florezca el bienestar.

Si sientes el deseo de cultivar tu creatividad en tu vocación, ¡adelante! Tienes mi apoyo. Parte de tu viaje de sanación requiere la capacidad de traducir el tiempo ocioso consumido por tu adicción en un espacio para cultivar tus talentos. Muchos de mis clientes inevitablemente reconocen que la adicción consumió su energía creativa. A medida que sanan, se sienten rejuvenecidos y comienzan a liberar su creatividad. La creatividad se manifiesta de una manera diferente en la vida de cada persona. Para algunos significa pasar de ser empleados mediocres en sus organizaciones a líderes ejecutivos. Otros eligen escribir y publicar poesía. Algunos se unen a bandas de jazz o equipos de rugby. Otros inician organizaciones dedicadas a ofrecer sanación a otras personas atrapadas en trampas similares. La marca de la sanación no es simplemente la cesación del comportamiento problemático, sino una vida llena de mayor pasión, contribución y propósito.

DESCUBRIR UN MAYOR SENTIDO DE PROPÓSITO

Escribe tres de tus principales metas en la vida. Después de anotarlas, reflexiona sobre cómo el comportamiento sexual indeseable te impide alcanzarlas. Por ejemplo, es posible que desees ser parte de un cambio en una organización o campo académico, pero te encuentres consumiendo pornografía con demasiada frecuencia en su lugar. O quizás quieras ser un buen padre que pasa tiempo con su familia, pero en cambio practicas la infidelidad durante los viajes de negocios. Cuando regresas a casa, la culpa y la hipocresía te impiden invertir plenamente tu energía hacia tu objetivo final de disfrutar de la familia.

Escribe dos formas en que el comportamiento sexual indeseable te mantiene a ti o a otros enfocados en tu fracaso en lugar de alentarte a descubrir quién quieres llegar a ser. Por ejemplo, podría ser un padre que encontró tu historial de búsqueda en internet, pero rara vez te invitó a acampar o a ir de compras o al cine. Podría ser que te avergonzaron por tu promiscuidad cuando eras adolescente o un adulto joven, pero nadie se preocupó por notar el abuso sexual que sufriste años atrás.

Annie Dillard, en su libro *Una temporada en Tinker Creek*, ganador del Premio Pulitzer, escribió: "Toda mi vida he sido una campana y no lo supe hasta que en aquel momento ascendí y fui golpeada"[6]. Dillard describe los momentos de la vida en los que algo profundo dentro de nosotros es golpeado y resonamos con alegría y significado. Escribe tres ejemplos de momentos en los que tu corazón fue tocado por el propósito o la alegría en el contexto de la comunidad. Puede ser una idea que ofreciste a tu organización y que cambió la trayectoria de un proyecto; un amigo que nombró algo sobre tu carácter, tus dones o tu sufrimiento que nunca podrías haber articulado por ti mismo; o un momento en el que ofreciste consejo y empatía a un miembro de la familia y su gratitud caló hondo en tu corazón. Piensa en estos como tus "momentos de registro", cuando reconociste que amabas a la persona que eras en la historia. Los tres ejemplos que recuerdes proporcionarán una valiosa ventana hacia la persona que ya eres y la persona que anhelas llegar a ser. Observa los patrones en las historias. ¿Qué impacto producen todas ellas? ¿Cómo son estos relatos símbolos de tu "mejor yo"?

Comparte tus reflexiones con un amigo de confianza. Lo que has observado acerca de ti mismo le dará a él o ella una perspectiva de la forma en que el mal obstaculiza tu propósito, del daño que sufrieron tus anhelos, y de la plenitud que podrías alcanzar si tu conflicto sexual no te desviara constantemente. Además, invita a quienes están en tu comunidad a compartir otras experiencias en las que hayan visto tus dones como agentes de transformación o momentos en que hayan sido testigos de tu esfuerzo por hacer oír tu voz en la comunidad.

BENEFICIOS DE UN SENTIDO DE PROPÓSITO

Descubrir un sentido de propósito es la forma más poderosa de interrumpir una vida de quebrantamiento sexual. Los conflictos sexuales te llenan de vergüenza y mantienen el foco en tus fracasos en lugar de en quién deseas llegar a ser. La comunidad reconoce que los conflictos sexuales son reales, pero nunca deben eclipsar el panorama más amplio de tu propósito en la vida. Cada año en la comunidad, descubrirás más quién eres. Como respuesta, la gratitud crecerá dentro de ti, ya que sabrás que tus dones no permanecen enterrados y tus talentos no han sido saboteados.

Conclusión

Vivimos un momento crítico en la relación del mundo con el sexo. El dolor y la confusión sexual son comunes. Los escombros de la violencia sexual están esparcidos por todos los continentes. La realidad virtual pornográfica y las muñecas sexuales llenan un mercado ya saturado de perversiones sexuales. El movimiento *#MeToo*, los casos de abuso sexual sistémico, la trata de personas con fines sexuales y la violencia contra la comunidad LGBTQI llenan nuestras redes sociales. Mientras miramos los escombros, parece que lo único que podemos hacer colectivamente es culparnos mutuamente.

Culpamos a la cultura liberal, a la cultura conservadora, a las personas con poder, a los marginados. Excusamos la misoginia culpando a la adicción sexual. Culpamos a aquellos que realmente sufren de adicción sexual. Sin embargo, pocos grupos tienen la humildad de reconocer la forma única en que su perspectiva, a pesar de ser real, contribuye a la decadencia de la belleza del sexo en nuestro mundo. Los remedios generalizados que hemos implementado dejan mucho que desear. La militancia de la vigilancia y la rendición de cuentas solo le permiten a los hombres y mujeres madurar hasta cierto punto. Las culturas de ligue que nos invitan al placer sexual sin sentido dejarán a otra generación desilusionada y confundida acerca del sexo. Dios diseñó nuestros corazones para que estén llenos de deseo y significado, para que no descansen hasta encontrarlos. Por lo tanto, los enfoques destinados a mitigar el deseo sexual o disminuir el significado del sexo inevitablemente conducen al exilio sexual.

La vida de un cristiano está principalmente llamada a ser la luz del mundo. En nuestra arrogancia (y tal vez sin saberlo), a menudo hemos creído que ser luz se trata de asegurarnos de que el mundo viva "correctamente". Los temas sexuales que nos preocupan y aquellos que ignoramos revelan nuestro interés cooptado por mantener el poder y afirmar nuestra autoridad. Queremos que el mundo cambie, pero dado que las tasas de comportamiento sexual indeseable son similares dentro y fuera de la iglesia, seamos honestos acerca de quiénes entre nosotros necesitan más la redención.

Ser la luz del mundo en nuestro tiempo histórico podría significar poner el foco en nuestra propia necesidad de arrepentimiento, de cambiar de dirección. El mundo sexual está fuera de órbita por varias razones, y es hora de conducirnos a asumir nuestra contribución única.

La creencia de que Dios está activo en nuestra historia, invitándonos a participar con Él en la restauración de todas las cosas, es central en el Evangelio que proclamamos. Por esta razón, a Dios le encanta invitarnos a usar nuestra historia —las historias de familias rotas, la falta de propósito, la lujuria, la ira y la vergüenza—, para sanarnos personal y comunitariamente. En comunidad, las uvas pisoteadas de nuestras historias colectivas se recogen y se transforman en algo más asombroso de lo que jamás imaginamos. Dios es el Maestro Viticultor que transforma las historias sexuales vergonzosas en el vino de la bendición. En la economía de Dios, nada de tu quebrantamiento sexual se desperdicia; todo es parte del fermento de la redención.

Desde que completé mi investigación y escribí varios artículos abordando el porqué del comportamiento sexual indeseable, los correos electrónicos y las cartas no han dejado de llegar. Muchos me han pedido que interprete fantasías sexuales que los han desconcertado. Una mujer me contó la historia desgarradora de haber sido iniciada en la pornografía por su abuelo bajo la máscara de compartir regularmente noches de películas. Muchos han contado historias de horror sobre la manera en que sus iglesias o universidades abordaron su comportamiento o identidad sexual. Innumerables cónyuges me han escrito tratando de entender por qué sus parejas persiguen comportamientos sexuales que parecen inconsistentes con todo lo que creían saber de ellos.

Sin embargo, la respuesta más común es algo así: "Siempre he intentado dejar de consumir pornografía a través de la oración o la rendición de cuentas. Lo he intentado todo. Ahora reconozco por qué esos métodos no han sido efectivos: no abordaron las razones específicas que me llevan a mi comportamiento sexual indeseable. Siempre pensé que Dios estaba enojado conmigo por no poder dejar de hacerlo. Ahora veo cómo mi quebrantamiento sexual está mostrándome una imagen más completa de lo que podría ser la sanación".

Estas respuestas me dicen que los hallazgos de mi investigación están tocando una fibra sensible. Queremos ser entendidos. Queremos ser conocidos. Queremos saber que todo lo que está roto dentro de nosotros puede ser reparado.

Dediqué este libro a las mujeres y hombres que completaron la encuesta de mi investigación. Esa no fue una decisión frívola. Al compartir los aspectos más significativos de sus vidas y los detalles más específicos de sus conflictos sexuales, me permitieron obtener ideas extraordinarias a partir de los datos. La investigación no fue un fin en sí misma; fue un medio para llevar luz a aquellos que viven en las sombras vergonzantes del comportamiento sexual indeseable. Los encuestados contaron historias, en forma de datos, para mostrarnos que, si prestamos atención, el quebrantamiento sexual puede revelar nuestro camino hacia la sanación.

Esto es solo el comienzo.

Mi compromiso contigo es seguir profundizando en el quebrantamiento sexual con amabilidad, curiosidad y habilidad. Estamos descubriendo mucho. Y, por supuesto, cuanto más sabemos, más nos damos cuenta de cuánto más hay por aprender. ¿Qué te parece si seguimos aprendiendo juntos? He creado una página en mi sitio web (jay-stringer.com/journey) donde puedes compartir tu historia en futuras investigaciones o registrarte para ser el primero en recibir información clave cuando estén disponibles los hallazgos. Cuando aprendemos unos de otros, promovemos nuestra libertad colectiva.

Reconozco plenamente que, si has llegado hasta aquí en el libro, es probable que estés lleno de emociones crudas y conflictivas. Tienes miedo. Estás enojado. Estás conmovido al vislumbrar las respuestas que has anhelado durante mucho tiempo. Te duele el corazón por todo lo que has perdido. Incluso puedes querer presionar el botón de avance rápido y que el arduo trabajo sobre el que ya has leído haya quedado atrás de una vez. Y, sobre todo, puedes entretenerte con la muy peligrosa promesa de la esperanza.

¿Te animas a creer que tu historia podría ser sanada por completo, que incluso tu quebrantamiento sexual puede revelar el camino hacia la sanación? Si te aventuras por este camino, ¿te llevará a lo que tu corazón anhela, o te acorralará en una nueva decepción? No te invité a la ligera. Desde el principio, mi objetivo al escribir este libro fue guiarte hacia un punto de inflexión propio. He sido testigo de que aquellos que encuentran el coraje para buscar las razones únicas que los llevan al comportamiento sexual indeseable son misteriosamente enfrentados al amor y la bondad transformadora de Dios. Puedes encontrar la restauración que tu corazón ha anhelado. No será fácil, pero es absolutamente posible.

Termino con las palabras de Jeffrey, el hombre que conociste en la introducción. Mientras lees sus palabras, recordando el terrible comienzo de su historia, únete a mí en imaginar palabras esperanzadoras como estas que tú también podrías escribir algún día:

Mi nombre es Jeffrey. Yo era aquel que solía andar en bicicleta por mi vecindario, esperando cruzar miradas con mis compañeras de escuela. Es una oportunidad rara y excepcional haber sido invitado a concluir un libro que trata un aspecto de mi vida que casi me lo arrebata todo. El quebrantamiento sexual intentó llamar mi atención por mucho tiempo. No sabía si quería que desapareciera o si deseaba que continuara para siempre. Mi comportamiento sexual me llenaba de vergüenza, pero también era la única puerta abierta a lo que deseaba. Solo años después puedo decir que hay muy poca imaginación y belleza en el torbellino del comportamiento sexual indeseable.

Lo que he aprendido en mi derrotero es esto: el comportamiento sexual indeseable es una oportunidad para ser transformado por el amor. Mi conducta sexual problemática evidenciaba muchas cosas, pero hasta que le permití que me mostrara mi necesidad de amor y de crecimiento personal, me quedé en las sombras. Hay mucha alegría por descubrir ahí fuera, y la descubres cuando te adentras en el terreno salvaje e impredecible de tu propia historia y descubres toda la belleza que existe en ella.

Apéndice sobre la metodología
de la investigación

El propósito de la investigación fue llevar a cabo un estudio de campo inicial sobre las experiencias infantiles y la relación con los padres que provocan el comportamiento sexual y las fantasías maladaptativas en la adultez. El investigador introdujo una nueva encuesta, la Encuesta Stringer de Fantasía y Comportamiento Sexual (SSSFB, por sus siglas en inglés), para llevar a cabo la investigación; por lo tanto, el propósito secundario de la investigación es obtener evidencia de validez para esa encuesta.

La muestra obtenida para el estudio fue un muestreo de conveniencia de 3,817 adultos que se ofrecieron voluntariamente a completar la encuesta de manera anónima. Estos voluntarios formaban parte de listas de correo o sitios de redes sociales de organizaciones dedicadas a ayudar a quienes intentan superar comportamientos sexuales indeseables. Esas organizaciones cursaron las invitaciones a participar a través de correos electrónicos y *feeds* de sus redes sociales. Es posible que los voluntarios invitados hayan compartido el enlace con otros que también completaron la encuesta SSSFB. La SSSFB se aplicó en línea. Un enlace en el correo electrónico de invitación dirigió a los voluntarios a la página de inicio de la SSSFB. Los datos de la SSSFB se recopilaron entre noviembre de 2016 y enero de 2017. No se recopiló información personal (por ejemplo, nombre, dirección, datos personales, etc.) en la encuesta. La colección de datos usada para el análisis contenía solo cinco datos demográficos (género, etnia, preferencia sexual, categoría por edad y estado civil) y un número aleatorio para identificar registros únicos.

Datos demográficos

Los participantes en la encuesta eran principalmente hombres (73 %) y heterosexuales (92 %). Estas características de la muestra son consistentes con las muestras de otros estudios de esta población. Las edades de los participantes iban desde los dieciocho hasta más de sesenta y cinco años, con más de dos tercios de los participantes en el rango de edad de dieciocho a treinta y dos años. Los participantes eran principalmente blancos (78 %); el 58 % eran solteros y el 37 % estaban casados[1].

Validez y Fiabilidad de la encuesta SSSFB

La SSSFB está compuesta por 103 ítems de autorreporte calificados en una escala del 1 al 5, donde 1 = Nunca, 2 = Muy pocas veces, 3 = Pocas veces, 4 = Bastantes veces y 5 = Muchas veces. Hay veinte afirmaciones relacionadas con la comunicación del participante con su madre o padre, quince afirmaciones sobre "En mi infancia", siete afirmaciones sobre fantasía y comportamiento sexual "en el último año", treinta y una afirmaciones sobre diferentes tipos de fantasía y comportamiento sexual, ocho afirmaciones sobre "Busco fantasía o comportamiento sexual cuando...", y veintidós afirmaciones sobre "En mi vida...".

Estas afirmaciones se sometieron a una serie de análisis factoriales exploratorios con un análisis de componentes principales y rotación Varimax. Se revisaron varias soluciones factoriales para evaluar la dimensionalidad de la SSSFB. Una solución de dieciocho factores que incluía 93 de las 103 afirmaciones se consideró la más adecuada desde una perspectiva estadística y teórica. La solución de dieciocho factores excluyó del análisis los ítems 74-81.

Se realizó un análisis factorial confirmatorio en los dieciocho factores. Los resultados del análisis factorial confirmatorio para la SSSFB indican un ajuste moderadamente bueno en los dieciocho temas: Índice de Ajuste Comparativo (CFI por sus siglas en inglés) = .783, Índice de Tucker-Lewis (TLI por sus siglas en inglés) = .762, Raíz cuadrada media residual estandarizada (SRMR por sus siglas en inglés) = .06 y Error cuadrático medio de aproximación (RMSEA por sus siglas en inglés) = .049. Esto proporcionó una buena base para proceder con los dieciocho temas y modelar las relaciones entre los dieciocho temas y los datos demográficos. Finalmente, se evaluó la fiabilidad de los dieciocho temas (escalas). Los coeficientes de fiabilidad de las escalas fueron de buenos a muy buenos: ocho estaban entre .63 y .69, cinco estaban entre .70 y .79, y cinco estaban entre .80 y .83.

La SSSFB contiene dieciocho escalas que incluyen:

1. Infidelidad
2. Poder
3. Subordinación propia
4. Subordinación de otros
5. Depresión
6. Necesidades no satisfechas
7. Abrumado
8. Falta de propósito
9. Vergüenza

10. Madre confidente
11. Negligencia de la madre
12. Rigidez de la madre
13. Padre confidente
14. Negligencia del padre
15. Rigidez del padre
16. Abuso sexual en la infancia
17. Acoso en la infancia
18. Resiliencia

Razón de probabilidades

La razón de probabilidades en esta investigación indica cómo las variables predictoras afectan las probabilidades de que ocurra la variable de resultado (por ejemplo, Pagar por Sexo). Por ejemplo, al identificar los predictores de Pagar por Sexo, la variable Vergüenza tenía una razón de probabilidad de 7.94 para los hombres. Esto significa que, por cada aumento unitario en la puntuación de Vergüenza, el evento Pagar por Sexo es casi ocho veces más probable. La Vergüenza está fuertemente asociada con el Pagar por Sexo.

De manera similar, la variable Resiliencia tenía una razón de probabilidad de 0.16 para los hombres. Esto significa que, por cada aumento unitario en la puntuación de Resiliencia, el evento Pagar por Sexo es un 16 % menos probable en comparación con los hombres cuya puntuación de Resiliencia es una unidad menor. La Resiliencia está fuertemente asociada con Pagar por Sexo en los hombres.

Una razón de probabilidad más alta no necesariamente significa que un evento tenga a su vez una alta probabilidad. Por ejemplo, al comparar las puntuaciones de Abuso Sexual en la Infancia de dos participantes, si la puntuación de la Persona A es una unidad más alta (una unidad equivale a aproximadamente catorce puntos para el Abuso Sexual en la Infancia) que la puntuación de la Persona B, es veinte veces más probable que la Persona A pague por sexo en comparación con la Persona B. Esto no significa que la Persona A tenga una alta probabilidad de pagar por sexo. Como indican los datos, pocos hombres pagan por sexo. Pero cuando se comparan dos eventos de baja probabilidad, una probabilidad puede ser veinte veces mayor que otra. Por ejemplo, si la probabilidad de la Persona B de pagar por sexo es del 0.5 % y la probabilidad de la Persona A es veinte veces el 0.5 %, la probabilidad de la Persona A de pagar por sexo es del 10 %. La probabilidad de la Persona A de pagar por sexo es baja, pero en comparación con la Persona B, es veinte veces mayor.

Lo mismo podría decirse para razones de probabilidad pequeñas. Como se mencionó anteriormente, en este estudio, la variable Resiliencia tenía una razón de probabilidad de 0.16 para los hombres. La razón de probabilidad baja no indica que el evento sea poco probable; más bien, se refiere al hecho de que en comparación con un participante con una puntuación de Resiliencia más baja (aproximadamente trece puntos menos), los participantes con puntuaciones más altas tienen solo un 16 % de probabilidad de pagar por sexo en comparación con los hombres con una puntuación de Resiliencia una unidad menor.

Género		
Masculino	Femenino	Total
2,787	1,030	3,817
73 %	27 %	100 %

			Género		Total
			Masculino	Femenino	
Etnicidad		Hispánico	159	64	223
			5.7 %	6.2 %	5.8 %
		Indio Americano o de Alaska	21	10	31
			0.8 %	1.0 %	0.8 %
		Asiático	195	42	237
			7.0 %	4.1 %	6.2 %
		Negro	152	43	195
			5.5 %	4.2 %	5.1 %
		Blanco	2,153	820	2,973
			77.3 %	79.6 %	77.9 %
		Birracial	107	51	158
			3.8 %	5.0 %	4.1 %
	Total		2,787	1,030	3,817
			100.0 %	100.0 %	100.0 %

INDESEABLE

		Género		Total
		Masculino	Femenino	
Preferencia sexual	Heterosexual	2,580	929	3,509
		92.6 %	90.2 %	91.9 %
	Homosexual	88	20	108
		3.2 %	1.9 %	2.8 %
	Bisexual	119	81	200
		4.3 %	7.9 %	5.2 %
Total		2,787	1,030	3,817
		100.0 %	100.0 %	100.0 %

		Género		Total
		Masculino	Femenino	
Edad	18 a 24	1,130	554	1,684
		40.5 %	47.1 %	44.1 %
	25 a 32	696	252	948
		25.0 %	24.5 %	24.8 %
	33 a 42	390	115	505
		14.0 %	11.2 %	13.2 %
	43 a 52	236	71	307
		8.5 %	6.9 %	8.0 %
	53 a 64	254	35	289
		9.1 %	3.4 %	7.6 %
	65 +	80	2	82
		2.9 %	0.2 %	2.1 %
	Sin respuesta	1	1	2
		0.0 %	0.1 %	0.1 %
Total		2,787	1,030	3,817
		100.0 %	100.0 %	100.0 %

		Género		Total
		Masculino	Femenino	
Estado civil	Soltero/a	1,571	641	2,212
		56.4 %	62.2 %	58.0 %
	Casado/a	1,084	312	1,396
		38.9 %	30.3 %	36.6 %
	Separado/a	35	19	54
		1.3 %	1.8 %	1.4 %
	Viudo/a	10	8	18
		0.4 %	0.8 %	0.5 %
	Divorciado/a	87	50	137
		3.1 %	4.9 %	3.6 %
Total		2,787	1,030	3,817
		100.0 %	100.0 %	100.0 %

Agradecimientos

He tenido mi cuota de deseos y metas, pero mi vida me ha llegado
o he ido hacia ella principalmente a través de errores y sorpresas.
A menudo he recibido más de lo que merecía...
Y, sin embargo, por mucho tiempo, mirando hacia atrás,
no he podido quitarme la sensación de que era guiado.
Interprétalo como quieras.

WENDELL BERRY, JAYBERCROW

A Aquel que me ha guiado: gracias.

A mis amigos en Awake Church y a mi pastor Ben Katt: ustedes fueron los primeros en invitarme a abordar la demanda de la explotación sexual comercial mientras nuestra iglesia buscaba mantener su presencia fiel en nuestro vecindario del norte de Seattle. A Dan Allender y mis colegas en el Allender Center: ustedes han informado mi perspectiva sobre el comportamiento sexual indeseable y me alentaron a ver el poder que tiene una historia que ya no está atada a la vergüenza. El corazón humano se ha vuelto más hermoso y misterioso gracias a ustedes. A mis clientes: ustedes confiaron en mí, y su capacidad de elegir el dolor y la alegría en medio de las crisis y el sufrimiento me ha iluminado y asombrado. No podría haber escrito este libro con tanta honestidad si no hubiera sido testigo de la pasión y la autenticidad con que se manifiesta el Evangelio en sus vidas. A Don Pape y Dave Zimmerman: los títulos de director editorial y editor no hacen justicia a la complejidad, el talento y la serenidad que han demostrado en sus respectivos roles. Gracias a todos en NavPress y Tyndale por creer en esta visión y concretar su publicación. A Jason Pamer y al equipo de *The Heart of Man*

(El corazón del hombre): el apoyo que me han brindado y el afecto entre nosotros me han permitido alcanzar uno de mis deseos más profundos: hacer un trabajo excepcional en colaboración con amigos queridos.

La investigación de este libro no habría existido sin la colaboración de organizaciones e individuos notables. Covenant Eyes® (un servicio para la rendición de cuentas y el filtrado de internet): Ron DeHaas, Davin Granroth, Nicole Morris y Chris McKenna. Fight the New Drug (una organización no religiosa y no legislativa que existe para brindar a las personas la oportunidad de tomar una decisión informada sobre la pornografía utilizando la ciencia, los datos y los testimonios personales): Clay Olsen, Natale McAneney y Jacob Hess. A Faithful & True (un centro de asesoramiento cristiano): Dr. Mark Laaser. Al Dr. Paul Squires y Applied Skills & Knowledge, Inc.: su dominio y paciencia con los datos de mi investigación hicieron posibles los hallazgos de vanguardia incluidos en este proyecto. Espero que este sea el comienzo de una larga colaboración. Y a Whit McCullough en SharpSlide: permitiste que visualizáramos con claridad los datos que compartí con mis colegas en la investigación. Tus presentaciones de PowerPoint merecen estar en un museo.

A mi papá: mi mirada sobre la complejidad, la tragedia y la belleza de la vida se ha agudizado gracias a ti. A mi mamá: la habilidad de mi corazón para saborear la vida, sus alegrías y tristezas, se expandió gracias a ti. A mis hermanos, Rachel, Justin y Stephen: cada uno de ustedes, a través de la honestidad de sus vidas, me ha enseñado el difícil camino hacia la alegría a través del sufrimiento inevitable. A mi familia Smith y Michalowski, Gary y Nan, Dave y Morgan, Graham y April: su generosidad y su amor hacia mí son magníficos. Sus vidas y sus matrimonios me inspiran. Me siento muy honrado de ser un testigo privilegiado de todos sus logros.

A Ron Carucci: tu amistad ha sido fundamental para dar vida a muchos aspectos de este proyecto: mi voz como estudiante de posgrado, mi escritura en "el estudio", el apoyo para realizar la investigación y las interminables sesiones de estrategia en las oficinas de Navalent. Me siento profundamente agradecido de que Dios haya elegido a uno de los hombres más talentosos y generosos del planeta para guiarme hacia un futuro que nunca imaginé que descubriría. El contenido de este libro y el impacto que espero que tenga reflejan tu dedicación incansable.

A mis hijos, Amos e Iona: su curiosidad, su persistencia obstinada, su inocencia y su alegría contagiosa son modelo e inspiración de cómo quiero vivir. No existe mayor privilegio que ser su papá.

A mi amor, Heather: conocerte es adentrarse en todas las cautivantes, transformadoras y enigmáticas facetas de la belleza. Te adoro. Este libro no existiría si no creyeras que el amor se encuentra no solo en la intimidad compartida sino también en darnos la libertad mutua para descubrir los anhelos más profundos que nos fueron destinados en esta Tierra. ¿Qué te parece si seguimos adelante juntos?

Notas

INTRODUCCIÓN

1. Stacy Notaras Murphy, "It's Not about Sex," *Counseling Today*, 1 de diciembre de 2011, http://ct.counseling.org/2011/12/its-not-about-sex/
2. Citado en "18 Shocking Stats about the Porn Industry and Its Underage Consumers," Fight the New Drug, 5 de septiembre de 2017, https://fightthe newdrug.org/10-porn-stats-that-will-blow-your-mind/
3. David Kinnaman, "The Porn Phenomenon," *Barna* (blog), 5 de febrero de 2016, http://www.barna.com/the-porn-phenomenon/#.VqZoN_krIdU
4. R. Barri Flowers, *Sex Crimes: Perpetrators, Predators, Prostitutes, and Victims*, 2ª ed. (Springfield, IL: Charles C Thomas, 2006), 170.
5. S. L. Perry and C. Schleifer, "Till Porn Do Us Part? A Longitudinal Examination of Pornography Use and Divorce," *Journal of Sex Research* 55, no. 13 (12 de mayo de 2017): 1–3.
6. "Internet Pornography by the Numbers: A Significant Threat to Society," Webroot, https://www.webroot.com/us/en/resources/tips-articles/internet-pornography-by-the-numbers
7. Alexis Kleinman, "Porn Sites Get More Visitors Each Month Than Netflix, Amazon and Twitter Combined," *Huffington Post*, última modificación: 6 de diciembre de 2017, https://www.huffingtonpost.com/2013/05/03/internet-porn-stats_n _3187682.html
8. "Things Are Looking Up in America's Porn Industry," *NBC News*, 20 de enero de 2015, https://www.nbcnews.com/business/business-news/things-are-looking -americas-porn-industry-n289431
9. Kinnaman, "Porn Phenomenon".
10. Allen Ross, "Genesis," in *The Bible Knowledge Commentary: Old Testament*, ed. John F. Walvoord and Roy B. Zuck (Colorado Springs, CO: Victor, 1985), 155; Hemchand Gossai, *Power and Marginality in the Abraham Narrative*, 2ª. ed. (Eugene, OR: Wipf and Stock, 2010), 13.

CAPÍTULO 1: UNA TEOLOGÍA DE LA CONDUCTA SEXUAL INDESEABLE

1. Dan B. Allender, *Healing the Wounded Heart: The Heartache of Sexual Abuse and the Hope of Transformation* (Grand Rapids, MI: Baker, 2016), 36. Allender escribió, "El mal odia lo que Dios revela en y a través de la creación de la humanidad, especialmente en lo que respecta al género y la sexualidad. Nada le da más satisfacción o poder al mal que ensuciar nuestra alegría de ser hombre o mujer a través del daño sexual o la confusión de género por un lado o el dogmatismo por el otro".

2. C. S. Lewis, *The Screwtape Letters* (New York: HarperCollins, 2015), ix. La traducción al español está tomada del "Prefacio" de *Cartas del diablo a su sobrino*, disponible en http://www.fluvium.org/textos/cultura/cul342.htm

3. Billy Baker, "The Biggest Threat Facing Middle-Age Men Isn't Smoking or Obesity. It's Loneliness," *Boston Globe*, 9 de marzo de 2017, https://www.bostonglobe.com/magazine/2017/03/09/the-biggest-threat-facing-middle-age-men-isn-smoking-obesity-loneliness/k6saC9FnnHQCUbf5mJ8okL/story.html?fbclid=IwAR1116L k0bVMtZYSY9JJrbtbbxYOlfBnZAoY9OflEavIW6On6Lu-tlhSPuc

4. Rollo May, *Love and Will* (New York: Dell, 1969), 72–74.

5. Serene Jones, *Trauma and Grace: Theology in a Ruptured World* (Louisville, KY: John Knox, 2009), 102.

6. Jones, *Trauma*, 102.

7. Cornelius Plantinga Jr., *Sin: Not the Way It's Supposed to Be* (Christ on Campus Initiative, 2010), 11. Su libro *Not the Way It's Supposed to Be: A Breviary of Sin* (Grand Rapids, MI: Eerdmans, 1995) es un estudio excelente de la naturaleza del pecado, incluyendo la corrupción, el engaño, el sinsentido, la adicción, los ataques a Dios y huir de Dios.

8. Plantinga, *Sin*, 11.

9. Plantinga, *Sin*, 11.

10. Plantinga, *Sin*, 11.

11. C. S. Lewis, *Mere Christianity* (repr., New York: Macmillan, 1977), 49. Nuestra traducción.

12. Plantinga, *Sin*, 12. El término *Lebensraum* se traduce literalmente como "espacio vital" y fue referenciado regularmente por la Alemania Nazi para justificar su ambición imperial.

13. Allender, *Healing*, chapter 2. Allender afirma que el mal recibe una enorme ganancia de sus inversiones a través del abuso sexual.

14. James Alison, *Undergoing God: Dispatches from the Scene of a Break-In* (New York: Continuum, 2006), 166–72.

15. Romanos 5:20 dice que cuanto más pecan las personas, más abundante se vuelve la gracia de Dios. Dos versículos más adelante, en Romanos 6:2, se plantea la pregunta: ¿Debemos continuar pecando para que Dios nos muestre más de su abundante gracia? En Romanos 6:2 se da la respuesta: "¡Por supuesto que no! Nosotros hemos muerto al pecado, entonces, ¿cómo es posible que sigamos viviendo en pecado?" (NTV).

16. Gabor Maté, *In the Realm of Hungry Ghosts: Close Encounters with Addiction* (Berkeley, CA: North Atlantic, 2010), 136.

17. Maté, *Realm*, 145.
18. Maté, *Realm*, 142.
19. Maté, *Realm*, 142.
20. U2, "Every Breaking Wave," *Songs of Innocence* (Island, Interscope, 2014). Nuestra traducción.
21. Anne Applebaum, *Gulag: A History* (New York: Anchor, 2004), appendix.
22. Applebaum, *Gulag*, 391. Mientras leía la referencia de Gabor Maté a esta historia en *In the Realm of Hungry Ghosts*, Jeffrey recordó haber leído *Gulag* en la universidad.

CAPÍTULO 2: MARCANDO EL RUMBO DEL COMPORTAMIENTO SEXUAL INDESEABLE

1. WITW Staff, "Study Finds That 1 Out of 3 Women Watch Porn at Least Once a Week," Women in the World, 22 de octubre de 2015, https://www.independent.co.uk/life-style/love-sex/one-in-three-women-watch-porn-at-least-once-a-week-survey-finds-a6702476.html
2. David Kinnaman, "The Porn Phenomenon," *Barna* (blog), 5 de febrero de 2016, https://www.barna.com/the-porn-phenomenon/. Este artículo ofrece una reseña del informe del 2016 de Barna, *The Porn Phenomenon: the Impact of Pornography in the Digital Age* (El fenómeno del porno: el impacto de la pornografía en la era digital). Los estudios conducidos para este informe revelaron que el 33 % de las mujeres entre los trece y los veinticuatro años y el 12 % de aquellas con veinticinco años o más de edad admitieron buscar pornografía diaria, semanal o mensualmente.
3. Ronald Rolheiser, *The Holy Longing: The Search for a Christian Spirituality* (New York: Doubleday, 1999), 193.
4. Jodi A. Mindell et al., "Behavioral Treatment of Bedtime Problems and Night Wakings in Infants and Young Children," *Sleep* 29, no. 10 (2006): 1263–1276.
5. No tengo una fuente para esa interpretación, pero de no ser mía propia, podría atribuirse al Dr. Dan Allender o al Dr. Tim Keller.
6. Además de *East of Eden (Al Este del Paraíso)* de John Steinbeck' (New York: Bantam, 1952), esta es una referencia a la "tierra de Nod" (Génesis 4:16), a donde envió Dios a Caín en exilio después de asesinar a su hermano Abel (ver versículo 8). *Nod* es el término en hebreo del que deriva "vagabundear", "errar".
7. Estoy en deuda con el Dr. Dan Allender por esta idea. Para más información sobre cómo practicar el honor y la honestidad en tu vida, consultar el taller de historias personales del Centro Allender: https://theallendercenter.org/offerings/workshops /the-story-workshop/
8. Ishaan Tharoor, "How Somalia's Fishermen Became Pirates," *Time*, 18 de abril de 2009, http://content.time.com/time/world/article/0,8599,1892376,00.html

CAPÍTULO 3: SISTEMAS FAMILIARES DISFUNCIONALES

1. Patrick J. Carnes, PhD, *The Making of a Sex Addict*, 1998, https://cdn.ymaws.com/iitap.com/resource/resmgr/arie_files/m1_article_the-making-of-a-s.pdf

CAPÍTULO 4: ABANDONO

1. Ron A. Carucci and Eric C. Hansen, "Executive Power: Perversions, Abuses, and the Greater Good," cap. 5 en *Rising to Power: The Journey of Exceptional Executives* (Austin, TX: Greenleaf, 2014).

CAPÍTULO 5: TRIANGULACIÓN

1. Timothy Keller, *Counterfeit Gods: The Empty Promises of Money, Sex, and Power, and the Only Hope That Matters* (Boston: Dutton, 2009), xiv.
2. Ver Capítulo 5 en Dr. Dan Allender's *Healing the Wounded Heart: The Heartache of Sexual Abuse and the Hope of Transformation* para una excelente interpretación de la cita de Conroy con relación al tema de abuso encubierto.
3. Pat Conroy, *The Prince of Tides: A Novel* (*El Príncipe de las Mareas*) (New York: Bantam, 1986), 110. Nuestra traducción.

CAPITULO 6: TRAUMA COMO PÉRDIDA DEL ALMA

1. Bessel van der Kolk, *The Body Keeps the Score: Brain, Mind, and Body in the Healing of Trauma* (New York: Penguin, 2015), 21.
2. Peter Levine, *In an Unspoken Voice: How the Body Releases Trauma and Restores Goodness* (Berkeley, CA: North Atlantic, 2010), 31.
3. Van der Kolk, *Body Keeps the Score*, 64.
4. Judith Herman, *Trauma and Recovery: The Aftermath of Violence—from Domestic Abuse to Political Terror* (New York: Basic, 1997), 52.
5. "Statistics about Sexual Violence," National Sexual Violence Resource Center, consultado el 8 de marzo de 2018, https://www.nsvrc.org/sites/default/files/publications_nsvrc_factsheet_media-packet_statistics-about-sexual-violence_0.pdf

CAPÍTULO 7: EL ABUSO SEXUAL

1. Peter Levine, *In an Unspoken Voice: How the Body Releases Trauma and Restores Goodness* (Berkeley, CA: North Atlantic, 2010), 60.
2. Bessel van der Kolk, *The Body Keeps the Score: Brain, Mind, and Body in the Healing of Trauma* (New York: Penguin, 2015), 13.
3. Dr. Dan Allender, *Healing the Wounded Heart: The Heartache of Sexual Abuse and the Hope of Transformation* (Grand Rapids, MI: Baker, 2016), 104.

CAPÍTULO 8: LAS SEIS EXPERIENCIAS FUNDAMENTALES DE LA CONDUCTA SEXUAL INDESEABLE

1. Gus Turner, "After the Cavaliers Lost the NBA Finals, Cleveland Fans Watched a Lot of Porn," *Men's Health*, 16 de junio de 2017, https://www.menshealth.com/sex-women/a19521003/cleveland-cavaliers-fans-porn-nba-finals-pornhub/
2. A Dan Allender le debo esta idea que aprendí durante mi beca como investigador principal en el Allender Center.
3. Melissa Farley, Julie Bindel, and Jacqueline M. Golding, *Men Who Buy Sex: Who They Buy and What They Know* (Eaves, London: Prostitution Research and Education, 2009), https://i1.cmsfiles.com/eaves/2012/04/

MenWhoBuySex-89396b.pdf. En esta investigación, aproximadamente la mitad de los participantes (54 %) dijeron que estaban en una relación en ese momento. Otra investigación de N. McKeganey reveló que el 66 % de los compradores en Glasgow, Escocia, estaban casados o viviendo con una pareja. N. McKeganey, "Why Do Men Buy Sex and What Are Their Assessments of the HIV-Related Risks When They Do?" *AIDS Care* 6, no. 5 (1994): 289–301.

4. Esta parte sobre la lujuria y la ira está basada en un artículo que escribí con Covenant Eyes: Jay Stringer, "Faith Leaders: When We Blame Lust, We Intensify Sexual Sin," Covenant Eyes, 5 de marzo de 2018, http://www.covenanteyes.com/2018/03/05/blaming-lust-intensifies-sexual-sin/

5. *NAS Exhaustive Concordance of the Bible with Hebrew-Aramaic and Greek Dictionaries*, s.v. "epithumeó", consultado el 13 de marzo de 2018, https://biblehub.com/greek/1937.htm

6. Dan B. Allender, *The Healing Path: How the Hurts in Your Past Can Lead You to a More Abundant Life* (Colorado Springs, CO: Waterbrook, 1999), 52.

7. Julie Ruvolo, "How Much of the Internet Is Actually for Porn," *Forbes*, 7 de septiembre de 2011, https://www.forbes.com/sites/julieruvolo/2011/09/07/how-much-of-the-internet-is-actually-for-porn/#579195935d16

CAPÍTULO 9: TRES SECUESTRADORES DE NUESTRA ALMA

1. *Concise Oxford English Dictionary: Luxury Edition*, 12th ed. (2011), s.v. "resign". ("From L. *resignare* 'unseal, cancel'".)

2. Patrick Carnes, *Don't Call It Love: Recovery from Sexual Addiction* (New York: Bantam, 1992), 35.

3. Debra Hirsch, *Redeeming Sex: Naked Conversations about Sexuality and Spirituality* (Downers Grove, IL: IVP, 2015), 77.

4. *The American Heritage Dictionary of the English Language*, 5th ed. (2018), s.v. "peevish," consultado el 13 de marzo de 2018, https://ahdictionary.com/word/search.html?q=peevish. ("Posiblemente del Latin *perversus*, vuelto hacia el lado equivocado, perverse, participio pasado de *pervertere*, darse vuelta, corrupto".)

5. Robert Stoller, *Perversion: The Erotic Form of Hatred* (London: Karnac, 1986), xi.

6. Stoller, *Perversion*, 64–65.

7. Idea perteneciente a Jackson Katz. Para más información sobre este tema, ver el TED Talk, de Katz "Violence against Women—It's a Men's Issue," 17:37, noviembre de 2012, https://www.ted.com/talks/jackson_katz_violence_against_women_it_s_a_men_s_issue

8. NiamhNic, "I hadn't thought about this much before," Twitter, 15 de octubre de 2017, https://twitter.com/NiamhNic

9. Seth Stephens-Davidowitz, *Everybody Lies: Big Data, New Data, and What the Internet Can Tell Us about Who We Really Are* (New York: HarperCollins, 2017), 121. Las mujeres buscaban términos tales como "fuerza", "brutal", y otros mucho más gráficos.

10. "Understanding Child Sexual Abuse," *American Psychological Association*, diciembre de 2011, https://www.apa.org/pi/families/resources/understanding-child-abuse

11. Christopher Krebs, Christine Lindquist, Marcus Berzofsky, Bonnie Shook-Sa, and Kimberly Peterson, *Campus Climate Survey Validation Study Final Technical Report*, Bureau of Justice Statistics Research and Development Series, 73.

CAPÍTULO 10: LA INDUSTRIA DEL SEXO

1. Judith Herman, *Trauma and Recovery: The Aftermath of Violence—from Domestic Abuse to Political Terror* (New York: Basic, 1997), 76.
2. Richard Rohr, *A Lever and a Place to Stand* (New York: Paulist, 2014), https://books.google.com/books?id=fH6dQgs6h4YC&printsec=frontcover &source=gbs_atb#v=onepage&q&f=false
3. John J. Potterat et al., "Mortality in a Long-Term Open Cohort of Prostitute Women," *American Journal of Epidemiology* 159, no. 8 (15 de abril de 2004): 778–85.
4. Devon D. Brewer et al., "Extent, Trends, and Perpetrators of Prostitution-Related Homicide in the United States," *Journal of Forensic Sciences* 51, no. 5 (7 de Agosto de 2006): 1101–8.
5. Lara Janson et al., *"Our Great Hobby": An Analysis of Online Networks for Buyers of Sex in Illinois* (Chicago: Chicago Alliance Against Sexual Exploitation, 2013), 40, https://www.icasa.org/docs/misc/caase%20report%20 online%20buyers%20of%20sex%20in%20illinois.pdf
6. Dr. Melissa Farley, presentación en la Coalición para poner fin a la explotación sexual, Herndon, VA, 5 de abril de 2015.
7. A. J. Bridges et al., "Aggression and Sexual Behavior in Best-Selling Pornography Videos: A Content Analysis Update," *Violence against Women* 16, no. 10 (octubre de 2010): 1065–85, https://pubmed.ncbi.nlm.nih.gov/20980228/

CAPÍTULO 11: TRANSFORMACIÓN PERSONAL

1. Robert McKee, "Storytelling That Moves People," interview by Bronwyn Fryer, *Harvard Business Review*, junio de 2003, https://hbr.org/2003/06/storytelling-that-moves-people
2. J. R. R. Tolkien, *The Lord of the Rings: The Return of the King* (London: George Allen and Unwin, 1955), 250.
3. Abordé este tema en un ensayo anterior: Jay Stringer, "Repetition: Its Essential Role in the Harming and Healing of Our Bodies," in *The Other Journal: Body* (Eugene, OR: Cascade Books, 2014), 90–95.
4. Juan 3:14 (NTV): "Y, así como Moisés levantó la serpiente de bronce en un poste en el desierto, así deberá ser levantado el Hijo del Hombre, para que todo el que crea en él tenga vida eterna. Pues Dios amó tanto al mundo que dio a su único Hijo, para que todo el que crea en él no se pierda, sino que tenga vida eterna".
5. El Dr. Laaser me dijo esto en una conversación personal que tuve con él en marzo de 2016.

CAPÍTULO 12: UNA NUEVA HISTORIA SEXUAL

1. Becky Allender, "Tilling Forgiveness through Love," *Allender Center* (blog), 24 de marzo de 2016, https://theallendercenter.org/2016/03/tilling-forgiveness/
2. Scott O. Lilienfeld and Hal Arkowitz, "Why 'Just Say No' Doesn't Work," *Scientific American*, 1 de enero de 2014, https://www.scientificamerican.com/article/why-just-say-no-doesnt-work/
3. Rollo May, *Love and Will* (New York: Dell, 1969), 98.
4. C. S. Lewis, en *The Weight of Glory* (New York: HarperCollins, 2011), dijo: "Somos criaturas conformistas, entretenidas con la bebida, el sexo y la ambición mientras se nos ofrece la alegría infinita, como un niño ignorante que quiere seguir haciendo tortitas de barro en su casa pobre porque no puede imaginarse lo que significa el ofrecimiento de unas vacaciones en el mar. Nos damos por satisfechos con mucha facilidad". Nuestra traducción.
5. Christopher West, *Fill These Hearts: God, Sex, and the Universal Longing* (New York: Image, 2013), xiii.
6. San Agustín de Hipona, *Confesiones* "Nos hiciste, Señor, para ti y nuestro corazón está inquieto hasta que descanse en ti".
7. Craig Gross, en conversación con el autor, febrero de 2016, Pasadena, CA.

CAPÍTULO 13: CULTIVA LA SINTONÍA Y LA CONTENCIÓN EN TUS RELACIONES

1. Harville Hendrix, *Getting the Love You Want*, 20th anniversary edition (New York: Holt, 2007), xxxv.
2. Dan Allender, *How Children Raise Parents: The Art of Listening to Your Family* (Colorado Springs, CO: Waterbrook, 2005), 33.
3. Jon Kabat-Zinn, *Wherever You Go, There You Are: Mindfulness Meditation in Everyday Life* (New York: Hyperion, 1994), 32. Kabat-Zinn vio esta leyenda en un póster con la imagen de un surfista ya entrado en años.

CAPÍTULO 14: PRACTICA EL CONFLICTO Y LA REPARACIÓN EN TUS RELACIONES

1. Debo esta observación al Dr. David Schnarch. Ver su libro *Intimacy and Desire: Awaken the Passion in Your Relationship* (New York: Beaufort, 2009).
2. Carl Jung, *Memories, Dreams, Reflections*, ed. Aniela Jaffé, trans. Richard and Clara Winston, rev. ed. (New York: Vintage, 1989), 247. Nuestra traducción.
3. Stefanie Carnes es autora de un buen libro sobre este tema: *Mending a Shattered Heart: A Guide for Partners of Sex Addicts* (Carefree, AZ: Gentle Path, 2011).

CAPÍTULO 15: PRACTICA LA FORTALEZA Y LA VULNERABILIDAD EN TUS RELACIONES

1. "Peter Qualliotine: Cofundador, Organización para sobrevivientes de la prostitución", World Without Exploitation, consultado el 8 de marzo de 2018, https://www.worldwithoutexploitation.org/co-chairs/peter-qualliotine
2. Anne Lamott, Facebook, 7 de julio de 2015, https://www.facebook.com/AnneLamott/posts/699854196810893. Nuestra traducción.

CAPÍTULO 16: APRENDER A INVERTIR EN LA COMUNIDAD

1. Cómo leer el gráfico: el 67 % de las personas que nunca buscaban a alguien con quien hablar hacían mucho uso de la pornografía, comparados con el 63 % que buscaban alguien muy pocas veces, el 55 %, pocas veces, el 47 %, bastantes veces, y el 45 %, muchas veces.

CAPÍTULO 18: LA COMUNIDAD COMO UN ESPACIO DONDE EMPATIZAR CON LAS HISTORIAS DE LOS DEMÁS

1. Brené Brown, *Daring Greatly: How the Courage to Be Vulnerable Transforms the Way We Live, Love, Parent, and Lead* (New York: Penguin, 2015), 81.
2. Emilia L. Mielke et al., "Maternal Sensitivity and the Empathic Brain: Influences of Early Life Maltreatment," *Journal of Psychiatric Research 77* (junio de 2016): 59–66, https://www.sciencedirect.com/science/article/abs/pii/S0022395616300280
3. Chuan-Bo Weng et al., "Gray Matter and White Matter Abnormalities in Online Game Addiction," *European Journal of Radiology* 82, no. 8 (agosto de 2013): 1308–12.
4. Dietrich Bonhoeffer, *Letters and Papers from Prison* (Minneapolis, MN: Augsburg, 2010), 25.

CAPÍTULO 19: LA COMUNIDAD COMO UN ESPACIO DONDE DESCUBRIR EL PROPÓSITO

1. Esta idea la tomé del verso final del poema "The Summer Day" (Un día de verano) de Mary Oliver: "Dime, ¿qué piensas hacer con tu única y preciosa vida?". Nuestra traducción.
2. John Kasaona, "How Poachers Became Caretakers," 15:39, febrero de 2010, TED2010, https://www.ted.com/talks/john_kasaona_how_poachers_became_caretakers
3. "South Africa and the United Nations, 1946–1990," South African History Online, 30 de marzo de 2011, https://www.sahistory.org.za/article/south-africa-and-united-nations-1946-1990
4. Esto no significa que participar en los grupos SA, SAA, o Celebrate Recovery vaya en detrimento de tu propósito. Al menos un grupo debería hacer foco en tu conducta sexual problemática por una temporada.
5. Jacques Lacan, *The Sinthome* (New York: Wiley, 2016), seminario 23.
6. Annie Dillard, *Una temporada en Tinker Creek,* (Trad. Teresa Lanero Ladrón de Guevara, Madrid:Errata Naturae, 2017), 36.

APÉNDICE SOBRE LA METODOLOGÍA DE LA INVESTIGACIÓN

1. El porcentaje de participantes solteros (58 %) y de casados (37 %) no suma 100 %. Algunos participantes eran separados, viudos o divorciados.

Sobre el autor

JAY STRINGER es un consejero licenciado en salud mental y un ministro ordenado. Ha pasado la última década trabajando desde la vanguardia sobre la demanda de pornografía y la explotación sexual. Obtuvo una maestría en Divinidad y una maestría en Asesoramiento Psicológico de la Seattle School of Theology and Psychology, e hizo estudios de posgrado con el Dr. Patric Canes y el Dr. Dan Allender. Como autor, conferencista y terapeuta, Jay guía a hombres y mujeres a través de los aspectos vergonzosos de sus historias hacia un destino lleno de significado y sanación.

Para más información sobre el quebrantamiento sexual, visiten jay-stringer.com/resources.